防范化解重大风险丛书

防范化解
社会领域重大风险

李雪峰◎主编

国家行政管理出版社
NATIONAL ADMINISTRATION PRESS
·北京·

图书在版编目（CIP）数据

防范化解社会领域重大风险 / 李雪峰主编 . --北京：
国家行政管理出版社，2020.10
（防范化解重大风险丛书）
ISBN 978-7-5150-2495-0

Ⅰ.①防… Ⅱ.①李… Ⅲ.①中国共产党-领导干部-
思想政治教育-学习参考资料 Ⅳ.①D261.1

中国版本图书馆 CIP 数据核字（2020）第 195536 号

书　　名 防范化解社会领域重大风险
FANGFAN HUAJIE SHEHUI LINGYU ZHONGDA FENGXIAN
作　　者 李雪峰　主编
责任编辑 李瑞琪　王　莹
出版发行 国家行政管理出版社
（北京市海淀区长春桥 6 号　100089）
综 合 办 （010）68928903
发 行 部 （010）68922366　68928870
经　　销 新华书店
印　　刷 北京中科印刷有限公司
版　　次 2020 年 11 月北京第 1 版
印　　次 2020 年 11 月北京第 1 次印刷
开　　本 170 毫米×240 毫米　16 开
印　　张 16.25
字　　数 209 千字
定　　价 56.00 元

维护社会大局稳定，要切实落实保安全、护稳定各项措施，下大气力解决好人民群众切身利益问题，全面做好就业、教育、社会保障、医药卫生、食品安全、安全生产、社会治安、住房市场调控等各方面工作，不断增加人民群众获得感、幸福感、安全感。

——习近平

坚持底线思维，着力防范化解重大风险*

习近平

2019年1月21日

坚持以新时代中国特色社会主义思想为指导，全面贯彻落实党的十九大和十九届二中、三中全会精神，深刻认识和准确把握外部环境的深刻变化和我国改革发展稳定面临的新情况新问题新挑战，坚持底线思维，增强忧患意识，提高防控能力，着力防范化解重大风险，保持经济持续健康发展和社会大局稳定，为决胜全面建成小康社会、夺取新时代中国特色社会主义伟大胜利、实现中华民族伟大复兴的中国梦提供坚强保障。

当前，我国形势总体上是好的，党中央领导坚强有力，全党“四个意识”、“四个自信”、“两个维护”显著增强，意识形态领域态势积极健康向上，经济保持着稳中求进的态势，全国各族人民同心同德、斗志昂扬，社会大局保持稳定。

面对波谲云诡的国际形势、复杂敏感的周边环境、艰巨繁重的改革发展稳定任务，我们必须始终保持高度警惕，既要高度警惕“黑天鹅”事件，也要防范“灰犀牛”事件；既要有防范风险的先手，也要有应对和化解风险挑战的高招；既要打好

* 这是习近平在省部级主要领导干部坚持底线思维着力防范化解重大风险专题研讨班开班式上的讲话要点。《习近平谈治国理政》第3卷，外文出版社2020年版，第219页。

防范和抵御风险的有准备之战，也要打好化险为夷、转危为机的战略主动战。

各级党委和政府要坚决贯彻总体国家安全观，落实党中央关于维护政治安全的各项要求，确保我国政治安全。要持续巩固壮大主流舆论强势，加大舆论引导力度，加快建立网络综合治理体系，推进依法治网。要高度重视对青年一代的思想政治工作，完善思想政治工作体系，不断创新思想政治工作内容和形式，教育引导广大青年形成正确的世界观、人生观、价值观，增强中国特色社会主义道路、理论、制度、文化自信，确保青年一代成为社会主义建设者和接班人。

当前我国经济形势总体是好的，但经济发展面临的国际环境和国内条件都在发生深刻而复杂的变化，推进供给侧结构性改革过程中不可避免会遇到一些困难和挑战，经济运行稳中有变、变中有忧，我们既要保持战略定力，推动我国经济发展沿着正确方向前进；又要增强忧患意识，未雨绸缪，精准研判、妥善应对经济领域可能出现的重大风险。各地区各部门要平衡好稳增长和防风险的关系，把握好节奏和力度。要稳妥实施房地产市场平稳健康发展长效机制方案。要加强市场心理分析，做好政策出台对金融市场影响的评估，善于引导预期。要加强市场监测，加强监管协调，及时消除隐患。要切实解决中小微企业融资难融资贵问题，加大援企稳岗力度，落实好就业优先政策。要加大力度妥善处理“僵尸企业”处置中启动难、实施难、人员安置难等问题，加快推动市场出清，释放大量沉淀资源。各地区各部门要采取有效措施，做好稳就业、稳金融、稳外贸、稳外资、稳投资、稳预期工作，保持经济运行在合理区间。

科技领域安全是国家安全的重要组成部分。要加强体系建设和能力建设，完善国家创新体系，解决资源配置重复、科研力量分散、创新主体功能定位不清晰等突出问题，提高创新体系整体效能。要加快补短板，建立自主创新的制度机制优势。要加强重大创新领域战略研判和前瞻部署，抓紧布局国家实验室，重组国家重点实验室体系，建设重大创新基地和创新平台，完善产学研协同创新机制。要强化事关国家安全和经济社会发展全局的重大科技任务的统筹组织，强化国家战略科技力量建设。要加快科技安全预警监测体系建设，围绕人工智能、基因编辑、医疗诊断、自动驾驶、无人机、服务机器人等领域，加快推进相关立法工作。

维护社会大局稳定，要切实落实保安全、护稳定各项措施，下大气力解决好人民群众切身利益问题，全面做好就业、教育、社会保障、医药卫生、食品安全、安全生产、社会治安、住房市场调控等各方面工作，不断增加人民群众获得感、幸福感、安全感。要坚持保障合法权益和打击违法犯罪两手都要硬、都要快。对涉众型经济案件受损群体，要坚持把防范打击犯罪同化解风险、维护稳定统筹起来，做好控赃控人、资产返还、教育疏导等工作。要继续推进扫黑除恶专项斗争，紧盯涉黑涉恶重大案件、黑恶势力经济基础、背后“关系网”、“保护伞”不放，在打防并举、标本兼治上下功夫。要创新完善立体化、信息化社会治安防控体系，保持对刑事犯罪的高压震慑态势，增强人民群众安全感。要推进社会治理现代化，坚持和发展“枫桥经验”，健全平安建设社会协同机制，从源头上提升维护社会稳定能力和水平。

当前，世界大变局加速深刻演变，全球动荡源和风险点增多，我国外部环境复杂严峻。我们要统筹国内国际两个大局、发展安全两件大事，既聚焦重点、又统揽全局，有效防范各类风险连锁联动。要加强海外利益保护，确保海外重大项目和人员机构安全。要完善共建“一带一路”安全保障体系，坚决维护主权、安全、发展利益，为我国改革发展稳定营造良好外部环境。

党的十八大以来，我们以自我革命精神推进全面从严治党，清除了党内存在的严重隐患，成效是显著的，但这并不意味着我们就可以高枕无忧了。党面临的长期执政考验、改革开放考验、市场经济考验、外部环境考验具有长期性和复杂性，党面临的精神懈怠危险、能力不足危险、脱离群众危险、消极腐败危险具有尖锐性和严峻性，这是根据实际情况作出的大判断。全党要增强“四个意识”、坚定“四个自信”、做到“两个维护”，自觉在思想上政治上行动上同党中央保持高度一致，自觉维护党的团结统一，严守党的政治纪律和政治规矩，始终保持同人民的血肉联系。中华民族正处在伟大复兴的关键时期，我们的改革发展正处在克难攻坚、闯关夺隘的重要阶段，迫切需要锐意进取、奋发有为、关键时顶得住的干部。党的十八大以来，我们取得了反腐败斗争压倒性胜利，但反腐败斗争还没有取得彻底胜利。反腐败斗争形势依然严峻复杂，零容忍的决心丝毫不能动摇，打击腐败的力度丝毫不能削减，必须以永远在路上的坚韧和执着，坚决打好反腐败斗争攻坚战、持久战。

防范化解重大风险，是各级党委、政府和领导干部的政治职责，大家要坚持守土有责、守土尽责，把防范化解重大风险工作做实做细做好。要强化风险意识，常观大势、常思大局，科学预见形势发展走势和隐藏其中的风险挑战，做到未雨绸缪。

要提高风险化解能力，透过复杂现象把握本质，抓住要害、找准原因，果断决策，善于引导群众、组织群众，善于整合各方力量、科学排兵布阵，有效予以处理。领导干部要加强理论修养，深入学习马克思主义基本理论，学懂弄通做实新时代中国特色社会主义思想，掌握贯穿其中的辩证唯物主义的世界观和方法论，提高战略思维、历史思维、辩证思维、创新思维、法治思维、底线思维能力，善于从纷繁复杂的矛盾中把握规律，不断积累经验、增长才干。要完善风险防控机制，建立健全风险研判机制、决策风险评估机制、风险防控协同机制、风险防控责任机制，主动加强协调配合，坚持一级抓一级、层层抓落实。

防范化解重大风险，需要有充沛顽强的斗争精神。领导干部要敢于担当、敢于斗争，保持斗争精神、增强斗争本领，年轻干部要到重大斗争中去真刀真枪干。各级领导班子和领导干部要加强斗争历练，增强斗争本领，永葆斗争精神，以“踏平坎坷成大道，斗罢艰险又出发”的顽强意志，应对好每一场重大风险挑战，切实把改革发展稳定各项工作做实做好。

前言

Preface

我国公共安全事件易发多发，各级党委政府维护公共安全任务繁重。例如，2015 年以来，就发生了长江“东方之星”客轮倾覆事件、天津港“8·12”特大火灾爆炸事故、“12·31”上海外滩踩踏事件等影响广泛的公共安全事件。这些事件都不同程度地存在安全基础薄弱、法规标准不健全、主体责任不落实、隐患排查治理不彻底、安全监管执法不严格、监管体制机制不完善、应急救援能力不强等问题。不仅如此，随着全球化、网络化的深入发展，以及全球气候变化、境外敌对势力干扰等因素的发展，我国国家安全和公共安全的外部环境挑战也在加剧。

党的十八大以来，以习近平同志为核心的党中央高度重视公共安全工作，在防范化解社会领域重大风险与加强公共安全体系建设方面作出了一系列部署。目前以总体国家安全观为统领，防灾减灾救灾、生产安全、生态环境安全、公共卫生事件防范、食品药品安全、社会安全、网络安全等领域的治理新理念、新战略、新方法日趋完善。可以说，中国特色防范化解社会领域重大风险的新体系日益完善。

第一，体现在公共安全理念上。把公共安全作为重要民生工作抓紧抓好，把公共安全工作放到经济社会发展大局中谋划。

要牢固树立安全发展理念，自觉把维护公共安全放在维护最广大人民根本利益中来认识，即以人民安全为根本，以国家安全为保障，安而不忘危、治而不忘乱，增强忧患意识和责任意识。

第二，体现在战略方向上。扎实做好防范化解安全风险与公共安全工作，努力为人民安居乐业、社会安定有序、国家长治久安编织全方位、立体化的公共安全网，努力建设平安中国。

第三，体现在工作策略上。坚持问题导向，从人民群众反映最强烈的问题入手，高度重视并切实解决公共安全面临的突出矛盾和问题；着力抓重点、抓关键、抓薄弱环节，不断提高公共安全水平。

第四，体现在治理主体上。我国社会领域安全风险治理要坚持党的领导，发挥政府主导、基层支撑、社会参与作用。

第五，体现在动力机制上。以深化改革为动力，其核心是完善公共安全综合管理体系和监督管理体系；以深化公共安全领域改革为动力，完善公共安全体制机制，并在这一过程中强化法治建设，依法实行科学治理。

第六，体现在治理过程上。实行标本兼治的全过程治理，即突出要求关口前移，抓源头治理、风险治理，抓长效机制；同时为应急救援做好充分准备，事后还要总结好经验教训。

第七，体现在基层治理上。把加强网格化社区管理与发挥社区作用有机统一起来。一方面要抓好社区群众的公共安全宣传教育，建设社区志愿者队伍，提升社区公共安全风险防范能力；另一方面要加强网格化管理，发挥基层政府管理和社区管理的作用，使各系统公共安全和社会服务力量下沉到基层，打造全方位立体化公共安全网。

为此，本书以党的十九大精神为指引，以防范化解社会领域重大风险立论，全面阐述为什么要走中国特色公共安全风险治理之路，什么是中国特色公共安全新思想新框架，并进一步从重大自然灾害风险治理、安全生产风险治理、生态环境安全风险治理、食品安全风险治理、公共卫生安全风险治理、社会治安风险治理、网络安全风险治理诸方面系统阐述公共安全治理新格局的体系结构。

李雪峰

2020 年 7 月

目录

导　论

在防范化解政治、意识形态、经济、科技、社会、外部环境、党的建设等领域重大风险的工作中，社会领域是落实以人民为中心的发展思想和总体国家安全观的重要领域，其风险问题直接关系到人民群众的切身利益和获得感、幸福感、安全感。

一、社会领域重大风险的概念与形势

为切实防范化解社会领域重大风险，我们需要深入领会社会领域风险的概念内涵与当前形势，了解把握我国社会领域风险治理的历史发展与实践经验。

（一）社会领域重大风险的概念

社会领域重大风险范围广泛、内容庞杂，需要系统梳理、切实校准。

1. 社会领域风险的术语使用

根据《中华人民共和国突发事件应对法》，突发事件包括自然灾害、事故灾难、公共卫生事件和社会安全事件。与之相关联，通常人们所理解的社会安全问题或社会领域风险大体相当于社会治安领域的问题与风险。但在不同的表述中，有关概念的内涵往往有所不同，外延也不尽相同，需要进行讨论。

安全与风险是一对有密切关联性的概念，前者指不受威胁的状态和能力，后者指可能引发的问题。党的十八大以来，官方对于社会领域安全与风险方面的术语也体现在这两个方面：安全视角的表述有国家安全语境下的“社会安全”、社会治理语境下的“公共安全”；风险视角的表述有防范化解重大风险语境下的“社会领域风险”、应急管理语境下的“安全风险”。

在国家安全语境下，社会安全是12个安全领域中的一个，其外延非常广泛。在《习近平关于总体国家安全观论述摘编》一书中，可以看到其所指的社会安全包括了建设平安中国、维护社会稳定、社会治安综合治理、反恐怖斗争、安全生产、食品安全、农产品安全、防灾减灾救灾等。[①] 这其中也包括了“公共安全”这个集合概念。

在社会治理语境下，“公共安全”有时主要指社会治安。例如，2014年1月7日，习近平总书记在中央政法工作会议上的讲话中指出，要坚决遏制重特大公共安全事故，其主体是政法战线的领导干部，其中“公共安全”的提法主要针对社会治安领域，是指狭义的社会安全。十八届中央政治局第二十三次集体学习时专题研究公共安全问题，其中的主题包括了社会安全、农产品质量安全、防灾减灾救灾、安全生产、食品药品安全。

在防范化解重大风险语境下，政治、意识形态、经济、科技、社会、外部环境、党的建设等领域都有重大风险。社会领域风险是七类风险中的一类，包括就业、教育、社会保障、医药卫生、食品安全、安全生产、社会治安、住房市场调控等各方面工作。

在应急管理语境下，党的十九大报告指出要“坚决遏制重特大安全事故”，主要指生产安全事故（用事故而不用事件，表明是人为原因

---

① 中共中央党史和文献研究院编：《习近平关于总体国家安全观论述摘编》，中央文献出版社2018年版，第130—153页。

的生产事故）；《深化党和国家机构改革方案》提到，关于成立应急管理部的目的之一是“防范化解重特大安全风险”，这可以理解为主要指安全生产领域和自然领域的安全事件。因此，应急管理语境下的“安全风险”主要指安全生产中的风险和自然灾害中的风险。

综合上述四个方面的论述，可以看到：一是狭义的社会安全或公共安全等同于社会治安，广义的社会领域安全可以认为等同于公共安全。前者是公安部门主管的安全，后者包括防灾减灾救灾领域、安全生产领域、食品药品安全等公共卫生领域、社会安全领域。因此，笔者倾向于以“公共安全”这一范畴作为统领各个社会领域安全的集合性、总体性术语。需要指出的是，在国内外学术界和实际部门，公共安全的含义也有广义与狭义之分，而且不同机构给出的公共安全范围差异很大。我们认为，公共安全的范围可以界定为自然与生态安全、生产与技术安全、食品与卫生安全、社会与网络安全四个领域。二是公共安全（社会领域）风险包括三个层面：狭义的公共安全风险，主要指安全生产风险；广义的公共安全风险，除了安全生产风险，还包括自然灾害风险、食品药品安全风险、社会安全风险等；最广义的公共安全风险，除了上述公共安全风险，还包括就业、教育、社会保障、医药卫生、住房市场调控等社会生活领域引发的社会不稳定风险。三是在实际工作中，应当以最广义的公共安全风险为靶子，探讨其防范化解之道。

2. 公共安全风险（社会领域风险）的本质

公共安全是指公众的生命财产安全，这种安全也是公众共同拥有的安全。正如习近平总书记指出的，公共安全连着千家万户，确保公共安全事关人民群众生命财产安全，事关改革发展稳定大局。①

对公共安全本质的把握要以总体国家安全观为指导，以系统辩证思维看待公共安全。总体上，公共安全以人民安全为宗旨，是重要的

① 《总体国家安全观干部读本》编委会编著：《总体国家安全观干部读本》，人民出版社2016年版，第132页。

民生领域的安全。具体说，公共安全涉及以下三个维度。一是安全价值维度。公共安全既涉及人民群众生命安全，也包括人民群众财产安全。二是安全形态维度。公共安全有传统公共安全，如一般的四大类突发事件问题；也有非传统公共安全，如新型的网络安全事件、跨境安全事件问题。三是安全空间维度。公共安全有内部安全，即国内的公共安全；也有外部安全，即外国的公共安全，也包括外国公众和中国海外公众利益安全。理论上，公共安全风险是指可能造成公共安全突发事件的潜在危险因素。自然与生态、生产与技术、卫生与食品、治安与网络等领域潜在的、可能造成人员财产损失事件的安全风险都属于公共安全风险。但是在实践中，"防范化解风险"这一用语则包含广泛的内涵，既包含潜在的风险（这是需要防范的），也包含风险演变为突发事件之后对突发事件的处置（这是需要化解的）。本书主题是讨论防范化解重大公共安全风险，所采用的就是这种通俗的、广义的风险内涵。

3. 重大公共安全风险（社会领域风险）

一般说来，重大公共安全风险是指可能造成重大公共安全事件的风险，这里涉及对"重大"的测度。在学术层面，对各类公共安全风险等级的判定要综合考虑其发生的概率和可能的危害，在风险矩阵图中将风险分为低级风险、中等风险、较高风险和最高风险四级。因此，所谓重大风险应该主要是指较高和最高风险。这些风险发生概率不低，发生后损失重大、影响重大，甚至对国家安全造成威胁。

讨论重大公共安全风险，还需要澄清"黑天鹅"事件和"灰犀牛"事件这两个比喻性的流行语及其与公共安全风险的关联。"黑天鹅"事件指非常难以预测且不寻常的负面事件。具体说，这类事件是指满足以下三个特点的事件：具有意外性，出人意料，往往此前没有发生过类似事件；产生重大负面影响；其发生机制依然是可以解释的。"灰犀牛"事件指的是太过于常见，以致人们习以为常的重大负面事件。在公共安全领域，美国"9・11"事件是典型的"黑天鹅"事件，而重大道路交通事故则是典型的“灰犀牛”事件。因此，准确地说，“灰犀牛”事件的风险是在风险矩阵图中处于发生概率高、危害大的高风险；而“黑天鹅”事件的风险则是在前期风险识别阶段很难被估计到的风险，因此也就无从对其进行风险分析，也难以在一般的风险矩阵图上找到它们。因此，就防范化解公共安全重大风险而言，“灰犀牛”事件可以通过常规的风险与突发事件应急管理机制来防范和化解；而对于“黑天鹅”事件则一方面需要提升常规机制的精确度和灵敏度，另一方面需要从战略高度更好地打好防范化解风险的基础，注重铲除重大风险的根源与土壤。

（二）社会领域重大风险的危害

社会领域重大风险对人类及其生存环境的价值损害包含人身危害、经济危害、环境危害、声誉危害四个方面。就各种危害的来源看，有的危害是突发事件爆发后必然出现的，不论是自然灾害还是人为事件都是如此，而有的危害是由于突发事件处置不当造成的，各种声誉危害尤其如此。

1. 人身危害

人身危害是指对人的生命和健康安全的危害，包括对精神健康的损害，其中尤其强调对直接受事件影响的人群、对脆弱人群的危害。

例如，2008 年汶川大地震造成严重的人身危害。汶川地震是新中国成立以来破坏性最强、涉及范围最广、灾害损失最大的一次地震灾害。震级达到里氏 8.0 级，最大烈度达到 11 度。地震造成人员伤亡惨重，截至 2008 年 8 月 25 日，遇难者69 227人，受伤者374 643人，失踪者17 923人。地震还带来滑坡、崩塌、泥石流、堰塞湖等严重次生灾害。①

---

① 《汶川地震灾后恢复重建总体规则》，中央政府网，2008 年 9 月 23 日。

因此，众多的人口数量、高密度的人口分布等都使我国在灾害面前的脆弱性超过很多国家。

2. 经济危害

经济危害是指对个人财产和企业经济利益、行业经济、地方基础设施的直接损害，以及对地方经济发展、国家经济安全的威胁情况。有的突发事件甚至会威胁到企业的生存。

例如，截至2008年9月4日，汶川地震造成直接经济损失8 452亿元人民币。在财产损失中，房屋的损失很大，民房和城市居民住房的损失占总损失的27.4%；学校、医院和其他非住宅用房的损失占总损失的20.4%；在基础设施方面，道路、桥梁和其他城市基础设施的损失占总损失的21.9%。

因此，作为占世界经济总量第二的发展中大国，我国每年因灾害损失占GDP的3%～6%，可以说，整个国家的经济体系在灾害面前所表现出的脆弱性也超过许多国家。

3. 环境危害

环境危害是指对自然环境、自然景观、生物物种等的危害。

例如，火灾和病虫害会毁坏森林和草原，使生态环境恶化；干旱、风灾加速土地沙化；爆炸、化学品泄漏污染事故会直接损害人居环境等。

在我国，由于生态环境自身的脆弱性和经济发展造成的过度开发，环境脆弱性增大。

4. 声誉危害

声誉危害包括对干部声誉的危害、对企业和政府声誉的危害等。

例如，2008年的三鹿奶粉事件不仅给广大消费者带来极大的健康损害，也使该企业和乳制品行业的声誉受到极大损害。曾名列全国乳业前三强的三鹿集团最终倒闭。

随着自媒体时代的到来，突发事件处理不好，就会给党和政府，给有关机构的声誉带来极大的损害。

专栏 1

2003 年 SARS 事件①

严重急性呼吸综合征（severe acute respiratory syndromes，SARS），又称传染性非典型肺炎，是一种因感染 SARS 冠状病毒引起的新的呼吸系统传染性疾病，主要通过近距离空气飞沫传播，以发热、头痛、肌肉酸痛、乏力、干咳少痰等为主要临床表现，严重者可出现呼吸窘迫。本病具有较强的传染性，在家庭和医院有显著的聚集传染现象。

2002 年 11 月我国首例病例在广东出现，之后迅速形成流行态势，逐渐引起社会恐慌，也发生了包括医务人员在内的多名患者死亡。此后，中央政府采取了一系列强有力的措施控制疫情发展，并主动发布疫情信息。

2003 年 4 月 16 日，世界卫生组织（WHO）发现，一种新型冠状病毒是 SARS 的病原，并将其命名为 SARS 冠状病毒（SARS-coronary virus，SARS-CoV）。该病毒很可能来源于动物，由于外界环境的改变和病毒适应性的增加而跨越种系屏障传染给人类，并实现了人与人之间的传播。

在中国和国际社会的共同努力下，到 2003 年夏季，染病人数日减，病情得以完全控制。到 7 月 5 日，我国台湾地区宣布解除非典警报，至此，全球非典流行宣告结束。

2002 年 11 月至 2003 年 8 月 5 日，29 个国家报告临床诊断病例 8 422例，死亡 916 例。报告病例的平均死亡率为 9.3％。

2003 年 11 月，广州再次出现零星病例；2004 年 3 月，北京再次发现 SARS 疑似病例，但都没有再次演变成疫潮。

① 参见李雪峰等：《应急管理通论》，中国人民大学出版社 2018 年版。

（三）我国当前社会领域风险形势

中华人民共和国成立以来的70余年，中国共产党领导全社会在突发事件应对方面作出了极大的努力，取得了了不起的成就。突发事件应对工作成为国民经济与社会可持续发展的重要保障，为推动经济快速发展和社会持续进步发挥了重要作用。

但是，在新的历史时期，许多方面的公共安全形势更加严峻。

随着全球化时代不确定性因素和非传统安全因素的增多，人类已经进入了全球风险社会。我国正处于经济转轨、市场转型、工业化和城镇化快速发展的关键时期，各种传统的和非传统的、自然的和社会的风险与矛盾交织并存，公共安全形势更加复杂严峻。一是自然灾害处于多发频发期。受自然地理气候等条件影响，我国是世界上自然灾害最为严重的国家之一，灾害种类多，分布地域广，发生频率高，造成损失重。特别是近年来，极端气候事件频发，中强地震呈活跃态势，自然灾害及其衍生、次生灾害的突发性和危害性进一步加重加大。二是安全生产形势严峻。我国经济发展较快，能源、资源、运输供给长期偏紧，再加上安全生产基础薄弱，一些地方和企业责任不落实、监管不到位，生产安全事故总量居高不下，重特大事故时有发生。三是公共卫生事件防控难度增大。公共卫生事件诱因和影响都呈较强的国际性特点，全球新发的30多种传染病已有半数在我国发现。随着人口流动量的加大和流动速度的加快，重特大疫情和群体性不明原因疾病时有发生，而且疾病传播范围更广、速度更快，造成的损失更加严重，防控难度加大。同时，我国食品药品生产经营中市场秩序混乱、源头污染严重、监管力量薄弱等问题尚未得到根本解决。四是社会安全面临新的挑战。我国改革发展进入关键阶段，各种利益关系错综复杂，社会矛盾日益多样，诱发群体性事件的因素不断增加，维护社会稳定的任务更加艰巨。由于生活质量的提高，也由于与社会主义市场经济体制相适应的社会保障制度的不完善，人们的社会安全需求越来越强烈，对就业、养老、住房、医疗、食品药品安全、生产安全、社会治安、交通安全等方面的关注程度越来越高。

这些方面的问题综合起来，具有如下特点。

1. 突发事件风险更加广泛

随着城市的发展，自然灾害如水灾对城市的影响扩大，环境污染和职业病造成的问题大量出现，征地拆迁、企业改制、非法集资等导致的各类不稳定因素增加，社会贫富差距加大、恐怖主义渗透等造成新的社会问题。

2. 突发事件呈现出高频次、大规模的趋势

经济高速发展和企业市场化转型造成安全生产事故隐患增多，重特大矿难、火灾、交通事故等时有发生；群体性事件和各类恶性治安事件也时有发生；各类矛盾和问题引发的互联网热点层出不穷。

3. 突发事件的跨地域程度加大

由于人员流动性增强，以及通信、交通工具的日益发达，突发事件波及的范围也更广。一些食品安全事件动辄影响数省区；重大交通安全事故涉及来自多地的人群；水污染等环境事故也会影响多地乃至境外；不明原因传染病可能影响到国外；一些社会安全事件的组织者在境内外相勾结。

4. 突发事件的敏感性、危害性、影响加大

各类突发事件往往涉及社会不同利益群体，各种势力参与其中，敏感性、连带性很强；不少社会安全事件在幕后有人策划、煽动和组织，国内国外、网上网下联动，造成的危害和影响都不可小视。

二、中国古代的社会领域重大风险治理

在漫长的历史时期，中国是世界上灾害发生最多、最频繁的国家

之一，也曾被称为世界上饥荒最频繁的国家。史书记载："古往之时，四极废，九州裂；无不兼覆，地不周载；火炎而不灭，水浩洋而不息。"[①] 这是我国远古时代发生水灾、地震、火山爆发等自然灾害的真实写照。据统计，我国从古代殷商时代到 20 世纪 30 年代将近4 000年间，各种灾害共计5 258次。其中，水灾1 058次，旱灾1 074次，地震705 次。[②]

（一）中国古代的社会领域风险治理实践

1. 公共安全治理的基本措施

第一，建设防灾减灾工程。在古代中国，与灾害相伴的是中国人民抵御灾害的斗争历史，许多伟大的防洪且具有灌溉功能的工程实践被载入史册，最早是大禹治水。《史记》记载，当年大禹吸取了父亲鲧采用堵截方法治水的教训，发明了疏导治水的新方法，其要点就是疏通水道，使水能够顺利地东流入海。不仅如此，大禹还把整个中国的山山水水当作一个整体来治理。他先治理九州的土地，该疏通的疏通，该平整的平整，使大片国土变成肥沃的土地。战国时期的鸿沟、都江堰、郑国渠等建设工程都具有灌溉和抵御水旱灾害的功能。时至今日，都江堰和赣州古城等古人的防灾设计仍在发挥着重要作用。

第二，发展和利用应对灾害的科学技术。运用科学技术应对各种灾害是中国古人为人类文明作出的巨大贡献。汉顺帝阳嘉元年，科学家张衡就发明了世界上第一架测验地震的仪器——候风地动仪。在同各种疫病作斗争的过程中，中医积累了宝贵的经验和丰富的理论。《黄帝内经》中的《素问・六元正纪大论》就提及"厉大至，民善暴死"。东汉张仲景的《伤寒论》是第一部论述外感病的专著，其中有不少有关传染病的内容，如专门列出的"霍乱病"一节，成为后世治疗霍乱

① 赵宗乙：《淮南子译注》，黑龙江人民出版社 2003 年版，第 307 页。
② 参见邓云特：《中国救荒史》，商务印书馆 2011 年版。

的蓝本。晋代葛洪的《肘后备急方》具体描述了“虏疮”（天花）等传染病的诊治方法。唐代孙思邈《备急千金要方》《备急千金翼方》也记载了霍乱、瘟疫等许多传染病的治疗方法，其中的治疗传染病方剂（如犀角地黄汤）一直沿用至今。明代吴又可的《瘟疫论》对急性传染病的病因提出“戾气”“疠气”说，对传染病的病因、传播途径、治疗、预防、隔离等提出了开创性的理论。该书立足实践，独创立论，发前人之所未发，被誉为“第一部中医论述传染病的专著”。在实践上，清政府重视天花的预防，并积极推行牛痘接种法，在各地相继设立“牛痘局”，使天花传染在清代基本得到了控制。

第三，实行生态保护措施。在古代中国，人们早已意识到生态保护的重要性。古人强调应对灾害的核心思想是预弭为上，强调保护生态，要求“津不行火，薮林不伐”（草木滋生之时不放火，树林成长期不砍伐）。[①] 自周代以来，历代王朝大都有明确生态保护方面的政策。

2. 突发事件应急管理

第一，防灾减灾政策不断演进、日臻完善。应急管理的一事一议式管理贯穿从先秦到清代的整个古代、近代社会。史前时代的鲧和大禹父子可以被认为是最早受命为领导治水的官员。

成书于战国时期的《周礼》则把已行于世的救荒之法加以归纳总结，再加上作者自己的构想与设计，提出散利、薄征、缓刑、弛力、舍禁、去几、眚礼、杀哀、蕃乐、多昏、索鬼神、除盗贼等 12 项荒政措施。

经过千百年的演进，到了清代，为了有效应对灾害，政府制定了一整套较为完备严格的救灾制度，见诸《大清会典》《大清律例》《户部则例》中。其中，对报灾、勘灾、审户、发赈、查赈等基本救灾程序都规定得非常明确。[②]

---

① 参见《逸周书·程典》。

② 张介明：《我国古代对冲自然灾害风险的“荒政”探析》，《学术研究》2009 年第 7 期。

第二，防灾救灾措施日益系统化。从先秦到民国时期，应对灾害的办法主要有如下内容。①

一是预防准备。包括两个方面：①浚治工程是消弭水患的主要办法。从传说中的大禹治水到有明确记载的管仲请齐桓公置水官、除五害（治理常发生水灾的径水、枝水、谷水、川水、渊水）起，历代都有治水患的活动。②粮食仓储。历史上先后出现过常平仓、义仓、社仓（乡仓）、惠民仓、广惠仓、丰储仓、平粜仓等，对于自然灾害发生后缓解饥荒发挥了积极作用。

二是紧急救荒。包括赈济，即赈谷、赈银、工赈；调粟，即移民就粟、移粟救民、平粜；养恤，即施粥、居养（收容）、赎子（政府出钱把灾民卖的孩子买回来）；除害，即去除蝗灾和疫病。

三是灾后补救政策。包括安辑，即帮助灾民回归家园；蠲缓，即包括减免税赋、暂停征劳役和减缓刑罚；放贷，即灾后实行放贷政策，以利于农民购买种子、耕牛、农具等生产资料；提倡节约，即减少食物、禁米酿酒、节省费用。

第三，应急管理制度日益规范化。救荒书是国人用文字或图画的形式记录下来的在灾年荒岁人们采取的各种各样的救灾措施的书。如果把救荒书定义为“以救荒为目的的专书”，我国古代有救荒书约 280 部，其中包括总论类 70 部、荒政类 71 部、农艺类 18 部、治水类 47 部、漕运类 15 部、除虫类 24 部、野菜类 9 部、历象杂占类 26 部。②

清代以来的救荒书中以则例、律例等形式出现的荒政程序更加规范化，其中往往详细规定了报灾、勘灾、抚恤（急赈）、核赈、正赈、加赈（展赈）等的基本程序，以及安抚流民、蠲缓、劝捐等配套措施。救荒书也因此出现了条例化的趋势，不仅精细地勾勒出既定则例、律例中的每一个步骤，而且列有政策合法、合理性的历史依据。不管是

① 参见邓云特：《中国救荒史》，商务印书馆 2011 年版。

② 卜风贤、邵侃：《中国古代救荒书研究综述》，《古今农业》2009 年第 1 期。

官府统治者还是民间精英，在面临灾荒时都会自觉或不自觉地启用这一荒政程序。当时的官员也时常为拥有这样一套制度和程序而自豪。

第四，民间力量参与。大灾之后，往往病疫随之发生。政府为灾民治病和埋葬死者，不致暴尸荒野，是必须“急行”的大事。政府鼓励民间百姓自筹资金组织“长寿会”，用宗族祠堂公产组织“宗亲福利会”。当其成员死亡时，这些民间自助互保组织便会支付寿金，埋葬死者和抚恤遗族。这种互保化的民间养恤方式可以说是一种早期人寿保险的雏形。

（二）中国古代公共安全风险治理思想

中华民族自古以来就面临着洪水、干旱等自然灾害的威胁，也经历着社会治乱的更替。因而，中国古人也十分关注公共安全。群经之首的《周易》就论及“君子安而不忘危，存而不忘亡，治而不忘乱”（《周易·系辞下》）。自先秦以降，中国古代积累了丰富的公共安全思想，形成了较为系统的公共安全观。

1. 安全的天命论

第一，各类自然灾害是不可避免的。此所谓“水旱、蝗螟、饥疫之灾，治世所不能免”（《宋史·食货志》）。古人还根据灾害威胁的大小对各种灾害类型排了顺序。例如，《管子·度地》就列举了水、旱、风雾雹霜、厉（瘟疫）、虫五害，认为“五害之属，水最为大”。对于灾害造成的威胁程度也作出了界定。典型的是，对于灾害造成的饥荒有五种程度，“一谷不升谓之嗛（歉收年），二谷不升谓之饥（饥年），三谷不升谓之馑（荒年），四谷不升谓之康（匮乏之年），五谷不升谓之大侵（大饥荒年）”（《春秋穀梁传·襄公二十四年》）。其中的五谷是指五种主要谷类。

第二，安全威胁与安全保障是交互发生的。既不可能永远安全，也不可能永远不安全。所谓“安危相易，祸福相生”（《庄子·阴阳》）。

第三，安全威胁具有不可预测性、随机性，这也是客观性的一种表现。天有不测风云，人有旦夕祸福。

第四，人的本性使然。人生而有欲，欲而不得，则不能无求；求而无量度分界，则不能不争。争则乱，乱则穷（《荀子·礼论》）。

第五，安全问题具有发展性。一炬有燎原之忧，而滥觞有滔天之祸（《论周穜擅议配享自劾札子二首》）。积善之家，必有余庆；积不善之家，必有余殃（《周易·坤·文言》）。祸之成也必有渐，其激也奋于积（《呻吟语·卷三·射集》）。其意思是：祸害的形成必定是循序渐进的，它的突发也是持续积累的结果。

2. 安全的人祸论

第一，顺应规律就安全，不顺应规律就不安全。天行有常，不为尧存，不为桀亡。应之以治则吉，应之以乱则凶（《荀子·天论》）。说的是世界的运行有其自身规律，顺应它就吉祥，违背它就遭殃。

第二，风气上，民风淳朴、相互爱护就安全，相互厌恶就混乱。故天下兼相爱则治，交相恶则乱（《墨子·兼爱上》）。目击世趋，方知治乱之关，必在人心风俗，而所以转移人心，整顿风俗，则教化纪纲不可阙焉（《亭林文集·与人书九》）。

第三，政治清明就安全，政治昏庸就混乱。圣王之治天下也，必先公，公则天下平矣（《吕氏春秋·贵公》）。任善人则国安，用恶人则国弊（《旧唐书·魏徵传》）。君贤者其国治，君不能者其国乱；隆礼贵义者其国治，简礼贱义者其国乱；治者强，乱者弱，是强弱之本也（《荀子·议兵》）。君主贤能的，他的国家就安定；君主无能的，他的国家就混乱；君主崇尚礼法、看重道义的，他的国家就安定；君主怠慢礼法、卑视道义的，他的国家就混乱。尽公者，政之本也；树私者，乱之源也（《晋书·刘颂传》）。

第四，体恤人民就安全，不体恤人民就危险。取于民有度，用之有止，国虽小必安；取于民无度，用之不止，国虽大必危（《管子·权修》)。安危之本在人情，治乱之机系事始(《河南程氏粹言·论政篇》)。国家的安危取决于人心，国家的治乱关键在行事之始。

第五，缺少远虑就有问题。子曰："人无远虑，必有近忧"(《论语·卫灵公》)。

3. 安全的源头治理论

第一，以人为本。霸王之所始也，以人为本。本理则国固，本乱则国危(《管子·霸言》)。天下何以治？得民心而已。天下何以乱？失民心而已(《弢园文录外编·重民中》)。

第二，政治上取信于民，政策措施得当。众疑无定国，众惑无治民。疑定惑还，国乃可安(《黄石公三略·下略》)。安危治乱，在上之发政也(《墨子·非命中》)。

第三，修明法律，实行教育。明其法禁，察其谋计。法明则内无变乱之患，计得于外无死虏之祸(《韩非子·八说》)。法无度数而事日烦，则法立而治乱矣(《商君子·错法》)。国无常治，又无常乱，法令行则国治，法令弛则国乱(《潜夫论·述赦》)。目击世趋，方知治乱之关必在人心风俗，而所以转移人心整顿风俗，则教化纪纲为不可阙矣。百年必世养之而不足，一朝一夕败之而有余(《亭林文集·与人书九》)。安危在出令，存亡在所任(《史记·楚元王世家》)。国家的安危取决于发布的政令，国家的存亡取决于任用的大臣。

第四，顺应规律。不违农时，谷不可胜食也(《孟子·梁惠王上》)。春耕、夏耘、秋收、冬藏，四者不失时，故五谷不绝，而百姓有余食也(《荀子·王制》)。时事不共，是谓大凶(若农时与农事不能统一，这就叫作"大凶"《吕氏春秋·上农》)。圣王在上，则使民有时，而用之有节，则民无厉疾(《新书·修政语下》)。天有常灾，必与夺民时(《新书·大政上》)。

第五，保护生态。不涸泽而渔，不焚林而猎(《淮南子·主术训》)。

第六，要有远虑。远虑者安；无虑者危（《便宜十六策·阴察》）。患虽远，而以近处之，未有不及之谋（《慎言·小宗篇》）。

第七，研究安危规律。若能思其所以危，则安矣；思其所以乱，则治矣；思其所以亡，则存矣（《旧唐书·魏徵传》）。

第八，要勤奋防危。君子终日乾乾，夕惕若厉，无咎（《周易·乾》）。福生于微，祸生于忽。日夜恐惧，唯恐不卒（《说苑·谈丛》）。

第九，善于学习。人求多闻善败，以监戒也（《国语·楚语下》）。不知戒，后必有（《荀子·成相》）。

4. 安全问题的预防为上论

重视预防。预弭为上，有备为中，赈济为下（《农政全书》）。

第一，要有危机意识。其亡其亡，系于苞桑（《易经·否》）。也就是说将要灭亡、将要灭亡，就可以像系结于丛生的桑树一样安然无恙。《书》曰："居安思危。"思则有备，有备无患（《左传·襄公十一年》）。君子以思患而豫防之（《易·既济》）。智者见利而思难，暗者见利而忘患。思难而难不至，忘患而患反生（《刘子·利害》）。上智不处危以侥幸，中智能因危以为功，下愚安于危以自亡（《后汉书·吴汉传》）。

第二，要有预见性。知者见祸福远，其知利害蚤（早），物动而知其化（变化），事兴而知其归（途径），见始而知其终（《春秋繁露·必仁且智》）。明者防祸于未萌，智者图患于将来（《三国志·吴书·吕蒙传》）。明者远见于未萌而智者避危于无形，祸固多藏于隐微而发于人之所忽者也（《史记·司马相如列传》）。不困在豫慎，见祸在未形（《逸周书·王佩》）。

第三，从小微危险的预防做起。禁微则易，救末者难（《后汉书·丁鸿传》）。为之于未有，治之于未乱（《道德经·第六十四章》）。治难于其易，去恶于其微（《抱朴子·用刑》）。圣人不治已病治未病，不治已乱治未乱（《素问·四气调神大论》）。杜渐防萌，则凶妖销灭，害除福凑矣（《后汉书·丁鸿传》）。

第四，早发现、早采取措施。救早而先之，则害无由起，而天下无害矣。然则观物之动，而先觉其萌，绝乱塞害于将然而未形之时（《春秋繁露·仁义法》）。

第五，上下相通。主道利明不利幽，利宣不利周。故主道明则下安，主道幽则下危（《荀子·正论》）。君主的统治措施以明朗为有利而以阴暗为不利，以公开为有利而以隐蔽为不利。所以，当政者的政令措施公开透明，社会就会安定；不透明不公开就会失去信任，这是很危险的。下情不能以上通，则民间利病无由而知，官吏臧否无由而闻，天下日趋于乱矣（《大学衍义补·卷一·治国平天下之要》）。下面的情况不能上通，那么民间的利病就无从了解，官吏是否贪赃枉法也无从听到，国家就日益趋向动乱。

5. 安全问题的准备论

第一，准备重要。惟事事乃其有备，有备无患（《尚书·说命》）。无过在于度数（掌握规律），无困在于豫（预）备（《尉缭子·十二陵》）。有备则制人，无备则制于人（《盐铁论·险固》）。事未至而预图，则处之常有余；事既至而后计，则应之常不足（《美芹十论》）。备豫不虞（不测），为国常道（《贞观政要·纳谏》）。弗备难，难必至（《说苑·贵德》）。

第二，准备要早。先事虑事，先患虑患（《荀子·大略》）。事之而不穷者，谋也（《六韬·文韬·文守》）。不困在于早虑，不穷在于早豫（《说苑·谈丛》）。

第三，要靠制度。无讼，在于谋始；谋始，在于作制（《周易注·讼》）。

第四，准备要科学。种谷必杂五种，以备灾害（《汉书·食货志》）。务民于农桑，薄赋敛，广畜积，以实仓廪，备水旱，故民可得而有也（《论贵粟疏》）。

第五，要有系统防灾措施。“国有郊牧，疆有寓望，薮有圃草，囿有林池，所以御灾也”（《国语·周语》）。意思是国都有郊区牧场，边境有客舍和迎候宾客的人，草泽有茂盛的野草，园林有树林和水池，是用来防备灾害的。

6. 安全问题可控制论

第一，诚意待危。习坎，有孚维心，亨，行有尚（《周易·坎》）。在艰难险阻的处境中，只有诚实谨慎用心，才能一切顺利，行为有高尚的成果。荒政者，仁政也（《荒政辑要·纲目》）。

第二，要得下情。上之为政，得下之情则治，不得下之情则乱（《墨子·尚同下》）。

第三，要采取特殊政策。岁凶庸，人訾厉，多死丧，弛刑罚，赦有罪，散仓粟以食之，此之谓振困（《管子·入国》）。在凶荒之年，帮佣的人易患疾病、死亡；国家要（体恤民情）宽缓刑期，减轻处罚，赦免有罪之人，把国库的粮食散发给他们，使之有饭吃，这就叫作“赈困”。常制不可以待变化，一涂不可以应无方（《抱朴子·广譬》）。常态下的秩序规定，不能够应对非常态情况，一种方法不可能应对多种多样的突发事件。以荒政十有二聚万民：一曰散利（借贷种子和粮食），二曰薄征（减轻赋税），三曰缓刑（减缓刑罚），四曰弛力（免除力役），五曰舍禁（放松关市山泽的禁令），六曰去几（免除关市之税），七曰眚礼（简省吉礼），八曰杀哀（简省丧礼），九曰蕃乐（收藏起乐器而不演奏），十曰多昏（鼓励嫁娶），十有一曰索鬼神（祭祀鬼神），十有二曰除盗贼（铲除盗贼）（《周礼·地官·大司徒》）。

第四，有序应对。应之以治则吉，应之以乱则凶（《荀子·天论》）。说的是，（关于救灾）如果应对得当，则吉祥；如果官府应对无序，则会陷入混乱。

南宋治荒名吏董煟认为从皇帝到县令，各级官吏在救荒过程中都要各负其责、各司其职。他在《救荒活民书》中分别对君主、宰执、监司、太守、县令在救灾中的职责加以详细阐述。例如，君主的职责有六项：恐惧修省，减膳撤乐，降诏求直言，遣使发廪，省奏章而从谏诤，散积藏以厚黎元。

第五，闻灾自省。大省者何？灾省也（《公羊传·庄公二十二年》）。什么样的人可称为大觉悟的人呢？就是那种能够闻灾自省的人。人谁无过，过而能改，善莫大焉（《左传·宣公二年》）。

第六，勤奋应对。不怨天，不尤人（《论语·宪问》）。不去怨恨命运，不去责怪别人。古有多难兴国，殷忧启圣，盖事危则志锐，情苦则虑深，故能转祸为福也（《新唐书·张廷珪》）。古代有多难而兴国、深忧而启明的训诫。说明事件越是危难，使得人们的意志更加坚强；受害越是痛苦，使得人们的思考更加深长，所以能够转祸为福。

第七，共同御灾。明主救天下之祸，安天下之危者也。夫救祸安危者，必待万民之为用也，而后能为之（《管子·形势解》）。英明的治国者，就是要解救天下灾祸，安定天下危局。但是解救祸患与安定危局，必须把千千万万的民众动员起来共同参与，这样才能办得到。同恤灾危，备救凶患（《左传·成公十二年》）。晋楚之盟辞为：晋楚共同度过灾难，挺过危急的年份。

第八，同甘共苦。凶年则乘驽马，力役不兴，驰道不修，祈以币玉，祭祀不悬，祀以下牲，此贤君自贬以救民之礼也（《孔子家语·曲礼子贡问》）。遇到灾荒年景，国君出门乘坐要用劣马，不兴劳役，不修驰道，国君有所祈祷，用币和玉，不用牲畜，祭祀不奏乐，祭祀用的牲畜也用次等的。这是贤明君主自己降低等级以拯救民众的礼啊！岁馑，则仕者大夫以下皆损禄五分之一；旱，则损五分之二；凶，则损五分之三；馈，则损五分之四；饥，则尽无禄，禀食而已矣（《墨子·七患》）。遇到馑年，做官的自大夫以下都要减去俸禄的五分之一；旱年，减去俸禄的五分之二；凶年，减去俸禄的五分之三；匮年，减去俸禄的五分之四；饥年，免去全部俸禄，只供给饭吃。百姓饥馑，减御膳之半（《晋书·武帝纪》）。

7. 中国古代公共安全风险治理思想的特点

中国古代公共安全观内容十分丰富，特别是荒政、治乱的思想极为丰富。荒政思想是与中国古代自然灾害频繁、人的吃饭问题频受威胁有关。而治乱思想则是与封建社会社会秩序频繁被打破、从治到乱周期性变迁有关。总的说有以下特点：一是中国古代公共安全观达到了相当的思想高度。其中的“民为邦本，本固邦宁”思想、未雨绸缪思想等在今天也具有先进性，充满了道德力量和智慧。二是中国古代公共安全观里具有相当的科学性。其中关于遵从自然规律、顺应自然避灾的思想也极具先进性。三是中国古代公共安全观中体现了积极的安全观，强调人的主观能动性的发挥是确保安全的重要因素。

三、新中国成立以来的社会领域重大风险治理

新中国成立以来的社会领域风险治理可以分为两个阶段：一是1949—2002 年的传统公共安全风险治理阶段；二是 2003 年非典以来的综合性公共安全风险治理阶段。

（一）1949—2002 年的公共安全风险治理

1. 公共安全风险治理的基本措施

新中国成立至 2002 年的 50 余年，中国政府领导全社会在突发事件应对方面作出了极大的努力，也取得了了不起的成就。突发事件应对工作成为国民经济与社会可持续发展的重要保障，为推动经济快速发展和社会持续进步发挥了重要作用。

第一，开展减灾工程建设。针对大江大河的水患地区，大面积农作物干旱和病虫害多发地区，重点地震、地质灾害和风暴潮危险区，城镇及公路、铁路沿线的泥石流、滑坡频发地段，进行了大规模的减灾工程建设。半个世纪来，共修建防洪堤 50 多万公里，大中小型水库

8 万多座，防潮堤 1 万多公里，建成排灌站 49 万多处。黄河下游防洪大堤、长江中下游防洪与分洪工程、淮河流域综合防洪工程、长江三峡工程、黄河小浪底工程等重大水利工程得以兴建。对城市和大中型工矿企业的新建工程进行了抗震设防，对原有工程设施进行了抗震加固，完成了对 14 条铁路干线、90 多座骨干电厂、6 条主要输油管线、20 个大型炼油厂、一批重点骨干钢铁企业和超大型乙烯工程以及大型水库的抗震加固。对重点地区和交通干线上的地质灾害进行了大规模的防治。

第二，开展生态工程建设。兴建了各种防护林体系，全国每年植树近 600 万公顷[illegible]200万公顷，营造了防沙治沙工程、三北防护林、沿海防护[illegible]上游防护林、平原绿化、太行山绿化工程等区域防护林体系，森林覆盖率明显提高。建立了综合林火防治体系。生物灾害防治和牧区防灾基地建设也有新的进展。

第三，落实非工程性减灾措施。逐步建立并不断完善了我国的灾害监测预警系统，主要包括灾害及其相关要素和现象的观测网络，观测资料的收集传输和交换的电信系统，灾害全程动态监测及资料处理、分析、模拟和报警制作系统，预报警报的传播、分发和服务系统等。全国形成了由2 500个地面气象站、950 多个测雨站（点）、140 多个无线电探空和雷达测风站组成的气象监测报网；3 000多个水文站、1 100多个水位站、14 100多个雨量站、60 多个水文实验站和11 100多眼地下水测井组成的水文监测网；1 300个台站组成的地震前兆观测系统；3 000多个站组成的农作物和森林病虫害测报网；240 多个台（点）组成的草原虫鼠害监测预报网；还形成了海洋环境和灾害监测、森林和草原火灾监测、地质灾害勘查及报灾等系统。在灾害预警方面，初步构建了利用电话、无线电通信、电视和基层广播网发布预警信息的网络。这些为提高自然灾害监测、预警水平，为有效防范灾害和各地政府迅速组织防灾抗灾工作提供了条件。

第四，运用科学技术防灾减灾。科学技术在减灾工作中得到了广泛的应用，尤其是改革开放以后，各种高新技术的研究和应用取得了重要进展，卫星、遥感、地理信息系统、全球定位系统等相继运用于减灾工作的各个方面，初步具备了以综合科技手段开展系统减灾的能力。

第五，运用科技和管理减少安全生产事故。50余年来，我国注重推进安全生产科学技术进步，依靠科学提高生产系统的本质安全。全国共有50多个劳动保障科学研究院所，科研人员近4 000余人，初步形成了一支劳动安全生产的科研队伍。在控制瓦斯煤尘爆炸、危险化学品泄漏和爆炸、预防火灾、预防重大交通事故等方面已经取得了许多先进技术成果。一系列重要科研成果的取得及其应用，不仅大大改善了企业的安全生产状况，而且促进了生产的发展，提高了企业的经济效益。

第六，综合防治传染病。新中国成立以来，由于党和政府对卫生防疫工作的重视，加强传染病的防治，传染病总发病率明显下降。我国从20世纪60年代开始开展预防接种工作，80年代以来全面实行计划免疫和冷链运转；急性呼吸道传染病发病率大幅度下降，天花、白喉早已绝迹，百日咳、流脑、麻疹等也得到有效控制；通过大力开展爱国卫生运动，加强“三管一灭”（管好饮食、管好水源、管好粪便、消灭苍蝇）工作，改善生态环境等，痢疾、伤寒、甲肝等肠道传染病发病显著减少；采用普查普治、预防服药或预防接种，开展“除四害讲卫生”爱国卫生运动等，虫媒传染病发病率总体呈稳步下降趋势。

2. 突发事件应急管理

第一，中央政府高度重视，领导人发挥引领作用。新中国成立以来，党和国家高度重视应急管理工作。早在1949年11月，就成立了中央救灾委员会。历次发生的重大突发事件党中央和中央政府都高度重视，并在必要时派出中央工作组赴灾区前线慰问、指导工作。1974

年河北邢台大地震抗震救灾过程中，周恩来总理三次到灾区了解情况、慰问受灾群众和指导工作。

第二，以分类管理为主的应急管理体制日臻完善。新中国成立以来，我国逐步形成以专业部门为主导、以灾害分类管理为特征的应急管理体系。在自然灾害方面，有民政部门负责灾害救助，水利部门负责防汛抗旱，地震部门负责地震灾害应对等。其中，1950 年中央防汛总指挥部成立，此后不断发展完善，逐步建立起完备的行政首长负责制，防汛抗旱应急体系成为新中国成立最早、迄今最为完善的防灾减灾应急管理体系。

第三，政治动员发挥主导作用。在应对各类灾害的过程中，党和政府的政治性动员发挥着集中各方面力量和资源的统一协调作用。政治动员通过其强大有效的宣传力量，使灾区和非灾区群众迅速掌握党和政府的救灾方针、政策，唤起全国上下对救灾工作的积极响应。政治动员模式确立后，在新中国的减灾工程建设和历次重大灾害救助中发挥了无可替代的作用。[①] 在政治动员中，党和政府对救灾工作的掌控能力极强，不但可以有效避免救灾失控的局面，还可以做到审时度势，总揽全局，协调各方，因势利导，在大灾中提升民族凝聚力。

在大规模减灾工程建设、抗灾救灾、灾后的恢复重建中，各有关部门的密切协作，中国人民解放军、武装警察和预备役部队、公安干警及广大民兵的共同努力，人民群众的广泛参与，保证了各项工作的顺利完成。

第四，应急管理规范化科学化程度不断提升。我国建立了针对主要灾害的各种防灾抗灾领导机构和灾害监测预警、紧急决策、指挥、调度、组织实施体系，初步形成了中央和省、自治区、直辖市的分灾种灾害信息网络系统，开展了灾害分级管理、灾害快速评估、区划与

① 蒋积伟、唐明勇：《新中国危机动员理念的变迁》，《当代中国史研究》2011 年第 7 期。

灾情统计标准的研究工作，推动了灾害管理的科学化和规范化。我国的疾病防疫和灾害医疗救护网络使因灾伤病人员得到有效的治疗，基本控制了传染疾的大规模发生和蔓延。

第五，综合应急管理和国际应急管理合作取得了一定进展。1989年，我国政府积极响应联合国关于开展国际减灾10年活动的号召，成立了中国国际减灾10年委员会。委员会负责制定我国减灾活动的方针政策，组织协调有关部门和社会各界共同开展减灾活动，指导地方政府开展减灾工作，也推进了减灾国际合作。

专栏2

中国的水灾和水患治理成效[①]

“治国必先治水。”兴水利，除水害，大水发生时确保防洪安全，大旱发生时确保供水安全和粮食安全，是治国安邦的大事。新中国成立以来，防汛抗旱已经步入一个新天地，旧中国一场洪水夺走几万、几十万生命，一场大旱即造成饿殍遍野的景象不再重演。

新中国成立前黄河“三年两决口”。1933年黄河大堤两岸共决口50多处，死亡1.8万人。1958年发生的洪水与1933年发生的洪水属同等量级且略偏大，但1958年黄河大堤无一处决口，无1人死亡。

长江1931年大洪水，死亡人数超过14.5万人；1954年长江大洪水，京广铁路中断100多天，死亡人数3万多人；1998年长江大洪水，因灾死亡人数降低到1931年长江大洪水的1%、1954年大洪水的4.7%。

淮河1931年特大洪水，死亡7.5万人；1954年发生类似的全流域性特大洪水，死亡人数下降为2 000多人，没有出现疫情。

新中国成立以来，每年因洪涝灾害伤亡人数呈大幅度减少趋势，其中20世纪50年代年均死亡8 976人，70年代年均死亡5 308人，80

---

① 参见左海洋等：《新中国重大洪涝灾害抗灾纪实》，《中国防汛抗旱》2009年S1期。

年代年均死亡4 338人，90 年代年均死亡3 744人，2001 年以来这一数字降为1 507人。

在经济收益方面，自 1949 年以来全国防洪减灾直接经济效益累计达 3. 93 万亿元，减淹耕地 1. 6 亿公顷，年均减免粮食损失1 029万吨。

【附记】水患是中华民族的千年之患。新中国治水的成就超过了历史，从应急管理角度来思考和研究很有必要。

（二）2002 年以后的公共安全风险治理

1. 公共安全风险治理的基本措施

总体上，我国新时期突发事件应对能力得到极大提升。除了延续新中国成立以来的发展方向，在如下方面更是体现了新发展。

第一，注重科学应对。我国公共安全治理注重科学应急，突发事件应对的相关科学技术都得到极大的发展。高新技术应用方面，我国建成了由若干环境与灾害监测预报卫星和风云气象卫星组成的卫星减灾应用业务系统。在防灾减灾救灾中普遍使用卫星遥感、无人机、北斗导航定位等高新技术手段。国家灾情管理系统利用现代通信、计算机、信息管理等技术，全面覆盖中央、省、市、县四级政府。

第二，专业救援力量形成体系。我国应急救援队伍体系基本建立。综合救援力量，以消防部队为核心；突击力量，以军队、武警、公安为骨干；专业力量，以各级抗洪抢险、抗震救灾、森林防火、海上搜救、矿山救护、医疗救护等专业应急救援力量为主；辅助力量，以企事业单位专兼职队伍和应急志愿者队伍为主。为了有效地减轻自然灾害的危害，我国各地和各有关部门经常性地开展多种形式的减灾演练活动。

第三，社会动员体系初步建成。一是在抢险救灾、人员搜救、伤员救护、灾民救助、财物捐赠各领域都建立了一系列行之有效的救灾应急社会动员机制。二是市场机制的作用日益增大，政府通过经济补偿、购买服务、资金融通等方式，使优质资源自觉配置到急需的应急物资储备、应急装备推广、应急关键技术研发等重要领域。保险机制也逐步引入突发事件应对工作。三是各类安全社区建设、公共安全教育培训和演练、应急平台建设、应急产业发展等都蓬勃展开。

2. 突发事件应急管理

在2003年抗击非典疫情结束之后，我国以“一案三制”（应急预案，应急管理体制、机制和法制）为核心内容的应急管理体系建设工作全面起步。经过十几年的努力，具有中国特色的现代应急管理体系框架基本建立。

第一，应急管理的制度体系不断完善。以2007年《中华人民共和国突发事件应对法》的颁布为契机，应急管理法制体系日益完整。应急预案方面，我国自上而下形成了横向到边、纵向到底的应急预案体系。应急管理规范化标准化的制度体系正在逐步充实。

第二，综合应急管理体制机制基本确立。目前，“统一领导、综合协调、分类管理、分级负责、属地管理为主”的应急管理体制基本建成。在综合管理体制方面，成立了国务院应急管理办公室和各级政府应急办。在综合性工作机制方面，国家减灾委员会等综合性指挥协调机制也日益发挥了重要作用。

第三，专业化应急管理机制不断完善。根据各地灾害风险特点，县级以上政府设立了防汛抗旱、抗震救灾、森林防火，以及应对地质灾害、台风灾害、安全生产事故、食品安全事故等专项应急指挥机构。这些应急指挥机制发挥着预警防范、应急抢险、群众安置、伤员救治、卫生防疫、基础设施抢修、资金物资保障、灾情损失评估等作用。

在灾后恢复重建方面，实行在党委、政府统一领导下，由发展改革委和民政系统牵头、各相关部门互相配合、必要时实行对口支援，以及基层群众和有关社会力量共同参与的工作机制。

专栏3

“5·12”汶川大地震

“5·12”汶川大地震发生于北京时间2008年5月12日14时28分04.1秒，震中位于中国四川省阿坝藏族羌族自治州汶川县境内、四川省省会成都市西北偏西方向90千米处。根据中国地震局的数据，此次地震的面波震级达8.0Ms、矩震级达8.3Mw，破坏地区超过10万平方公里。地震烈度达到11度。地震波及大半个中国及多个亚洲国家。北至北京，东至上海，南至香港、台湾以及泰国和越南，西至巴基斯坦均有震感。地震共造成69 227人死亡，374 643人受伤，17 923人失踪，直接经济损失达8 451亿元，是中华人民共和国自成立以来影响最大的一次地震。

面对这场突如其来的灾难，中国政府从发布灾情信息，到启动应急预案，再到总理温家宝启程赶赴灾区，一系列行动都在短短一个半小时内完成，凸显了我国应对突发事件的快速与高效。

【附记】“5·12”汶川大地震是中国21世纪以来的标志性自然灾害事件。这一事件的应对过程值得深入研究和关注。

专栏4

2017年勒索病毒网络攻击事件

2017年5月12日，一次迄今为止最大规模的勒索病毒网络攻击席卷全球。在十几个小时内，全球就有74个国家的至少4.5万Windows系统电脑遭到名为WannaCry勒索病毒的攻击。受害者电脑会被黑客锁定，需要按提示支付价值相当于300美元（约合人民币2 069元）的比特币才可解锁。

美国、中国、日本、俄罗斯、英国等国家均有被攻击现象发生，其中俄罗斯被攻击得最为严重。对英国的攻击主要集中在英国国家医疗服务体系（NHS），该体系下至少有25家医院电脑系统瘫痪，救护车无法派遣。

5月14日，监测发现，在全球范围内爆发的WannaCry勒索病毒出现了变种WannaCry 2.0。与之前版本的不同是，这个变种取消了Kill Switch，不能通过注册某个域名来关闭变种勒索病毒的传播，该变种传播速度可能会更快。

该种新的勒索病毒会经由网络连线入侵联网电视中。一旦智能联网电视遭到入侵，将会出现屏幕遭锁定的情况，并且会出现指定汇款的消息。受害者支付勒赎款项后，才能重新使用该智能联网电视。

第一章　防范化解社会领域重大风险的新思想新框架

2012 年 11 月 29 日，习近平总书记在参观《复兴之路》展览时说，每个人都有理想和追求，都有自己的梦想，实现中华民族伟大复兴就是中华民族近代以来最伟大的梦想。这个梦想，凝聚了几代中国人的夙愿，体现了中华民族和中国人民的整体利益，是每一个中华儿女的共同期盼。实现中华民族伟大复兴是中华民族近代以来最伟大的梦想。实现这样的梦想，需要安全发展；实现这样的梦想，也包含着要达到较高的公共安全水平。因此，防范化解社会领域重大风险既是过程所需，也是目的所在。

一、防范化解社会领域重大风险的战略部署

党的十八大以来，习近平总书记对维护公共安全作出了一系列战略部署，主要分为三个方面。

（一）党中央对维护公共安全作出战略部署

党的十八大以来，中共中央把维护公共安全摆在更加突出的位置，作出了一系列部署：十八大提出要加强公共安全体系建设，十八届三中全会围绕健全公共安全体系提出食品药品安全、安全生产、防灾减

灾救灾、社会治安防控等方面体制机制改革任务，十八届四中全会提出了加强公共安全立法、推进公共安全法治化的要求，十九届四中全会提出完善公共安全体制机制的任务。

近年来，中央出台了一系列推进公共安全领域改革与发展的意见与决定，反映出对公共安全问题的重视。

十八届三中全会审议通过的《中共中央关于全面深化改革若干重大问题的决定》提出了健全公共安全体系的战略任务。其中提出："完善统一权威的食品药品安全监管机构，建立最严格的覆盖全过程的监管制度，建立食品原产地可追溯制度和质量标识制度，保障食品药品安全。深化安全生产管理体制改革，建立隐患排查治理体系和安全预防控制体系，遏制重特大安全事故。健全防灾减灾救灾体制。加强社会治安综合治理，创新立体化社会治安防控体系，依法严密防范和惩治各类违法犯罪活动。""坚持积极利用、科学发展、依法管理、确保安全的方针，加大依法管理网络力度，加快完善互联网管理领导体制，确保国家网络和信息安全。"

十八届四中全会审议通过的《中共中央关于全面推进依法治国若干重大问题的决定》指出，坚持系统治理、依法治理、综合治理、源头治理，提高社会治理法治化水平。

十八届五中全会通过的《中共中央关于制定国民经济和社会发展第十三个五年规划的建议》指出，要牢固树立安全发展观念，坚持人民利益至上，加强全民安全意识教育，健全公共安全体系。

十九届四中全会通过的《中共中央关于坚持和完善中国特色社会主义制度、推进国家治理体系和治理能力现代化若干重大问题的决定》提出："健全公共安全体制机制。完善和落实安全生产责任和管理制度，建立公共安全隐患排查和安全预防控制体系。构建统一指挥、专常兼备、反应灵敏、上下联动的应急管理体制，优化国家应急管理能力体系建设，提高防灾减灾救灾能力。加强和改进食品药品安全监管制度，保障人民身体健康和生命安全。”

（二）习近平总书记对公共安全治理作出重要指示

中共中央总书记习近平高度重视公共安全。他不仅在一系列讲话和批示中多次系统阐述公共安全问题，还在2015年5月29日主持了以健全公共安全体系为主题的十八届中央政治局第二十三次集体学习。习近平总书记关于公共安全的一系列表述是党中央集体智慧的结晶，体现了党的意志、国家意志，是公共安全政策的先导和精髓，值得认真研究和深入领会。

习近平总书记反复强调：公共安全连着千家万户，确保公共安全事关人民群众生命财产安全，事关改革发展稳定大局；各级党委和政府要把公共安全作为重要民生工作抓紧抓好，把公共安全工作放到经济社会发展大局中谋划；要牢固树立安全发展理念，自觉把维护公共安全放在维护最广大人民根本利益中来认识；要始终把人民生命安全放在首位，以对党和人民高度负责的精神切实防范重特大安全生产事故的发生。

可见，习近平强调的公共安全重要性主要体现在：一是把安全作为战略大局的一部分来看待，要牢固树立安全发展的理念，以安全维护改革发展稳定大局；二是把安全作为最重要的民生问题来看待，要始终把人民生命安全放在首位，把维护公共安全放在维护最广大人民根本利益中来认识。

（三）“十三五”规划等文件对公共安全治理作出具体部署

《中华人民共和国国民经济和社会发展第十三个五年规划纲要》强调要牢固树立安全发展观念，坚持人民利益至上，加强全民安全意识教育，健全公共安全体系，为人民安居乐业、社会安定有序、国家长治久安编织全方位、立体化的公共安全网，建设平安中国。

对于自然灾害应对，《中共中央 国务院关于推进防灾减灾救灾体制机制改革的意见》指出，防灾减灾救灾工作事关人民群众生命财产安全，事关社会和谐稳定，是衡量执政党领导力、检验政府执行力、评判国家动员力、彰显民族凝聚力的一个重要方面。

对于安全生产，《中共中央 国务院关于推进安全生产领域改革发展的意见》指出，在体制机制改革方面，明确科学严密高效的监管监察体制是做好安全监管工作的组织保障。一是充分发挥各级安全生产委员会统筹协调作用，切实解决突出矛盾和难题。二是安全生产监督管理部门承担本级安全生产委员会日常工作。三是坚持管安全生产必须管职业健康，建立安全生产与职业健康一体化监管执法体制。四是依托国家煤矿安全监察体制，加强非煤矿山监管监察。

这些文件将中央精神具体化，共同描绘了我国公共安全治理领域的未来图景。

二、防范化解社会领域重大风险的新思想

党的十八大以来，以习近平同志为核心的党中央高度重视公共安全，作出了一系列战略部署，提出了一系列具有高度战略性、系统性的关于公共安全的重要指导思想。

（一）公共安全治理理念论

改革开放以来，发展是第一要务的指导思想深入人心。但是，随着公共安全风险挑战不断增大，人民对公共安全需求日益增加，如何处理好发展与安全的关系，树立什么样的公共安全目标与价值观成为一个十分重要而紧迫的现实问题。习近平总书记审时度势，提出了一系列公共安全重要论述，形成了习近平新时代公共安全理念体系。

1. 从政治高度定位公共安全

习近平总书记对公共安全地位的阐述是在中华民族伟大复兴新时

代的大背景下和总体国家安全观的大框架下展开的，具有突出的政治高度。一是公共安全的时代性。实现中华民族伟大复兴，必须合乎时代潮流、顺应人民意愿。当“中国特色社会主义进入新时代，我国社会主要矛盾已经转化为人民日益增长的美好生活需要和不平衡不充分的发展之间的矛盾”时，人民对公共安全需求显著增加了。对此，党的十九大报告明确指出人民美好生活需要日益广泛，在安全等方面的要求日益增长，可以说，使人民获得感、幸福感、安全感更加充实、更有保障、更可持续是中华民族伟大复兴中国梦的重要组成部分。二是公共安全的人民性。习近平总书记指出，公共安全连着千家万户，确保公共安全事关人民群众生命财产安全，各级党委和政府要把公共安全作为重要民生工作抓紧抓好，明确指出了公共安全的民生属性。总体国家安全观指出国家安全以人民安全为宗旨，体现了人民安全的根本地位；习近平总书记强调要自觉把维护公共安全放在维护最广大人民根本利益中来认识，指出了维护公共安全的崇高的“人民性”意涵。三是公共安全的保障性。在论述总体国家安全观时，习近平总书记指出，要既重视发展问题，又重视安全问题，发展是安全的基础，安全是发展的条件，指明了国家安全和经济社会发展的关系；关于公共安全，习近平总书记反复强调，要牢固树立安全发展理念，公共安全事关改革发展稳定大局，要求各级党委和政府要把公共安全工作放到经济社会发展大局中谋划。这些论述明确指向了要从保障发展的高度认识公共安全的功能。总之，公共安全的时代性、人民性、保障性共同构成了公共安全的崇高政治地位，是对公共安全使命的系统阐述。

2. 从战略高度明确公共安全目标

为了落实公共安全的政治使命，习近平总书记高瞻远瞩地提出了一系列公共安全的战略目标和愿景。一是从社会安全视角，提出建设平安中国的战略愿景。他强调要着力建设平安中国，确保人民安居乐业、社会安定有序、国家长治久安，有效防范、化解、管控各类风险，努力建设平安中国。可以说，“平安中国”代表着公共安全领域的中国梦。二是从安全体系建设视角，提出构建全方位立体化公共安全网的战略目标。习近平总书记指出，要扎实做好公共安全工作，努力为人民安居乐业、社会安定有序、国家长治久安编织全方位、立体化的公共安全网；要加快构建全方位、立体化的公共安全网。具体而言，这一公共安全网络是指要提高公共安全体系精细化水平，每一个环节都要深入考虑和谋划。要构建公共安全人防、物防、技防网络，实现人员素质、设施保障、技术应用的整体协调。可以说，构建公共安全网这一全新提法就是中国特色公共安全体系建设的战略目标。三是从国际安全的视角，提出建设普遍安全的世界。在“构建人类命运共同体”的伟大构想中，习近平总书记在国际安全方面提出了建设普遍安全世界的理念，他强调“坚持共建共享，建设一个普遍安全的世界……各方应该树立共同、综合、合作、可持续的安全观”①。这一思想的提出获得了广泛赞扬，成为越来越多的国家所愿意共同追随的国际安全共同愿景。整体上，关于建设平安中国、构建全方位立体化公共安全网、建设普遍安全世界的论述构成了宏大的有着中国特色和中国色彩的公共安全战略愿景。

3. 从价值观高度明确公共安全准则

为了落实公共安全的政治使命与战略目标，习近平总书记重申了居安思危的安全理念，强调了人命关天的红线意识和责任意识。习近平总书记指出，我们要安而不忘危、治而不忘乱，增强忧患意识和责任意识，始终保持高度警觉，任何时候都不能麻痹大意。他特别强调红线意识和责任意识。他说：“人命关天，发展决不能以牺牲人的生命为代价。这必须作为一条不可逾越的红线。”② 对于安全生产，他指

---

① 《习近平主席在出席世界经济论坛 2017 年年会和访问联合国日内瓦总部时的演讲》，人民出版社 2017 年版，第 25—26 页。

② 中共中央文献研究室编：《习近平关于社会主义社会建设论述摘编》，中央文献出版社 2017 年版，第 143 页。

出："安全生产必须警钟长鸣、常抓不懈，丝毫放松不得，否则就会给国家和人民带来不可挽回的损失。"[①] 整体上，居安思危的安全理念、红线意识和责任意识等共同构成了公共安全的核心价值观体系。

（二）公共安全体系建设论

公共安全无处不在。客观上，公共安全领域的广泛性与公共安全问题的复杂性要求建设完备的公共安全体系，而我国的公共安全体系存在着基础薄弱、治理不力现象。为此，党的十九大报告提出"完善公共安全体系"的战略任务，习近平总书记则在多个层面就完善公共安全体系作出了一系列论述。

第一，在治理主体上坚持系统治理。习近平总书记指出，要完善党委领导、政府负责、社会协同、公众参与、法治保障的社会治理体制。要"坚持系统治理，加强党委领导，发挥政府主导作用，鼓励和支持社会各方面参与，实现政府治理和社会自我调节、居民自治良性互动"。

系统治理要落实到各类公共安全领域的治理上。对于网络安全，习近平总书记指出："网络安全为人民，网络安全靠人民，维护网络安全是全社会共同责任，需要政府、企业、社会组织、广大网民共同参与，共筑网络安全防线。"[②] 对食品安全问题，要在加强监管、严厉打击的同时，动员全社会广泛参与，努力营造人人关心食品安全、人人维护食品安全的良好社会氛围，不断增强公众对食品安全的信心。

第二，在手段上要坚持依法治理。要加强法治保障，运用法治思维和法治方式化解社会矛盾。在安全生产领域，习近平总书记强调要抓紧建立健全安全生产责任体系。这一责任体系的核心是"各级党委

---

① 《习近平治国理政》，外文出版社 2014 年版，第 195 页。

② 中共中央党史和文献研究院编：《习近平关于总体国家安全观论述摘编》，中央文献出版社 2018 年版，第 173 页。

和政府要认真贯彻落实党中央关于加快安全生产领域改革发展的工作部署，坚持党政同责、一岗双责、齐抓共管、失职追责，严格落实安全生产责任制”。[①] 必须强化依法治理，用法治思维和法治手段解决安全生产问题，加快安全生产相关法律法规制定修订，加强安全生产监管执法，强化基层监管力量，着力提高安全生产法治化水平。在食品药品安全监管上，习近平总书记要求，要切实加强食品药品安全监管，用最严谨的标准、最严格的监管、最严厉的处罚、最严肃的问责，加快建立科学完善的食品药品安全治理体系，坚持产管并重，严把从农田到餐桌、从实验室到医院的每一道防线。

第三，在方法上坚持综合治理。要坚持科技引领、法治保障、文化支撑，创新理念思路、体制机制、方法手段，推进公共安全工作精细化、信息化、法治化。在防灾减灾救灾体系方面，习近平总书记指出要坚持以防为主、防抗救相结合，坚持常态减灾和非常态救灾相统一，努力实现从注重灾后救助向注重灾前预防转变，从应对单一灾种向综合减灾转变，从减少灾害损失向减轻灾害风险转变，全面提升全社会抵御自然灾害的综合防范能力。在社会安全领域，习近平总书记要求，要切实抓好社会治安综合治理，坚持系统治理、依法治理、综合治理、源头治理的总体思路，一手抓专项打击整治，一手抓源头性、基础性工作，创新社会治安防控体系，优化公共安全治理社会环境，着力解决影响社会安定的深层次问题；要坚持综合治理，强化道德约束，规范社会行为，调节利益关系，协调社会关系，解决社会问题。

第四，要坚持源头治理和长效机制。公共安全要常抓不懈，就需要建立长效机制。习近平总书记指出：“维护公共安全，必须从建立健全长效机制入手，推进思路理念、方法手段、体制机制创新，加快健

---

① 中共中央文献研究室编：《习近平关于社会主义社会建设论述摘编》，中央文献出版社2017年版，第162页。

全公共安全体系。”[1] 各级党委和政府要切实承担起“促一方发展、保一方平安”的政治责任，明确并严格落实责任制，落实责任追究。要坚持标本兼治，坚持关口前移，加强日常防范，加强源头治理、前端处理，建立健全公共安全形势分析制度，及时清除公共安全隐患。强调了公共安全治理的源头治理、日常防范、风险管理等环节，全面阐述了建立长效机制的具体任务。

第五，夯实基层。基层是关键，“从最基础做起”体现了公共安全治理的空间布局。习近平总书记强调，维护公共安全体系，要从最基础的地方做起。接下来，习近平总书记强调三个层面的工作。一是在基层构建更安全的网络体系，即要把基层一线作为公共安全的主战场，坚持重心下移、力量下沉、保障下倾，实现城乡安全监管执法和综合治理网格化、一体化。二是人物技协调成体系，即要提高公共安全体系精细化水平，每一个环节都要深入考虑和谋划。要构建公共安全人防、物防、技防网络，实现人员素质、设施保障、技术应用的整体协调。三是推动基层好经验的学习分享，即要认真汲取各类公共安全事件的教训，推广基层一线维护公共安全的好办法、好经验。

第六，坚持群众路线。坚持群众路线就抓住了公共安全治理的主体。习近平总书记指出：“要坚持群众观点和群众路线，拓展人民群众参与公共安全治理的有效途径。要把公共安全教育纳入国民教育和精神文明建设体系，推动安全教育进企业、进农村、进社会、进学校、进家庭，加强安全公益宣传，健全公共安全社会心理干预体系，积极引导社会舆论和公众情绪，动员全社会的力量来维护公共安全。”[2] 在这里，教育、引导、动员等主题词指明了落实公共安全治理的群众路线的具体工作内容和路径。

---

① 中共中央文献研究室编：《习近平关于社会主义社会建设论述摘编》，中央文献出版社2017年版，第142页。

② 中共中央党史和文献研究院编：《习近平关于总体国家安全观论述摘编》，中央文献出版社2018年版，第144页。

这些论述的理论意义在于：一是体现系统思维，全面与重点相结合的治理观点；二是体现依法治国、建设现代法治国家的思路；三是体现抓基层、发动社会共治的观点。这些观点在理论品格上不输于现代西方先进的公共安全治理理论，而且在贯彻辩证思维上具有马克思主义系统观的品格，具有中国气派。

这些论述的实践意义在于，为中国公共安全治理体系的改革与发展提供了完整的路线图和方法论。

（三）公共安全风险治理论

在全球化发展日益深化、我国经济高速发展的大背景下，公共安全风险挑战加大。

按照党的十九大报告精神，在实现伟大梦想的伟大斗争中，党要团结带领人民应对的重大挑战、抵御的重大风险、克服的重大阻力和解决的重大矛盾有着广泛的内涵，而公共安全方面的挑战与风险也是其中的重要组成部分。具体来说，有如下重要任务。

第一，要坚持问题导向。2015 年 5 月 29 日，习近平总书记在中共中央政治局第二十三次集体学习时指出："维护公共安全，要坚持问题导向，从人民群众反映最强烈的问题入手，高度重视并切实解决公共安全面临的一些突出矛盾和问题，着力补齐短板、堵塞漏洞、消除隐患，着力抓重点、抓关键、抓薄弱环节，不断提高公共安全水平。"

第二，要抵御各种国家安全和公共安全风险。党的十九大报告关于"更加自觉地维护我国主权、安全、发展利益，坚决反对一切分裂祖国、破坏民族团结和社会和谐稳定的行为"，关于"更加自觉地防范各种风险，坚决战胜一切在政治、经济、文化、社会等领域和自然界出现的困难和挑战"等论述，都明确指出了以开展伟大斗争的视角认识公共安全治理的任务要求。

第三，要提出具体的抵御风险的任务。对于生产安全，必须坚决遏制重特大事故频发势头，对易发重特大事故的行业领域采取风险分级管控、隐患排查治理双重预防性工作机制，推动安全生产关口前移，加强应急救援工作，最大限度减少人员伤亡和财产损失。在社会安全领域，坚决反对一切破坏社会和谐稳定的行为，坚决战胜一切安全领域出现的困难和挑战。

第四，要发扬斗争精神、提高斗争本领。要更加自觉地维护我国安全利益，更加自觉地防范各种风险，发扬斗争精神，提高斗争本领，不断夺取伟大斗争新胜利。任何贪图享受、消极懈怠、回避矛盾的思想和行为都是错误的。

上述思想的理论意义在于，一是体现了革命现实主义的理论品格。这些重要论述具有求真务实的理论品格，也具有革命性、坚定性的理论特质，是名副其实的革命现实主义表述。二是明确了应对公共安全问题的具体方法论，即坚持问题导向。三是提出了发扬斗争精神的思想方法层面的方法论。

上述思想的实践意义在于，明确提出公共安全治理的任务目标，构成国家公共安全战略的目标体系。具体来说，坚持公共安全的问题导向、防御重大安全风险和发扬斗争精神等构成了维护国家公共安全的基本任务。我国目前在食品安全、环境污染、交通安全等方面都存在着人民群众反映强烈的问题，抓住了这些问题就抓住了公共安全领域的牛鼻子，既能够带动公共安全水平的提升，也能够提振人民群众对公共安全的信心。

（四）公共安全党的领导论

公共安全事业需要领导力量和动力牵引机制。中国特色社会主义的优势就在于有党的领导这一领导力量和党的建设这一动力机制。党的建设新的伟大工程同样是公共安全事业发展的根本动力。不断增强党的政治领导力、思想引领力、群众组织力、社会号召力，确保我们党永葆旺盛生命力和强大战斗力，在公共安全领域可以得到最大体现。

第一，公共安全工作做得好坏关乎党的领导信誉。习近平总书记指出："防灾减灾救灾事关人民生命财产安全，事关社会和谐稳定，是衡量执政党领导力、检验政府执行力、评判国家动员力、体现民族凝聚力的一个重要方面。"① 在安全生产的主体上，习近平总书记强调要抓紧建立健全安全生产责任体系。这一责任体系的核心是：各级党委和政府要认真贯彻落实党中央关于加快安全生产领域改革发展的工作部署，坚持党政同责、一岗双责、齐抓共管、失职追责，严格落实安全生产责任制。习近平总书记认为，食品安全既是重大的民生问题，也是重大的政治问题。"民以食为天"，食品安全是重大的民生问题。他强调：食品安全关系中华民族未来，能不能在食品安全上给老百姓一个满意的交代，是对我们执政能力的考验。老百姓能不能吃得安全，能不能吃得安心，已经直接关系到对执政党的信任问题，对国家的信任问题。习近平总书记在2016年中央政法工作会议上指出："全国政法机关要增强忧患意识、责任意识，防控风险、服务发展，破解难题、补齐短板，提高维护国家安全和社会稳定的能力水平，履行好维护社会大局稳定、促进社会公平正义、保障人民安居乐业的职责使命。"

第二，对党员领导干部提出明确要求。要求"党政一把手必须亲力亲为、亲自动手抓。要把安全责任落实到岗位、落实到人头，坚持管行业必须管安全、管业务必须管安全，加强督促检查、严格考核奖惩，全面推进安全生产工作"②。对所有领导干部的要求，即在应对重大安全事件、重大突发事件、重大自然灾害事件等事件中，领导干部必须深入一线、靠前指挥，及时协调解决突出问题，及时回应社会关切。

---

① 中共中央党史和文献研究院编：《习近平关于总体国家安全观论述摘编》，中央文献出版社2018年版，第149页。

② 《习近平谈治国理政》，外文出版社2014年版，第196页。

第三，提出了增强抵御风险本领的任务。党的十九大报告指出，要增强驾驭风险本领，健全各方面风险防控机制，善于处理各种复杂矛盾，勇于战胜前进道路上的各种艰难险阻，牢牢把握工作主动权。

这些论述的理论意义在于，一方面丰富了党建理论，另一方面丰富了公共安全治理理论。在党建与公共安全方面，由于公共安全被定位为具有重大政治意义的问题，党的领导力、执政能力就受到是否能够有效领导应对公共安全风险的考验。因此，党的建设自然要包含应对公共安全风险的能力提升方面的内容。在公共安全治理方面，国际上的综合应急管理理论提出的全政府应对，是指各个政府部门和各级政府都要承担起公共安全治理的责任。习近平总书记的党要在公共安全事业中发挥领导作用的观点丰富了全政府应对的思想，为突发事件应对主体注入了精神领导力量。这既是中国特色公共安全治理的独到之处，也是对国际公共安全治理思想的丰富和发展。

这些论述的实践意义有四个层面：一是指出了党在公共安全事业中总的领导地位；二是提出了党政同责、各级党委负起责任的制度安排；三是对党员领导干部提出具体要求，党政一把手必须亲力亲为、亲自动手抓；四是对所有领导干部的要求，即在应对重大安全事件、重大突发事件、重大自然灾害事件等事件中，领导干部必须深入一线、靠前指挥，及时协调解决突出问题，及时回应社会关切。这些要求，突出了执政党、党员领导干部的关键作用，既是针对中国实际情况的有的放矢之举，也是重要的实践创新。

三、社会领域重大风险治理的新框架

公共安全连着千家万户，关系到人民幸福、社会安定、国家安全。2003 年非典疫情、2008 年汶川地震引发我国确立了以“一案三制”体系（建立和完善应急预案体系和体制、机制、法制）建设为核心的应急管理工作格局。党的十八大以来，党中央、习近平总书记以公共安全治理统领突发事件应急管理，对我国公共安全治理提出了一系列新的重要指导思想，形成了以总体国家安全观为指导、以人民安全为宗旨、强调居安思危和落实责任、注重防范和化解重大安全风险等一系列内涵丰富的新时代公共安全治理思想。着眼于健全公共安全体系，2018年，我国进行新一轮党和国家机构改革，成立了应急管理部，对相关部门的公共安全职责作了重新界定，相关改革也在全国各级机构改革中推开。这一里程碑意义的改革，为解决多年来公共安全领域中条块分割、机制不顺、资源分散等弊端提供了坚实的基础。以此次改革为契机，经过精心设计和组织实施，我国公共安全体系建设跨上一个新台阶，公共安全治理新格局形成。

（一）构建坚强有力的党领导公共安全的新格局

习近平总书记一贯重视党对公共安全事业的政治领导。他指出，防灾减灾救灾是衡量执政党领导力的一个重要方面，安全生产要坚持“党政同责”，能不能在食品安全上给老百姓一个满意的交代，是对我们执政能力的考验。可以说，在我们这样一个经济社会快速发展、风险隐患错综复杂的大国，没有党对公共安全强有力的领导是无法有效应对各种风险挑战的。加强党对公共安全事业的领导是构建中国特色社会主义公共安全体系的必然要求。

构建坚强有力的公共安全领导格局就是要从制度上强化党对公共安全工作的领导，落实各级党组织和党员领导干部的公共安全职责。一是加强党对公共安全事业的总体领导。各级党委要落实党的政治领导职责，更加主动地承担起对公共安全事业的领导责任。党委要加强统筹谋划、战略研判，指导公共安全体系建设和重大安全风险的防范工作；各级党委要加强对本级应急管理委员会等应急协调机构的领导；应急管理机构的党组织要加强对本部门业务工作的领导，加强对常备应急队伍的领导。二是从制度上落实党的领导职责。在法律法规层面，落实“党政同责”要求，进一步明确党组织在公共安全应急管理工作中的职责和作用；在应急预案层面，明确党的领导人员在应急预案中的角色地位。三是加强党对社会安全工作的领导。社会安全是公共安全的一个重要方面，各类突发事件应对中都有维护社会安全与社会稳定的任务。各级党组织要对社会安全进一步负起责任，将责任落实到位。2018 年党和国家机构改革把中央综治、维稳等工作职能划归中央政法委，进一步明确了中央政法委统一承担社会安全的领导责任。为此，各级政法委要落实好社会治安综合治理、维护社会稳定、防范和处理邪教方面的社会安全治理的领导职能。四是党员领导干部要在公共安全领域起到先锋模范带头作用。要强化对党员领导干部在突发事件应对中进行党性锻炼的要求。在对领导干部的要求上，要强化政治意识，使各级领导干部在应对重大安全事件、重大突发事件、重大自然灾害事件等事件中，做到“深入一线、靠前指挥，及时协调解决突出问题，及时回应社会关切”。

（二）构建强大的综合公共安全管理体系新格局

随着各种公共安全风险日益增多，风险演变呈现出连锁反应、交织共振等特点。国际上灾害多发国家都先后采取不断加强综合应急管理部门力量的措施，如美国成立了联邦应急管理署、俄罗斯成立了紧急情况部。我国在国家层面，将原安全生产监督管理总局与多个部委的应急管理职能加以整合，成立应急管理部。各级地方政府也成立了相应的综合应急管理机构。与原来以各级政府应急管理办公室承担应急管理综合协调职能相比，此次机构改革所组建的综合应急管理部门为真正落实各项综合应急管理职能奠定了基础。

构建综合应急管理体系新格局就是要从上到下组建能够真正落实职能、担当重任的综合应急管理部门。一是要从制度上明确综合应急管理职责。以往各级政府应急办作为办公厅（室）的内设机构，大都级别低、人员少、力量弱。现在级别提高到政府组成部门的层次，原来分散在多部门的综合性管理力量集中了，就要在机构职能定位上体现统揽总体规划制定与实施、总体应急预案修订、总体救援力量建设、总体应急指挥协调等综合应急管理工作的要求。二是以流程整合为导向整合相关内设机构、完善相关工作机制。此次机构改革把各类自然灾害、安全生产事故应急管理职能最大限度地整合在同一个综合的应急管理部门中，这并不是简单的隶属关系改变或部门重新组合。综合应急管理部门的内部机构设置必须体现应急管理业务流程整合的要求，才能真正发挥好综合管理的作用。因此部门合并后，应在厘清综合应急管理流程的基础上，以体现综合风险防范、综合应急准备、综合监测预警、综合处置救援的逻辑环节为导向设置内设机构，整合相关工作机制，做到真正改变原来部门分割、综合协调难的状况，真正达到综合应急管理职能加强和完善。三是优化应急队伍格局。新的应急管理部门将整合原公安消防、森林武警和各类安全生产应急救援队伍，组建统一指挥、结构合理的综合性、专业性应急救援力量，这就为优化救援队伍结构提供了契机。在新的队伍组建过程中，要精心设计符合实际救援工作需要的救援队伍结构，通过优化队伍结构打造强有力的应急救援能力体系。四是构建好“综合应急管理+相关职能”的组织格局。在国家层面，已经把地震、煤监等相关部门划归综合应急管理部门，最大限度地聚集了相关资源和职能，扩大了综合应急管理部门的综合实力和能力。在地方层面也应根据实际需要，着眼于编制资源和一线力量的合理使用，做好“综合应急管理+相关职能”这篇文章。在这方面，不同层级、不同地方应当因地制宜，根据实际需要和可能，在科学论证基础上加以整合。如在市县层级，一些地方把城市网格化管理、市长热线、民防等与应急管理关系密切的职能整合到综合应急管理部门中的经验就非常值得借鉴。

（三）构建高效的公共安全跨界协调机制新格局

公共安全工作非一个部门可以包揽。机构改革后，党委、政法委系统拥有更综合的社会安全领导职能，网络安全和信息化管理部门负责网络安全问题处置，生态环境部门统一负责监督管理污染防治、核与辐射安全，农业农村部门负责监督管理农产品质量安全，市场监督管理部门主要负责工业产品质量安全、食品安全、特种设备安全监管，卫生和健康委员会负责卫生应急，粮食和物资储备部门负责组织实施应急储备物资的收储、轮换、管理等。综合应急管理部门都要与这些部门建立起良好的协作关系。此外，不同层级之间，相邻地域之间也要建立起必要的协调机制。经验证明，跨部门、跨层级、跨地域应急协调机制的缺失或交叉重叠会造成不同部门协调配合不力，甚至相互掣肘、机能紊乱。为此，机构改革后，各个层级内部仍需进一步有效建构起跨部门协调机制，层级之间、相邻地域之间也要进一步建立起必要的协调机制。

构建高效的公共安全跨界协调机制新格局就是要进一步理顺各个公共安全相关部门、相关层级、相邻地域之间的工作关系，重构跨界协调机制。一是整合应急管理多部门协调机制，强化统一的应急委员会的指导协调作用。以往各级政府大都分别设有应急委、减灾委、防汛抗旱指挥部、抗震救灾指挥部、森林防火指挥部、食品安全委员会等专项公共安全协调与应急指挥机制，其成员单位大同小异，相互之间的职能也有不同程度的交叉重叠。此次机构改革中，国家防汛抗旱总指挥部、国家减灾委员会、国务院抗震救灾指挥部、国家森林防火指挥部职能已经被并入应急管理部。各级政府也应将相关的委员会（指挥部）职能全面整合，形成统一的应急管理委员会或公共安全委员会，并由综合应急管理部门承担该委员会办公室的职能。二是加强综合应急管理部门与相关的同级党政机构的协调配合机制建设。例如，综合应急管理部门需要与气象部门合作建立突发事件预警平台建设和预警信息发布机制（此前已经依托气象部门建立了国家预警平台），与粮食和物资储备部门合作建立应急储备物资的储备管理与使用相协调的工作机制，与公安政法部门合作建立突发事件应对中的社会安全工作协调机制，与卫生健康部门合作建立突发事件应对中的卫生应急工作协调机制等。三是建立起各级政府之间的工作协调机制。此次改革方案要求，“按照分级负责的原则，确立一般性灾害由地方各级政府负责，中央响应支援的机制”。为此，从中央到地方各级政府和应急管理部门需要进一步明确各自职责分工，建立协调配合机制。四是努力推动建立跨地域公共安全协调机制。鼓励建设跨地域的应急管理协调机制。我国已经建立起几十个跨地域应急管理协调机制，今后要继续维护和完善已有的区域性、流域性应急管理合作机制，开展更多的工作交流，制定更多的联合应急预案，建立起有效的跨界公共安全信息共享、跨界应急响应支援等工作机制。

（四）构建公共安全治理基础能力新格局

习近平总书记指出：“维护公共安全体系，要从最基础的地方做起。要把基层一线作为公共安全的主战场，坚持重心下移、力量下沉、保障下倾，实现城乡安全监管执法和综合治理网格化、一体化。”[①] 以往由于上级机关应急管理职能被分散在多个部门，基层应急管理呈现出分散有余、整合不足的状态，而且不仅管理力量分散，应急资源的配置也处于碎片化分布的状态。例如，有关部门依据自身职能分别开展了创建“平安社区”“安全社区”“防灾减灾示范社区”“安全文化示范社区”“防震减灾示范社区”“气象灾害防御示范社区”“食品安全示范社区”“人民防空示范社区”“微型消防站”等活动，这些活动要求

① 中共中央党史和文献研究院编：《习近平关于总体国家安全观论述摘编》，中央文献出版社 2018 年版，第 143 页。

各异，往往使基层感到无所适从。为此，必须以机构改革为契机，加强基层应急能力建设，重构基层安全应急能力新格局。

构建公共安全治理基础能力新格局就是要把基层的各种应急力量与资源尽可能整合到一起，构建一个强大的基层安全应急网络体系。一是组建集中统一的乡镇（街道）综合应急管理工作机构。参照国家应急管理的做法，根据基层实际把相关职能部门加以优化整合，把处置风险隐患和综合应对突发事件的责任落实到一个综合应急管理部门。二是实行应急力量下沉、整合到位。把能够下沉的应急执法与救援力量下沉到基层，尽量将驻地消防、公安、交警、武装、宣传、综治、安监、民政、城管监察、工商、卫生等部门的基层单位，包括各种基层队、站、所等纳入乡镇（街道）应急管理部门的统一协调机制之中，或者统一管理之下。三是整合基层应急志愿者队伍，建设规范化高水平的应急管理队伍。把基层民兵应急分队、社区应急志愿者、青年志愿者等加以有机整合，按照规范化的应急第一响应人素质能力要求进行培训和训练，形成统一领导、具有较强凝聚力和战斗力的基层应急志愿者队伍。四是建设统一模式的安全社区。要整合以往被不同部门管理的人力物力财力资源，在原来的各类示范社区建设的基础上，大力推进统一模式的综合应急社区建设，全面提升基层社区应急能力。

（五）构建公共安全共建共治共享新格局

习近平总书记指出，要坚持群众观点和群众路线，拓展人民群众参与公共安全治理的有效途径。我国有“一方有难，八方支援”的良好民族文化传统，广大人民群众和各类社会组织参与应急治理的积极性非常高，很多地方和企业也对参与应急事业有着很高的积极性。但是，目前发挥社会和企业的积极性主动性、使其有效参与到公共安全事业的制度机制还不够成熟，政府对其引导和扶持工作有很大的提升空间。为此，要以此次深化机构改革为契机和动力，在发挥社会参与和市场机制作用方面补齐短板、构建新格局。

构建公共安全共建共治共享新格局就是要做好发动群众工作，把发挥社会参与和市场机制的作用落到实处。一是加强公共安全科普宣教。落实习近平总书记关于把公共安全教育纳入国民教育和精神文明建设体系的要求，加强安全教育和公益宣传。要深入探索构建公共安全科普宣教的有效机制，确保安全教育真正能够进学校、进企业、进社区、进家庭。这一机制应由应急管理部门与相关部门、社会组织共同参与，体现社会管理机制与市场机制共同发挥作用的大安全宣教格局。二是加强社会安全治理的公众参与。维护社会安全是公共安全治理的一个重要方面。要加快构建全社会共同参与的立体化社会治安防控网络，维护社会治安良好的局面，健全公共安全社会心理干预体系。三是大力支持社会组织的发展。支持公共安全领域的社会组织发展，落实公共安全相关的各类社会组织、志愿者组织参与公共安全工作的有效途径。要在跨部门协调机制的架构中，给他们充分发挥作用的一席之地。四是大力推进应急产业发展。要推动灾害保险业、应急装备与应急服务产业等的大力发展，以政府引导的市场机制推动人民不断享有更高的安全保障。

第二章　防范化解自然灾害重大风险

一、应对自然灾害的形势与挑战

我国是世界上遭受自然灾害最严重的国家之一，灾害种类多、分布地域广、发生频率高、造成损失重。近年来，伴随着全球气候变化日益显著，以及国内工业化和城镇化不断推进，中国的资源、环境和生态压力加剧，各类自然灾害呈多发频发态势，自然灾害防范形势更加严峻复杂。

从全国综合自然灾害风险等级图上，我们可以看到中国高风险等级（8～10 级三个等级）区域主要分布在京津唐地区、长江三角洲地区、珠江三角洲地区、汾渭平原地区、两湖平原地区、淮河流域、四川盆地及其西部边缘山区、云南高原地区、东北平原地区、河西走廊和天山北坡地区等。这些地区综合自然灾害风险等级高值区比例相对较高。一方面显示其自然致灾因子的种类多、发生频次高、相对强度大；另一方面也显示由于这些地区人口密度和地均财富相对较高，如果对自然灾害设防水平不高，则可能因灾造成的遇难人数较多或直接经济损失量较大。从单灾种情况来看，中国面临的主要自然灾害为地震、洪涝、干旱、台风、滑坡、泥石流等，各灾种的分布也呈现一定的地域性特征。

（一）自然灾害严重是我国的基本国情

我国被称为世界“自然灾害博物馆”。从较长的时间轴来看，我国自然灾害呈现以下特点。一是灾害种类多。除现代火山活动外，我国几乎所有种类的自然灾害都出现过，其中以干旱、洪涝、地震、台风等灾害为主。二是区域特征强。局地性或区域性旱灾几乎每年都会出现，东南沿海地区平均每年约有 7 个热带气旋登陆，中西部地区各类自然灾害频发多发，东部地区城市内涝灾害时有发生。三是反常性较大。如南方尤其是西南地区出现旱灾频发现象，北方包括东北、华北和陕西出现水灾频发现象，灾害发生种类、强度和发展趋势超出我们的固有认识和传统经验。四是大灾频率高。仅 2008 年以来，就先后发生了南方部分地区严重低温雨雪冰冻灾害、汶川特大地震、玉树强烈地震、舟曲特大山洪泥石流、芦山地震、鲁甸地震等重特大自然灾害。

2016 年 7 月 28 日，习近平总书记在河北唐山调研考察时指出，我国是世界上自然灾害最为严重的国家之一，灾害种类多，分布地域广，发生频率高，造成损失重，这是一个基本国情。把自然灾害的影响提升到基本国情来看待，这是一个重要论断。关于基本国情，从发展阶段讲，社会主义初级阶段是基本国情；从自然地理情况讲，人口多、底子薄、耕地少、人均资源相对不足是基本国情。习近平总书记首次明确提出自然灾害严重是我国的基本国情，这是一个重要论断，对于指导做好防灾减灾救灾工作具有十分重要的意义。

从总体上看，我国进入了一个灾害频发多发时期，灾害问题已经成为制约我国经济社会发展、影响民生福祉改善的一个重大问题，影响越来越广泛和深远。我国自然灾害的灾情形势，总体上可以概括为以下几个方面。

第一，自然灾害的危害在持续扩大。我国的自然灾害频发多发，主要由自然条件导致，同时也受我国经济社会发展阶段的深刻影响。就自然条件而言，我国 2/3 以上的国土面积受到洪涝灾害威胁，东部、南部沿海地区以及部分内陆省份经常遭受热带气旋侵袭，其中东南沿海地区平均每年约有 7 个热带气旋登陆；东北、西北、华北等地区旱灾频发，西南、华南等地的严重干旱也时有发生。我国位于欧亚、太平洋及印度洋三大板块交汇地带，新构造运动活跃，地震活动十分频繁，大陆地震占全球陆地破坏性地震的 1/3，是世界上大陆地震最多的国家，我国各省（自治区、直辖市）均发生过 5 级以上的破坏性地震。我国约占国土面积 69％的山地、高原区域因地质构造复杂，滑坡、泥石流、山体崩塌等地质灾害频繁发生。除经常性的火山爆发之外，我国几乎有世界上能够数出的各类灾害。同时，我国 70％以上的城市、50％以上的人口分布在气象、地震、地质、海洋等自然灾害严重的地区。伴随工业社会的快速到来，人口也越来越集中，生态环境形势越来越严峻，受全球气候变化的影响越来越大，加上一些地方水利设施陈旧，灾情恶化的趋势日益明显。然而，在一定程度上，灾害问题的深刻影响与严峻性被严重低估。一方面，随着承灾体的暴露度与脆弱性增加，灾害影响的对象和领域愈加广泛，对生产、生活等方面均产生巨大影响；另一方面，随着工业化、城市化的快速推进，灾害损失越来越超出了传统的、直接的物质损失范围，进而导致社会功能瘫痪、工商业中断、信息丢失等损失所占比例越来越高，各类灾害造成的间接损失、对各个方面的影响，更是难以估量。

第二，自然灾害发生的周期越来越短。长期以来，毁林开荒、围湖造田，以及无约束的“三废”排放等，对生态环境造成严重破坏，自然灾害正在呈现出次数越来越多、间隔越来越短的趋势。在旱灾方面，我国历史上是三年一旱，20 世纪 60 年代到 80 年代发展到三年两旱，现在则变成无年不旱，一年多旱（春旱、夏旱、秋旱）；水灾方面，历史上正常情形下是年均 1～2 次，现在年均 50 余次，每年洪涝面积达数十万平方公里。一些罕见的冷害、病虫害近几年也时有发生。[①]

① 祝明、王东明：《防灾减灾救灾新格局》，国家行政学院出版社 2018 年版，第 9—11 页。

第三，自然灾害造成的经济损失越来越大。自然灾害对我国农村和城市都造成了巨大的经济损失。一方面，农村的防灾减灾能力薄弱，承灾能力堪忧。我国历史上农业面临的三大灾害是水灾、旱灾、蝗灾。现在看，各种自然灾害的影响都非常严重，由于村镇的整体抗灾设防水准不高，受灾时的人员伤亡较为严重，小灾大损失的现象屡屡发生。另一方面，城市灾情形势同样严峻。我国的城市化率到 2016 年已经超过了 60%，城市群在快速发展和形成，城市化在聚集财富的同时，也在聚集风险。城市中各种要素高度集中的特点，特别是人口、物质财富、设施、活动均高度集中，使城市面对灾害时显得特别脆弱。在城市环境下，小灾引发大灾并形成灾害链的情形更具有一定的普遍性。不仅如此，自然灾害链之间在相互传递，自然灾害与社会安全事件之间也会发生相互传递。如果缺乏必要准备，现代化程度越高，经济越发达，灾害影响的危害后果也会越大。

因此，我国自然灾害的灾情形势是非常严峻的。明确认识到自然灾害严重是我国的基本国情，就能认清进一步完善防灾减灾救灾体制机制、加强防灾减灾救灾能力建设、提升国家防灾减灾救灾水平的重要性、长期性和艰巨性。自然灾害严重是我国的基本国情这个论断，将促使我们深刻认识到防灾减灾救灾的薄弱基础和体制机制障碍，提高社会公众和各级领导干部的灾害意识，对这一基本国情构成要素的发展变化保持高度警惕，了解国家和所在地区的自然灾害形势，了解国情、省情、市情、县情中的灾情。国情决定方针政策。自然灾害严重是我国的基本国情这个论断，应作为指导政策制定和开展各项工作的基本依据，把防灾减灾救灾纳入国民经济和社会发展的总体规划及每个国民的自觉行动中去，在不断提升防灾减灾救灾能力的过程中保障人民生命财产安全，维护社会和谐稳定。

（二）我国防灾减灾救灾工作面临的挑战

在看到我国防灾减灾救灾工作取得巨大进步的同时，我们应该清醒地认识到，与人民群众日益增长的安全需要和严峻的自然灾害形势相比，我国防灾减灾救灾工作还存在很多短板和不足，主要表现在四个方面。一是防灾减灾救灾基础依然薄弱。重救灾轻减灾思想还比较普遍，一些地方城市高风险、农村不设防的状况尚未根本改变，基层抵御灾害的能力仍显薄弱，革命老区、民族地区、边疆地区和贫困地区因灾致贫、返贫等问题尤为突出。二是防灾减灾救灾体制机制与经济社会发展仍不完全适应，应对自然灾害的综合性立法和相关领域立法滞后，能力建设存在短板，社会力量和市场机制作用尚未得到充分发挥，宣传教育不够深入。三是经济社会发展提出了更高要求。实现国家经济社会发展总体目标，健全公共安全体系，都要求加快推进防灾减灾救灾体制机制改革。四是国际防灾减灾救灾合作任务不断加重。国际社会普遍认识到防灾减灾救灾是全人类的共同任务，更加关注防灾减灾救灾与经济社会发展、应对全球气候变化和消除贫困的关系，更加重视加强多灾种综合风险防范能力建设。同时，国际社会更加期待我国在防灾减灾救灾领域发挥更大作用。

二、应对自然灾害的指导思想

习近平总书记关于防灾减灾救灾的思想，是习近平新时代中国特色社会主义思想的重要组成部分。党的十八大以来，习近平总书记先后在中央政治局第二十三次集体学习、河北唐山市调研考察和中央深改组第二十八次会议等多个场合就防灾减灾救灾工作发表系列重要讲话，对防灾减灾救灾工作提出新定位新理念新要求，是防灾减灾救灾工作的重要战略指导思想。

（一）从坚持总体国家安全观的高度认识防灾减灾救灾

党的十九大报告提到："统筹发展和安全，增强忧患意识，做到居安思危，是我们党治国理政的一个重大原则。必须坚持国家利益至上，以人民安全为宗旨，以政治安全为根本，统筹外部安全和内部安全、国土安全和国民安全、传统安全和非传统安全、自身安全和共同安全，完善国家安全制度体系，加强国家安全能力建设，坚决维护国家主权、安全、发展利益。”

防灾减灾属于传统安全领域，与非传统安全关系日益密切（如全球气候变化），关乎国民安全、社会安全、生态安全、资源安全等。

在历史上，因灾害处理不当而造成国力受损、国势衰微、国运转危的例子很多。应当说，自然灾害处理不好，会危及国家安全的方方面面，因此防灾减灾救灾工作是国家安全工作内在的、基础性的有机组成部分，做好防灾减灾救灾工作必须坚持总体国家安全观。

（二）坚持人与自然和谐共生的理念

习近平总书记指出，同自然灾害抗争是人类生存发展的永恒课题。要更加自觉地处理好人和自然的关系，必须树立和践行绿水青山就是金山银山的理念，统筹山水林田湖草系统治理，形成绿色发展方式和生活方式，坚定走生产发展、生活富裕、生态良好的文明发展道路，建设美丽中国，为人民创造良好生产生活环境，为全球生态安全作出贡献。

防灾减灾救灾与生态环境保护、国土整治等工作密不可分，防灾减灾救灾工作做得好，就可以为人与自然的和谐共生提供有力的支撑和保障。

（三）做好防灾减灾救灾工作是重大政治责任

我国是世界上自然灾害最为严重的国家之一，灾害种类多，分布地域广，发生频率高，造成损失重，这是一个基本国情。习近平总书记强调：“防灾减灾救灾事关人民生命财产安全，事关社会和谐稳定，是衡量执政党领导力、检验政府执行力、评判国家动员力、体现民族凝聚力的一个重要方面。”①

可以说，做好防灾减灾救灾工作具有重要的政治意义，各级党委政府和领导干部在防灾减灾救灾工作方面负有重要的政治责任。

（四）树立居安思危和常备不懈的意识

在公共安全方面，习近平总书记强调底线思维和忧患意识。他指出要善于运用底线思维的方法，凡事从坏处准备，努力争取最好的结果，有备无患、遇事不慌，牢牢把握主动权。要安而不忘危、治而不忘乱，增强忧患意识和责任意识，始终保持高度警觉，任何时候都不能麻痹大意。

对于自然灾害，习近平总书记特别强调，我国是自然灾害频发的国家，必须常备不懈，特别是要提高防大灾、救大险的能力，做好抗击像唐山大地震、汶川大地震、1998 年长江洪水那样的重大自然灾害的准备。

（五）全面系统推进防灾减灾救灾工作

第一，提升防灾减灾救灾能力。党的十九大报告指出：“树立安全发展理念，弘扬生命至上、安全第一的思想，健全公共安全体系，完善安全生产责任制，坚决遏制重特大安全事故，提升防灾减灾救灾能力。”可以说，提升国家防灾减灾救灾能力是公共安全工作的根本着眼点和工作目标所在。

第二，统筹防灾减灾救灾各项工作。习近平总书记在唐山视察时指出：“要总结经验，进一步增强忧患意识、责任意识，坚持以防为主、防抗救相结合，坚持常态减灾和非常态救灾相统一，努力实现从

① 中共中央党史和文献研究院编：《习近平关于总体国家安全观论述摘编》，中央文献出版社 2018 年版，第 149 页。

注重灾后救助向注重灾前预防转变，从应对单一灾种向综合减灾转变，从减少灾害损失向减轻灾害风险转变，全面提升全社会抵御自然灾害的综合防范能力。”这一深刻的论述是今后相当长一个时期内必须坚持的防灾减灾救灾工作的战略指导思想。

第三，统筹国内国际防灾减灾救灾工作。在论述国际安全时，习近平总书记在党的十九大报告中指出：“必须统筹国内国际两个大局，始终不渝走和平发展道路、奉行互利共赢的开放战略，坚持正确义利观，树立共同、综合、合作、可持续的新安全观，谋求开放创新、包容互惠的发展前景，促进和而不同、兼收并蓄的文明交流，构筑尊崇自然、绿色发展的生态体系，始终做世界和平的建设者、全球发展的贡献者、国际秩序的维护者。”根据这一思想，防灾减灾救灾工作也必须统筹好国内国际两个方面。

三、应对自然灾害的新定位

习近平总书记指出，同自然灾害抗争是人类生存发展的永恒课题，要更加自觉地处理好人与自然的关系，要正确处理好防灾减灾救灾和经济社会发展的关系。习近平总书记强调，防灾减灾救灾事关人民生命财产安全，事关社会和谐稳定，是衡量执政党领导力、检验政府执行力、评判国家动员力、体现民族凝聚力的一个重要方面。在这里，习近平总书记将防灾减灾救灾提到了一个新的高度，对防灾减灾救灾在国民经济和社会发展中的重要地位和作用进行了深刻阐述。

（一）更加自觉地处理好人与自然的关系

人与自然的关系是人类社会最基本的关系。自然界是人类社会产生、存在和发展的基础和前提，人与自然是相互依存、相互联系的整体。习近平总书记指出：“你善待环境，环境是友好的；你污染环境，环境总有一天会翻脸，会毫不留情地报复你。这是自然界的规律，不以人的意志为转移。”① 中国的灾害史与抗灾史已经告诉我们，各种自然灾害的发展变化其实都与我们自己的生产活动和生活方式密切相关，影响最大的水旱灾害日益严重正是人与自然关系紧张的直接表现。如果能够从人与自然之间的对立转向和谐相处，各种自然灾害持续恶化的趋势将从根本上得到扭转。

中国自古以来就有“天人合一”的思想，要把“天人合一”作为防灾减灾救灾的重要内涵。人与自然和谐相处的理念，应当贯穿于防灾减灾救灾活动的全过程和国家宏观政策和制度中。

（二）正确处理防灾减灾救灾和经济社会发展的关系

如何处理好防灾减灾救灾和经济社会发展的关系，是防灾减灾必须面对的基本课题，必须突出强调发展与减灾相结合的原则，即发展必须有利于灾害问题的减轻；同样，减灾应当有利于可持续发展。

从长期来看，发展与防灾减灾救灾应当是一种同向发展的关系，综合国力提升与提高抵御灾害风险的能力应当有着内在一致性。但在现实中，一些地区在追求经济增长时以破坏生态环境为代价，结果出现自然灾害、环境灾害与社会灾害日益严重，导致当地群众不满情绪持续高涨的现象，这是值得吸取的深刻教训。因此，经济社会发展必须要考虑如何减少灾害发生、减轻灾害损失后果，并同步提升防灾减灾能力，通过开展有效的防灾减灾，营造有利于经济社会健康、持续发展的环境及相关条件。

同时还必须看到，经济社会发展给防灾减灾救灾带来了新的挑战。中国在未来相当长时期内，所面临的形势是在工业化、城镇化快速推进背景下的防灾减灾救灾，其新特征、新趋势应当成为防灾减灾救灾

① 习近平：《之江新语》，浙江人民出版社 2007 年版，第 141 页。

的重要考虑因素。经济社会的快速发展，使防灾减灾救灾的任务更加艰巨，灾害的直接、间接损失及其影响不容低估，它对经济发展和社会安全产生直接和潜在的负面影响，成为发展的重要制约因素，甚至在局部区域会使经济、社会发生倒退。因此，强调遵循发展与防灾减灾救灾相结合原则，就是要摒弃以往单纯追求 GDP 增长和物质财富积累的动机与做法，在发展经济、追求增长时，必须高度重视各种潜在的灾害风险，必须尽可能避免导致灾害问题恶化，并努力朝着更为安全、更可持续的方向发展。要将防灾减灾救灾纳入各级国民经济和社会发展规划，作为国家公共安全体系建设的重要内容，与“一带一路”建设、京津冀协同发展、长江经济带建设等对接，与国家公共基础设施和重大工程项目建设对接，与脱贫攻坚战等重大专项工作对接，实现防灾减灾救灾与经济社会协调发展。

（三）正确认识防灾减灾救灾的地位和作用

从政治角度看，各种灾害特别是重大灾害的发生与发展，是对执政党执政能力和各级政府管理能力的考验；从经济角度看，各种灾害导致的直接与间接经济损失，以及各项防灾减灾、抗灾救灾的投入，是对国民经济正常发展与微观经济正常运行的重大打击，也是对国家财政及相关经济制度或政策的冲击；从社会角度看，各种灾害必然损害正常的社会秩序并产生难以预料的心理打击，往往容易导致秩序混乱与社会失控。可见，灾害不仅会给城乡居民的生活带来巨大而深刻的影响，而且对整个国家的政治、经济、社会乃至思想文化、伦理道德等多个方面均产生重大影响，成为一切政治、经济、社会活动的重要组成部分。政府在灾害管理中承担主体责任，各级政府集中人力、财力、物力、装备物资和技术等方面的优势，在应急抢险救援、受灾群众生活救助、灾后恢复重建和综合防灾减灾等环节发挥了主导作用。防灾减灾救灾工作的好坏，直接影响到人民生命财产安全和社会和谐稳定与否，影响到党和政府的在人民心目中的形象好坏。在抗击重大自然灾害的过程中，党委、政府会开展广泛的社会动员，广大军民众志成城，团结奋战，形成伟大的抗灾救灾精神，体现中华民族强大的凝聚力。因此，防灾减灾救灾是衡量执政党领导力、检验政府执行力、评判国家动员力、体现民族凝聚力的一个重要方面。

四、应对自然灾害的新框架

习近平总书记指出，要总结经验，进一步增强忧患意识、责任意识，坚持以防为主、防抗救相结合，坚持常态减灾和非常态救灾相统一，努力实现从注重灾后救助向注重灾前预防转变，从应对单一灾种向综合减灾转变，从减少灾害损失向减轻灾害风险转变，全面提升全社会抵御自然灾害的综合防范能力。做好防灾减灾救灾工作，需要转变思想观念，把握新的理念，具体来说，就是要做好三个转变。

（一）从注重灾后救助向注重灾前预防转变

灾后救助是应急保障，是减少灾害损失、保护人民群众的安全底线。在灾后救助方面，我国已经基本形成由多部法律法规构成加上具有行政法规效力的国家应急预案的自然灾害管理法律体系；设定了四级应急响应机制，完善了灾情会商、信息共享、应急动员等机制，健全了自然灾害救助制度；在芦山地震灾后恢复重建中，中央确定并走出了中央统筹指导、地方为主体、群众广泛参与的新路子。灾后救助工作已经基本做到了有法可依、应对有序。

灾前预防是基础工作，旨在提升设防水平，侧重于解决长远问题以实现长治久安。近年来，我国健全了减灾救灾保障体系，形成以解放军、武警、公安消防官兵为突击力量，以医疗、救护、搜救人员等为专业力量，以社会工作者、志愿者和灾害信息员为辅助力量的防灾减灾救灾队伍；初步建立了救灾物资储备网络，建成 19 个中央救灾物资储备库，各省、92%的地市和 60%的县建立本级救灾物资储备库点，基本可以保障 24 小时内受灾群众得到第一批物资救助；开展了全民科普宣传教育活动，开展应急演练、科普知识宣传、人员培训、知识竞赛、仿真体验等形式多样的宣传教育活动。常态减灾工作已经越来越受到各级政府和社会公众的重视，发挥越来越重要的作用。

灾后救助见效快，但属于被动应对；灾前预防则更加具有主动性，效果具有持续性，但投入往往较大且很难即时见效。两者各有特点，在实践中应该加大灾前预防的工作力度，真正做到夯实基础、兜住底线，实现从注重灾后救助向注重灾前预防转变。

（二）从应对单一灾种向综合减灾转变

近年来，随着日益复杂的社会—经济—生态系统对风险的传递和放大，由某一灾害事件引发的灾害链式反应造成更大的影响和破坏性，导致重大人员伤亡和巨大经济损失，基于单灾种的防灾减灾救灾理念已经不能适应目前的灾害风险防范工作。从多灾种、灾害链的角度综合应对灾害风险成为未来减灾防灾工作的必然选择。

综合减灾是防灾减灾救灾工作的核心理念，但它离不开单项减灾的重要支撑。应加强各种自然灾害和灾害管理全过程的综合协调，强化资源统筹和工作协调。新中国成立伊始，中央就确立了统一的救灾领导体制，成立了中央救灾委员会，统筹全国救灾工作，统一领导、组织和协调灾害救助事务。1989 年 4 月，我国政府响应联合国关于开展国际减灾十年活动的号召，成立了中国国际减灾十年委员会；2000 年，更名为中国国际减灾委员会；2005 年，经国务院批准中国国际减灾委员会改为现名，即国家减灾委员会。

要充分发挥国家减灾委员会对防灾减灾救灾工作的统筹指导和综合协调作用，充分发挥主要灾种防灾减灾救灾指挥机构的防范部署和应急指挥作用。要建立各级减灾委员会、防汛抗旱指挥部、抗震救灾指挥部、森林防火指挥部等机构之间的工作协同制度，健全工作规程。探索建立京津冀、长江经济带、珠江三角洲等区域和自然灾害高风险地区在灾情信息、救灾物资、救援力量等方面的区域协同联动制度，统筹兼顾城市和农村防灾减灾救灾工作，加快实现从应对单一灾种向综合减灾转变。

（三）从减少灾害损失向减轻灾害风险转变

减轻灾害风险是防灾减灾救灾的核心理念。在灾害管理过程中，应牢固树立灾害风险管理理念，转变重救灾轻减灾思想，将防灾减灾救灾纳入各级国民经济和社会发展规划，作为国家公共安全体系建设的重要内容，实现从减少灾害损失为核心向减轻灾害风险为核心的综合灾害管理模式的转变。

为减轻灾害风险，近年来，我国在规划编制、灾害监测预警、减灾宣传等方面不断加大工作力度，取得了显著成效。在规划编制方面，自从 1998 年以来，我国编制实施了多个重要的减灾规划，分别是《中华人民共和国减灾规划（1998—2010 年）》《国家综合减灾“十一五”规划》《国家综合防灾减灾规划（2011—2015 年）》《国家突发事件应急体系建设“十三五”规划》《国家综合防灾减灾规划（2016—2020 年）》。在灾害监测预警方面，近年来，应急管理、水利、农业、气象、林业、地震、海洋等部门进一步加强灾害监测预警体系建设，完善江河洪水、农情和农业有害生物、干旱和暴雨、森林火险、陆生野生动物疫源疫病、地震速报、海洋观测等监测站网，站网密度进一步加大，布局进一步优化。在减灾宣传方面，应急管理部及人力资源和社会保障部指导地方开展防灾演练、宣传教育、隐患排查、编制风险图等综合减灾示范社区创建活动，共创建一万多个全国综合减灾示范社区。中央财政安排专项资金，为中西部地区一千多个多灾易灾县配置救灾应急专用车辆。可以说，在减轻灾害风险方面，我国各级政府已经做了大量的工作。下一步，应加快各种灾害地面监测站网和国家民用空间基础设施建设，完善分工合理、职责清晰的自然灾害监测预报预警机制；开展以县为单位的自然灾害综合风险普查与减灾能力调查，将气象、水文、地震、地质、林业、海洋和社会信息等有机融合，提升灾害风险预警能力，加强灾害风险评估、隐患排查与治理；建立健全与灾害特征相适应的预警信息发布制度；加快推进海绵城市建设，修复城市水生态、涵养水资源，增强城市防涝能力；将防灾减灾纳入国民教育计划，定期开展社区防灾减灾宣传教育活动，加强科普宣传教育基地建设。把关口前移，努力实现从减少灾害损失向减轻灾害风险转变。

第三章　防范化解安全生产重大风险

一、安全生产的形势与挑战

当前我国正处在工业化中后期、城镇化推进期。随着新型工业化、信息化、城镇化和农业现代化的同步发展，工业结构深入调整，城乡建设持续推进，安全生产也面临着新形势、新变化。

（一）安全生产面临新的严峻形势

第一，随着工业规模扩大，产业集中度提升，危险源体量在增加、强度在升级。我国工业增加值排名世界第一，能源、原材料、装备制造、消费品、电子信息产业等主要部门总量也都居世界前列。经济总量扩大不仅使危险源总量扩张，而且由于产业集聚、交会叠加，更使得单个危险源的强度升级，进而带来安全生产新挑战。煤矿、危险化学品、石油、民航、铁路、电力、民爆等高危行业仍然是安全生产的重点。

第二，能源、原材料、产品等市场的扩张给仓储运输带来巨大压力。仓储是静止的危险源。庞大的运输量是移动的危险源。在移动中，流量密度以及运输数量都在提升，更是安全的隐患。由于产业布局不合理，我国的资源大多集中在中西部，市场又集中在东部，物流来往运输量很大，甚至造成无意义的大流量。前几年，我国物流费用占 GDP

比例是18%，这两年降至16.5%左右，仍是世界平均水平的两倍。

第三，城市扩张、人口聚集，使安全生产社会化属性越来越明显。我国城市建设扩张存在规划缺位、布局不妥、盲目扩张的情况，居民区逐渐包围危险源和污染源、基础设施严重缺失、交通拥堵等带来了新的事故隐患。虽然各级政府做了巨大努力，但是近几年发生的城市非生产性火灾、交通事故、坍塌、踩踏、游轮设施故障等安全生产事故，正在向社会蔓延，安全生产社会化属性越来越明确。

第四，随着信息化、智能化大范围推广应用，控制中枢潜在的安全风险开始增加。信息化带来自动化控制，但是也潜伏着危机。比如供电、供气、供暖、网络调控、机场车辆、银行信息化管理这些都是技术经济进步的必然，但同时也存在着由于软硬件的漏洞或者缺陷、人工操作失当甚至是黑客攻击的可能，一旦发生问题便牵一发而动全身，造成“神经中枢”的故障，形成大面积瘫痪，进而可能引发次生事故。例如勒索病毒，攻击了全球150多个国家30万台电脑，涉及电力、石油、交通、医疗等行业，对工业生产造成了严重经济损失。无人操作的背后应该有精良的装备和精准的控制，这对人的素质提出了更高要求。

（二）安全生产监管的挑战

经济社会发展、城乡和区域发展不平衡，安全监管体制机制不完善，全社会安全意识、法治意识不强等深层次问题没有得到根本解决。安全监管监察能力与经济社会发展不相适应，企业主体责任不落实、监管环节有漏洞、法律法规不健全、执法监督不到位等问题依然突出，安全监管执法的规范化、权威性亟待增强。

二、安全生产治理的指导思想

党的十八大以来，党中央、习近平总书记高度重视安全生产工作，就安全生产提出了一系列重要指导思想。

（一）坚持安全发展

安全发展的核心要义，是强调在发展过程中必须坚持以人为本，切实保障人民群众的生命安全和身体健康，促进安全生产与经济社会的协调发展。安全发展理念本身体现了对人的尊重、对生命的敬畏，折射出人性和人权的光芒。这也是我们党的根本宗旨和群众路线的本质所在。

（二）坚持红线意识

人的全面发展的基础和前提，就是必须保证其生命安全和身体健康。人世间最宝贵的莫过于生命，生命无价，生命对每一个人只有一次，不可复得。人的一切活动和价值都以生命的存在和延续为根基，没有生命就没有一切，保护生命就是保护生产力。

党的十八大以来，习近平总书记明确提出并多次强调，发展决不能以牺牲安全为代价，这是一条不可逾越的红线。

习近平总书记强调："安全生产必须警钟长鸣、常抓不懈，丝毫放松不得，否则就会给国家和人民带来不可挽回的损失。"

（三）党政同责、一岗双责、齐抓共管、失职追责

习近平总书记着重指出，"各地区各部门、各类企业都要坚持安全生产高标准、严要求，招商引资、上项目要严把安全生产关，加大安全生产指标考核权重，实行安全生产和重大安全生产事故风险'一票否决'"。在安全生产的主体上，习近平总书记强调"要抓紧建立健全安全生产责任体系"。这一责任体系的核心是：各级党委和政府要认真贯彻落实党中央关于加快安全生产领域改革发展的工作部署，坚持党政同责、一岗双责、齐抓共管、失职追责，严格落实安全生产责任制。

其中，党政一把手必须亲力亲为、亲自动手抓。要把安全责任落实到岗位、落实到人头，坚持管行业必须管安全、管业务必须管安全，加强督促检查、严格考核奖惩，全面推进安全生产工作。

三、安全生产治理的新定位

我们要准确把握新时代对安全生产工作的新要求，厘清思路，明确方向，思考谋划安全生产工作。

（一）从治标为主向标本兼治、重在治本转变

当前我国安全生产形势虽有很大改善，但安全生产事故的突发性、复杂性仍然突出，把握性、可控性仍然不强，特别是重特大事故多发势头仍未得到有效遏制，主要原因就在于安全基础总体薄弱。要在毫不放松隐患治理、应急处置、调查处理等治标工作的同时，高度重视并坚持不懈地推进治本工作，不断夯实安全基础，提升全民安全素质，推进安全科技进步，强化安全风险防控，加快构建全方位立体化安全生产网。

（二）从事后调查处理向事前预防、源头治理转变

把事故消灭在发生之前、最大限度地保护人的生命和健康，是安全发展理念的必然要求。要把安全生产工作的着力点，更多地放到事前预防和源头治理上，严格安全生产市场准入，把安全生产贯穿到城乡规划建设和企业生产经营全过程，全面排查管控安全风险，深化事故隐患排查治理，严防风险演变、隐患升级导致生产安全事故发生，不断增强安全生产工作主动权。

（三）从行政手段为主向依法治理转变

当前安全生产工作仍然主要依靠审批、核准、检查、督察等行政

手段，与全面依法治国、全面依法行政的要求不相适应。要在继续强化必要的行政手段的同时，大力弘扬法治精神，加强安全监管执法队伍建设，完善安全生产法律法规标准体系，严格规范执法，全面提高安全生产法治化水平，更多运用法治思维和法治方式研究解决安全生产问题。

（四）从单一安全监管向综合治理转变

安全生产问题不是孤立的，而是各个方面问题和各种致灾因素相互作用的结果。治理安全生产问题，必须充分发挥社会主义制度的优越性，积极调动各方面力量，综合施策、多方发力、齐抓共管。要严密层级治理和行业治理、政府治理、社会治理相结合的安全生产治理体系，综合运用法律、行政、经济、市场等手段，落实人防、技防、物防措施，实现安全生产共建共治共享。

（五）从传统监管方式向运用信息化、数字化、智能化等现代方式转变

现代信息技术的发展，给社会经济结构、生产方式和生活方式带来深刻变化。安全监管监察工作必须主动顺应发展趋势，积极运用互联网、大数据等新技术，加强安全监管监察信息化建设，强化互联互通和信息共享，深化安全生产规律性研究、关联性分析，加强重大危险源和隐患监测监控、预测预警，运用现代管理方式提升安全监管效能。

四、安全生产治理的新框架

2016 年 12 月 18 日，中共中央和国务院联合发布《关于推进安全生产领域改革发展的意见》（以下简称《意见》），这是以习近平同志为

核心的党中央高度重视安全生产的结果。党的十八大以来，习近平总书记关于安全生产工作的一系列重要讲话和重要批示，为《意见》的出台提供了坚实的思想和理论基础。

（一）两步走的改革目标

《意见》为安全生产领域改革设定了两步走的目标：到 2020 年，安全生产监管体制、机制、法制基本完善，事故总量明显减少，职业病防治有积极进展，遏制重特大生产安全事故频发的局面，与第一个一百年的目标相适应；到 2030 年，安全生产治理体系现代化全面实现，公众安全素质全面提升，安全生产保障能力显著增强，为实现中华民族伟大复兴奠定稳固基础。

两步走的目标互相承接各有侧重。第一步目标的实现要坚持标本兼治，主要解决目前安全生产形势与全面建成小康社会不适应的问题，解决事故总量持续下降但是与广大人民群众的安全感仍然不高之间的矛盾，目标是全力控制安全事故总量，全力遏制重特大事故发生。第二步目标是在坚持标本兼治的基础上，切实以治本为主，力求取得本质进步，实现安全生产治理体系现代化，即法制、体制、机制的现代化。

（二）五个方面的制度性措施

《意见》从责任、体制、法治、防控、基础五个方面，绘制了安全生产领域的改革蓝图。

1. 明晰安全生产责任体系

第一，首次明确了党政同责的具体内容。《意见》第一次明确了“党政同责”的具体内容，将党委和政府的领导责任具体化（见表 3 - 1)。《意见》注重发挥党委总揽全局、协调各方的作用，明确了各级党委的 7 项安全生产职责、地方各级人民政府的 8 项安全生产职责，尤其是提出了“党政主要负责人是本地区安全生产第一责任人”的要求，并提出了“地方各级安全生产委员会主任由政府主要负责人担任”的要求。

表 3－1　《意见》中关于各级党委和地方各级人民政府的安全生产职责

各级党委安全生产职责侧重点	地方各级人民政府安全生产职责侧重点
（1）贯彻党的安全生产方针 （2）安全生产监管队伍建设 （3）安全生产履职考核 （4）强化安全生产宣教与舆论引导 （5）发挥人大和政协的监督作用 （6）推动党委部门对安全生产的保障 （7）动员社会各界参与监督安全生产工作	（1）落实安全生产专项规划与保障制度 （2）落实属地监管责任 （3）发挥安委会作用，责任目标管理 （4）落实安全生产巡查制度 （5）加强执法能力建设 （6）重大隐患整治和源头治理 （7）加强安全生产应急管理 （8）依法开展事故调查处理

第二，首次厘清了综合监管领域中相关部门的关系。通过分析近阶段的安全生产形势发现，近年来中国的重特大事故正在由传统高危行业领域向其他公共安全领域蔓延，如由矿山、化工等传统高危行业领域向食品加工、金属制品、渣土堆场等行业领域蔓延。矿山、化工等高危行业属于安全监管部门的直接监管领域，涉及的部门职责交叉较少；但是很多涉及公共安全的领域属于综合监管领域，涉及双重监管的问题，边界模糊，职责交叉；此外随着新业态的大量涌现，一些重点领域和生产关键环节依然存在监管盲区。《意见》按照“三个必须”[①] 的原则，划分了四类部门：安全生产监督管理部门、负有安全监管职责的部门、没有监管职责的其他行业领域主管部门、党委和政府有关部门。这四类部门的安全生产监管责任不同，具体见表 3－2。

第三，进一步落实企业主体责任、健全责任考核机制、严格责任追究制度。《意见》提出“企业对本单位安全生产和职业健康工作负全面责任”，“企业实行全员安全生产责任制度”。针对近年来出现的事发

① “三个必须”：管行业必须管安全、管业务必须管安全、管生产经营必须管安全。

企业背后管理层复杂的问题，《意见》指出法定代表人和实际控制人同为安全生产第一责任人；针对一些大型企业管理层级多、责任链条长的问题，要求明确企业投资方的安全生产责任；为重视过程管理，防止安全与业务技术的脱节，要求提升技术负责人的决策和指挥权限。

表 3－2　四类部门的安全生产监管责任

部门类型	安全生产监管责任
安全生产监督管理部门	制定法规、标准和政策规划，执法监督、事故调查、应急管理、统计分析、宣教培训（安全生产与职业健康同步进行）
负有安全监管职责的部门	相关行业领域的安全生产和职业健康监管，强化监管执法
其他行业领域主管部门	从行业规划、行政许可等方面加强安全生产工作
党委和政府有关部门	为安全生产工作提供支持保障

《意见》提出健全责任考核机制。从建立考核体系、设置考核指标、加大综合考核中的安全生产权重等方面作出了具体的要求。各级政府要对同级安全生产委员会成员和下级政府实施安全生产考核，实行过程考核和结果考核相结合。严格落实安全生产“一票否决”制度。①

《意见》提出严格责任追究制度。在以往事故调查和责任追究中，往往关注现任领导和负责人，而对已离任的责任人存在离任不咎的态度，但是现在逐步打破了这种规则，例如在 2015 年深圳“12・20”滑坡事故调查的报告中，明确提出建议“对深圳市委市政府 2 名现任负责人和 1 名原负责人等给予党纪政纪处分”。《意见》明确指出在事故调查处理中，如发现相关责任人已经离任，但仍必须依法依规承担责任、受到追究，促进各层级领导对安全的重视。《意见》要求各有关部

① 《国务院办公厅印发〈省级政府安全生产工作考核办法〉的通知》，中国政府网 2016 年 8 月 12 日。《国务院安全生产委员会印发〈2017 年度省级政府安全生产工作考核细则〉的通知》，中国政府网 2017 年 9 月 16 日。

门制定安全生产责任清单和权力清单；对企业实行全过程安全责任追溯，促使企业上下游、全链条严格管理。

2. 改革安全监管监察体制

针对当前安全监管体制中存在职能交叉和监管真空的问题，《意见》从完善监督管理体制、改革重点行业领域安全监管监察体制、完善地方及功能区监管执法体制、健全应急救援管理体制四个方面作出了具体的安排。

将职业健康和安全管理进行统合管理。职业健康和安全管理是不可分离的共同体，二者存在密切的上下游关联。但由于历史上机构改革的原因，中国职业健康监管工作的体制尚未理顺。在职业健康技术支撑、资质认证、监督管理方面存在“多龙治水”的情况，责、权、事相分离，不统一。《意见》要求，坚持管理安全生产必须管职业健康。

实施重点行业领域安全监管监察体制改革。《意见》提出某些领域要将审批管理和监察进行分离①，例如，将国家煤矿安全监察机构负责的安全生产行政许可事项移交给地方政府，解决煤矿安全监察机构既当裁判员，又当运动员的问题。针对近年来危化领域监管链条被不同部门分割的问题②，《意见》强调落实高危企业的全过程监管责任，建立协调联动机制，消除监管空白。

完善地方和功能区的监管执法体制。中国安全监管能力的分布呈倒金字塔形，基层能力严重缺失。据统计，县级安监机构平均编制不到 15 人，人均监管 600 多家企业，乡镇平均不足 2 人。针对上述问题，《意见》提出要加强队伍建设，尤其是充实市、县两级队伍，强化

---

① 在《社会体制蓝皮书：中国社会体制改革报告 No.4（2016）》的《中国安全生产管理体制的挑战与创新》一文中，关于如何摆好五大主体在安全生产体系中的定位，该文作者建议将“监察”与“管理”进行分离。

② 天津港“8·12”事故调查报告指出，危险化学品生产、储存、使用、经营、运输和进出口等环节涉及部门多，地区之间、部门之间的相关行政审批、资质管理、行政处罚等未形成完整的监管链条……同时部门之间信息不能共享，难以形成对危险化学品全时段、全流程、全覆盖的安全监管。

基层（乡镇、街道）监管力量建设。此外，在全国3 312个开发区中（多数高危企业都是部署在开发区中），大约一半没有专门的安全监管机构，导致对开发区或功能区的监管不力。[①]《意见》指出要完善各类功能区[②]的安全监管体制，明确监管机构和责任归属。

健全应急救援管理体制。针对中国目前安全生产应急救援基地和队伍专业化、职业化、现代化建设滞后与布局不合理的问题，《意见》明确要求推进安全生产应急救援管理体制改革，提升应急响应组织协调能力和现场救援时效。

3. 大力推进依法治理

安全生产法规和标准体系仍不完善，是制约安全生产好转的主要障碍。按照全面依法治国的总体要求，《意见》从健全法规体系、完善标准、安全准入、规范执法、完善执法监督、健全监管保障、完善事故调查七个方面，设计了安全生产领域法治体系框架。

第一，健全法律法规体系。安全生产涉及众多的行业领域，存在法律法规不配套、内容不一致，甚至综合监管和行业监管相关规定相抵触等问题。安全生产法规的“立、改、废、释”工作涉及大量相关部门的协调，可能是安全生产领域改革中的一个重点难点工作。《意见》提出这个工作机制需要重点研究。现在安全生产治理体系面临的尴尬是，虽然刑法、安全生产法等都对安全生产违法行为制定了众多惩罚措施，如罚款、拘留、撤职甚至追究刑事责任等，但仍然挡不住一些企业的违法行为。究其原因，如果违法生产所能取得的收益，远远大于为此需要付出的成本，一些企业就会铤而走险。例如，2016 年下半年煤炭价格飙升，某些企业为了逐利，冒险违法生产，导致煤炭事故连发。更为关键的是，违法生产导致责任人被追究刑事责任的重

① 中共国家安全生产监督管理总局党组：《“党政同责、一岗双责、齐抓共管”安全生产责任体系正在落地生根见到实效》，《中国安全生产报》2015 年 7 月 11 日。

② 包括开发区、工业园区、港区、风景区等。

大安全生产事故只是概率性的，即安全生产违法行为的判定准则依靠的是结果而不是过程（行为），这助长了逾矩者的侥幸心理。因此，《意见》借鉴醉驾入刑的立法思路[①]，有针对性地提出刑法修改思路，不仅仅关注结果，而且要严防过程违法，即将生产经营过程中极易导致重大安全事故的违法行为列入刑法调整的范围。

第二，完善标准体系。“6・1”东方之星客轮翻沉事件、“3・1”山西晋城隧道交通事故、“8・2”昆山粉尘爆炸事故都反映了企业安全准入标准较低、标准执行不力等方面的问题，根本上存在标准制定和监督实施相脱节的问题，不存在标准反馈修订机制。因此，《意见》提出一系列安全生产标准简化程序、提高效率、防止矛盾的措施和建议。此外，还针对由安监部门负责生产经营单位职业病危害预防治理标准制定发布工作，将制定者和执行者统合。

第三，严格安全准入制度。在加快供给侧结构性改革和淘汰落后产能的过程中，提升安全准入的门槛，既是淘汰落后产能的抓手，又可以实现安全能力整体提升的目标。

第四，规范监管执法行为。现在仍然存在地方政府为了片面追求GDP，对待安全生产违法行为以罚代刑、降格处理等不规范执法问题。《意见》提出建立健全安全生产行政执法和刑事司法衔接制度，对违法行为当事者不执行安全生产行政执法的依法强制执行；同时借鉴环保公益诉讼做法，提出研究建立安全生产民事和行政公益诉讼制度，对涉及公众利益的安全生产问题，可分别由社会组织和检察机关提起民事公益和行政公益诉讼，以此鼓励人民群众监督。

第五，完善执法监督机制。《意见》要求明确各级人大和政协对安全生产监督执法的监管作用。完善安全生产执法纠错和执法信息公开制度，加强社会监督和舆论监督，把安全监管的权力关进制度的笼子。

---

① 我国从2011年开始施行“醉驾入刑”，此后全国因酒驾、醉驾导致的交通事故起数和死亡人数大幅下降。

第六，健全监管执法保障体系。《意见》要求解决安全生产执法保障，加强监管执法制度化、标准化和信息化。基层安监执法人员普遍反映的执法责任边界不清、履职内容不明确，导致基层执法人员“不去检查是失职，去检查了是渎职”的问题，《意见》提出要建立执法制度，建立权力和责任清单，进一步完善“尽职免责、失职追责”的抓手。

第七，完善事故调查处理机制。针对事故调查报告中导致事故的技术和管理原因不清晰的问题①，《意见》要求所有事故调查报告要设立技术和管理问题专篇，并全文发布。事故调查的目的是发现问题解决问题，不让同类事故重复发生。针对有些地方和部门整改不及时的问题，《意见》提出建立事故暴露问题整改督办制度，在事故结案后一年，及时组织开展评估，并向社会公开。

4. 建立安全预防控制体系

安全第一，预防为主。生产安全事故的发生，都有其基本规律可循，由隐患升级为事件，由事件升级为灾难，大都是风险逐步演化的结果。有效预防事故，必须坚持关口前移，积极建立安全预控体系。《意见》提出要从加强安全风险管控、强化企业预防措施、建立隐患治理监督机制、增强城市运行安全保障、加强重点领域工程治理、建立完善职业病防治体系等六个方面构建安全预防控制体系。

第一，加强安全风险管控。近年来的一些重特大事故，如“8·12”天津危化仓库爆炸事故、“12·20”深圳纳土场滑坡事故，都暴露了项目规划初期报关不严、风险评估识别预测不力的问题，因而为安全生产埋下隐患。对此，《意见》要求建立全过程的安全风险评估与论证机制，实行安全风险一票否决制。《意见》还提出了位置相邻、行业相近、业态相似的地区和行业联防联控重大风险，国家、省、市、县要建立分级管控机制。

---

① 在《社会体制蓝皮书：中国社会体制改革报告 No.4（2016）》的《中国安全生产管理体制的挑战与创新》一文中，作者王永明曾提出将原因调查和责任调查分类的建议。

第二，强化企业预防措施。《意见》重申了企业的安全生产标准化建设和安全生产职业健康“三同时”制度。此外，《意见》规定企业建立隐患排查治理制度，治理情况向安监部门和职代会“双报告”，既要自觉服从监管，又要落实职工群众的知情权、监督权，确保治理到位。

第三，建立隐患治理监督机制。《意见》重点对政府和负有安全生产监管职责的部门提出了具体要求。

第四，增强城市运行安全保障。随着中国城市化进程加快，人口快速聚集，管理日益复杂，城市运行存在很多风险，一旦转化为安全生产事故，会严重危害公共安全。为此，《意见》提出了区域风险排查、重点管控的具体要求，提出了强化部门间协调联动，提升相关设施抗灾能力的要求。

第五，加强重点领域工程整治。《意见》针对风险较高的行业领域，如矿山、危化、道路交通等行业领域的安全防护工程作出具体安排。针对近年来的典型生产安全事故暴露的问题，《意见》提出完善客运车辆、危化运输车辆、船舶生产制造标准，提高安全性能，从源头上消除隐患风险。

第六，建立完善职业病防治体系。职业病潜伏期较长，严重危害劳动者身体健康和生命安全，针对某些行业领域职业病危害严重且呈高发态势的情况，《意见》对职业病的防护、诊疗、救助等措施作了系统性安排。

5. 加强安全基础保障能力建设

目前，中国安全保障能力较低，共性问题体现在安全投入不足、信息化水平低、先进技术装备研发滞后、社会化服务体系落后、市场机制作用发挥不够等问题上。《意见》有针对性地从完善安全投入长效机制、建立安全科技支撑体系、健全社会化服务体系、发挥市场机制推动作用、健全安全宣传教育体系五个方面，提出了夯实安全基础的若干部署。

第四章　防范化解生态环境安全重大风险

一、生态环境安全的形势与挑战

我国人口众多，生产规模巨大，生态环境的欠账也比较多。全国生态安全形势严峻，面临着多方面的挑战。

（一）生态环境安全风险总体态势

1. 突发生态环境事件风险隐患大

第一，涉水环境事件高发，严重影响群众生产生活。水体具有较强的流动性，与土壤污染相比，控制难度大，影响波及范围更广。例如，松花江特大水污染事故、紫金矿业尾矿污水渗漏事件、广东韶关北江镉污染事件、广西龙江河镉污染事件等，不仅造成巨大的渔业养殖损失，还多次引发饮用水污染导致的大面积停水和公众恐慌性“抢水”事件，严重影响居民的生产生活，甚至威胁到局部水域的水生态安全。

第二，环境危害因素日趋复杂，威胁群众生命健康。“镉米”“血铅”“癌症村”等污染事件表明，有些地方耕地土壤环境质量堪忧，严重威胁食品安全和群众健康。化学品泄漏导致急性中毒问题突出，特别是有毒有害气体泄漏直接威胁公众生命安全，重庆开县“12·23”

井喷事件导致243人死亡等事件都为我们敲响了警钟。由于我国可利用土地十分有限，工业企业和居民混杂现象普遍存在，许多化工企业存在防护距离不达标的问题。

第三，突发环境事件诱发公共事件，影响社会和谐稳定。公众对生态环境问题的关注度越来越高，对抗方式也更加激进，环境问题成为公众发泄对社会不满的“导火索”“出气筒”，由环境问题引发的公共事件屡见不鲜。此类事件一般“温和”开场，但随着参与人数的增加，加上少数别有用心分子的煽动，使部分事件趋于“失控”，发生堵塞交通、围堵政府机关和损毁公共设施甚至肢体冲突等，演变为激烈对抗的极端形式。例如，四川什邡事件、江苏启东事件、浙江余杭垃圾焚烧场事件等都产生了严重的社会影响，甚至对地方政府造成冲击，严重影响社会稳定。

第四，跨国突发生态环境事件持续发酵，引发国际纠纷。国际社会利用雾霾、跨界水污染等环境问题制造国际纠纷。以“雾霾”事件为例，韩国媒体称2013年11月中国大面积雾霾是“人类历史上最严重污染”，并且指中国的雾霾正在污染朝鲜半岛和日本。美国驻华大使馆也利用空气质量指数发布的形式制造舆论，持续对我国施压。一些跨界水污染和水资源利用也引发了国际争端。2005年松花江水污染事件一度造成了中俄两国的跨界污染问题。又如，澜沧江等国际河流上游位于我国境内，若发生重特大突发环境事件极可能对邻国造成环境污染，带来国际纠纷。

第五，突发生态环境事件恶化蔓延，危及政权稳定。生态环境问题关乎国计民生，如果不能有效应对，经过长期积累、酝酿，在一定突发事件的触发下，将可能由环境污染、生态恶化引发社会危机，直接考验政府的公共决策，甚至爆发生态政治危机，进而影响国家政权。例如，科特迪瓦因非法倾倒工业废液的突发环境事件引发政治危机；科索沃战争期间，美国利用“马桶效应”造成南联盟民众倒戈，致使其政权更迭。虽然颠覆国家政权只是相对极端的例子，但在我国由环境问题引发群众冲击政府的公共事件却屡见不鲜，如四川什邡、江苏启东等事件造成了十分恶劣的影响。

2. 水环境安全形势极其严峻

第一，水污染问题严重，水环境风险日益凸显。一是饮用水安全仍未得到有效保障。我国城镇饮用水水源地及供水系统污染事故频发，一些农村地区饮用水存在苦咸或含高氟、高砷、血吸虫病原体等问题，对人民群众身体健康构成严重威胁。部分城镇地下水饮用水水源甚至出现了有毒有机污染指标超标现象。二是城市水体黑臭问题已经成为继雾霾之后公众关注的又一焦点问题。城市河段、城市偏僻区域、城乡接合部和农村人口聚集区的河流沟渠普遍受到污染，“黑臭”问题严重，“让市长（环保局长）下河游泳”等事件集中凸显了我国水污染防治的尴尬局面。三是有毒有害物检出频繁，水环境风险日益凸显。据调查检测，我国水源地检出 132 种有机污染物，其中 103 种属于国内外优先控制的污染物。局部地区经历过污染企业畸形发展的历史时期，遗留污染对区域内群众健康形成威胁。目前我国仍有相当一部分企业污染治理水平低下、管理水平粗放，部分地区历史遗留污染问题突出，有可能导致重大环境公害事件爆发。

第二，水资源严重短缺，粗放开发导致环境恶化。用水效率低下，用水浪费现象普遍。我国水资源生产率仅为世界平均水平的 1/5 左右。农业灌溉水利用率仅为 25%～45%，而发达国家可达 70%～80%；吨水粮食产量仅为 1 千克，而发达国家高达 2～2.5 千克；万元工业产值用水量为发达国家的 5～10 倍，水重复利用率仅为 40%左右，约为发达国家的 1/2；城镇供水管网漏失率在 20%左右，每年损失的自来水近 100 亿立方米。①

① 曹国志、於方：《生态安全治理新格局》，国家行政学院出版社 2018 年版，第 5—7 页。

第三，水生态损害加剧，地下水风险隐患突出。一是水资源不合理开发挤占生态用水。全国约70%的面积属于干旱、半干旱和半湿润地区，缺水造成许多地区的工农业争水、城乡争水、地区之间争水、超采地下水和挤占生态用水现象发生，尤其是北方地区水资源开发利用程度已经超出了水资源承载能力。20世纪80年代以来，北方河流实测径流量较其天然径流量均呈显著减少趋势，许多河流（段）实测径流量仅为天然径流量的20%～40%，部分河流（段）仅为10%左右，有的河段甚至常年干涸。二是各类污染对地下水环境安全威胁巨大。铬渣和锰渣堆放场、加油站、地下工程设施、城市污水管网、垃圾填埋场渗滤液等渗漏污染地下水事件时有发生；部分工业企业通过渗井、渗坑和裂隙排放、倾倒工业废水，造成地下水污染；大量化肥和农药的施用、污水灌溉等通过土壤渗透方式污染地下水；黄河、辽河、海河及太湖等地表水污染较严重地区由于地表地下的相互贯通，地下水污染相当严重；沿海地区地下水超采造成一定程度的地下咸水入侵。据调查，某城镇地下水水源地补给区内存在数百个重点工业园、垃圾填埋场及近3 000个加油站，风险隐患突出。

第四，水环境问题成因复杂，亟须加强制度体系建设。水环境问题的突出原因主要包括两个方面。一是城镇化、工业化快速发展过程中留下大量环境欠账，排放量远超环境容量。经济发展方式仍然较粗放，技术水平不高，产业结构和布局不合理，城乡环境基础设施欠账较多，工业、城镇生活、农业源污染物产生量和排放量仍然过大，加之水资源短缺、水资源集约用水方式尚未实现根本性转变、生态流量缺乏，造成不少地区环境容量超载。这是造成我国水环境问题的直接原因。二是我国虽然制定实施了一系列法律、标准、制度、政策，但总体表现为法治偏软、制度偏松、执法偏弱、投入偏少，严重制约了水环境保护工作。因此，我国水环境问题的深层次原因在于水环境管理制度体系的不完善，这是我国水环境保护的薄弱环节。

3. 大气环境安全影响凸显

第一，大气污染形势非常严峻，城市空气质量普遍超标。在我国大部分城市，PM2.5是造成环境空气质量超标的最主要污染物。城市空气质量超标非常普遍，超标程度也非常高。

第二，区域复合污染突出，多种污染现象并存。由于多种大气污染物的超负荷集中排放，区域复合污染问题表现更加显著，主要体现在区域雾霾污染频发、大气氧化性增强、酸雨问题依然严重。一是近年来我国中东部地区频繁发生区域型雾霾重污染事件。持续时间长、覆盖范围广、污染物浓度高、影响人口多成为区域型雾霾重污染事件的突出特点。二是区域大气氧化性增强成为我国近年来区域大气环境的另一大问题，主要体现在城市和城市周边区域的 O_3 浓度升高。我国东部已经成为世界上唯一 PM2.5 和 O_3 浓度都处于高值区的区域。三是全国酸雨污染虽然得到控制，但程度依然较重。

第三，危及公众健康安全，影响社会经济发展。一是高浓度的PM2.5和 O_3 对人体健康造成严重影响。国内外多项研究已经证实，长期暴露在高浓度的PM2.5中，会使慢性支气管疾病、慢性心脑血管疾病和肺癌等疾病的患病率大大增加；短时期雾霾事件的发生，也会导致急性支气管炎、哮喘、冠心病和中风等疾病的发病率明显升高。二是高浓度的 O_3 和酸雨污染对动植物和自然生态造成严重影响。国内外多项研究指出，高浓度的 O_3 显著降低农作物的产量，影响植物生长；酸雨污染对森林、湖泊、土壤的酸化也会对生态系统产生长期持续的负面影响。除此之外，高浓度 O_3 下形成的光化学烟雾，以及酸雨污染，都严重影响城市和自然景观。

此外，雾霾重污染事件导致航班取消、高速公路封闭，以及学校停课等应对措施，也都对人民的生产生活产生直接影响，甚至对社会经济活动造成直接经济损失，同时影响政府的公信力。

4. 土壤环境安全问题突出

第一，土壤监测点位超标率高，部分区域土壤污染严重。从污染分布情况看，南方土壤污染重于北方；长江三角洲、珠江三角洲、东北老工业基地等部分区域土壤污染问题较为突出，西南、中南地区土壤重金属超标范围较大；镉、汞、砷、铅 4 种无机污染物含量分布呈现从西北到东南、从东北到西南方向逐渐升高的态势。

第二，耕地土壤环境质量堪忧，影响农产品产量和质量。土壤是环境的重要组成部分，它位于自然环境的中心位置，承担着环境中大约 90%的来自各方面的污染物质。土壤中有害物质含量过多，超过其自净能力时，将会引起土壤的组成结构和功能发生变化，微生物活动会受到抑制，有害物质及其分解产物在土壤中逐步积累，对土壤—植物系统产生毒害。土壤污染不仅严重影响土壤环境质量和土地生产力，而且还导致水体和大气环境质量下降，更严重的是将直接危及食物安全、人体健康乃至生态安全。此外，土壤污染问题在一定程度上还影响着我国的农产品对外贸易和环境外交利益。

第三，工矿场地土壤污染突出，影响社会和谐稳定。我国污染场地类型多且复杂，与矿业、工业企业及其建设时间、生产历史等有关，但污染地块具体数量目前还没有全面的统计数据。根据全国土壤污染状况调查公报，我国污染场地及周边土壤环境问题相当突出。受污染土壤主要集中在重污染行业企业、工业遗留场地、固废堆放及处理处置场地、油田、矿区、污灌区、规模化养殖场、交通干线两侧及周边地区。多数污染场地开发利用前未经调查评估，直接建设居民住宅或商业用房，对人体健康和生态环境构成严重威胁。

城市化进程和经济发展方式转变使城区污染场地数量增多。随着国家“退二进三”“退城进园”“产业转移”等政策的实施，全国大部分大中城市正面临着重污染行业的大批企业关闭和搬迁问题，城市出现大量遗留、遗弃场地，如海河流域的北京和天津、东北老工业基地、长江三角洲和珠江三角洲。

5. 自然生态系统退化严重

第一，生态安全影响加剧，威胁公众健康和生态平衡。森林生态系统退化严重，森林结构趋于简单化，局部破碎化、人工化明显。我国森林生态系统呈现数量增长与质量下降的局面。从我国森林林龄来看，幼龄林和中龄林占全部森林面积的70%以上。从森林空间分布格局来看，我国部分地区森林生态系统呈现破碎化趋势，主要为西部地区的新疆、东部地区的辽宁和北京。总体而言，我国森林人工林面积大幅度增长，天然林面积持续下降，树种单一，森林病虫害危害加剧，生态系统服务功能下降，局部生态系统破碎化趋势明显，成为我国生态安全保障能力下降的重要原因。

草地生态系统功能破坏严重，传统牧业区草地退化严重，对牧业区发展产生威胁。我国草地面积巨大，草地既是牧民赖以生存的基本自然资源，也是具有重要生态调节功能的生态系统。超载放牧和过度开垦致使草地迅速退化，樵采、滥挖屡禁不止，鼠害、虫害控制不力，草原面积不断减少。遥感调查显示，我国草地植被遭到严重破坏，大量草地严重退化。我国干旱区草地生态系统结构、功能受到严重破坏，草地的生态屏障功能日渐退化，成为重要的沙尘源区，威胁我国东部生态环境质量。

湿地生态系统功能退化，湿地消失、面积萎缩严重，湿地自然调节能力下降。不合理的开发造成了大量湿地消失，人工渠道建设、水库建设、围垦造田，造成了我国天然湿地生态系统的严重萎缩。另外，由于人为活动和全球气候变化的影响，西部地区湿地不同程度地盐渍化甚至沙化，西北地区湿地退化后旱化、盐碱化现象非常普遍，西南地区一些湖泊如滇池草海、杞麓湖、星云湖、异龙湖及洱海部分区域都存在不同程度的沼泽化。盲目围垦、生物资源和水资源利用不合理以及湿地污染严重等问题，导致湿地面积萎缩、水量减少，湿地自然调节能力下降、功能衰退。

水土流失范围广、强度大、危害重，直接威胁我国的粮食安全、防洪安全和生态安全。北方土石山区、西南岩溶区和长江上游等地，有相当比例的农田耕作层土壤已经流失殆尽，完全丧失了农业生产能力。河道行洪和湖库调蓄能力也受水土流失影响而减弱，水土流失致使土壤涵养水源能力降低，加剧干旱灾害。同时，水土流失作为面源污染的载体，加剧水源污染。水土流失还导致草场退化，防风固沙能力减弱，加剧沙尘暴，并导致河流湖泊萎缩，野生动物栖息地消失，生物多样性降低。

土地沙化形势严峻，不仅沙化土地分布面积大，而且扩展速度快，治理难度大。我国现有的十二大沙漠（沙地），由于气候干旱多风，人类活动频繁，荒漠化动态非常活跃，仍然是我国荒漠化危害重灾区和主要发生发展源。其中，巴丹吉林和腾格里两大沙漠之间，出现 3 条黄沙带并逐渐扩大，连接成一体的趋势明显，荒漠化程度还在继续加重。

石漠化和土地盐渍化危害加剧。西部的土壤盐渍化主要是由不合理的灌溉造成，其中，西北地区的灌溉农业区最为严重。在采取一系列防治措施之后，我国盐渍化土地面积总体有所减少，但局部地区的问题仍然很严重，大水漫灌等不科学的灌溉手段导致新的次生盐渍化土地不断产生。

我国地质灾害数量多，灾种全，其中崩塌、滑坡、泥石流等浅表地质灾害异常突出，地震及其次生灾害严重破坏自然生态系统。其中 2008 年汶川地震、2013 年芦山地震对生态系统的破坏较大。汶川地震生态重灾区自然生态系统总丧失面积为1 221.4平方千米，其中，森林生态系统受损面积最大；芦山地震生态重灾区林地受损及受灾害影响面积 871.64 平方千米；汶川地震及其次生地质灾害还导致 663.7 平方千米大熊猫等野生动植物栖息地丧失。

生态环境状况恶化、生态问题加剧、野生动植物栖息地破坏、自然资源过度开发给人类生存和发展带来了严重威胁。生态系统退化、生态环境状况恶化是产生自然灾害的主要驱动因素，野生动植物栖息地破坏、自然资源过度开发、酸雨面积扩大进一步加剧了干旱洪涝、泥石流、沙尘暴等自然灾害的发生频率和破坏程度，削弱生态系统功能，造成的直接经济损失巨大，间接和潜在的经济和生命健康损失更大。

第二，生物资源丧失、流失严重，生物安全威胁问题加剧。濒危野生动植物比例高，生物资源丧失趋势未得到根本扭转。据估计，我国野生高等植物濒危比例达15%～20%，其中，裸子植物、兰科植物等高达40%以上。野生动物濒危程度不断加剧，非国家重点保护野生动物种群下降趋势明显。此外，一些农作物野生近缘种的生存环境遭受破坏，栖息地丧失，野生稻原有分布点中的60%～70%已经消失或萎缩。部分珍贵和特有的农作物、林木、花卉、畜、禽、鱼等种质资源流失严重。一些地方传统和稀有品种资源丧失。由于生物资源管理体制和机制的不健全，一些政策措施难以落实到位，管理上存在漏洞，致使我国的生物资源丧失趋势没有得到根本扭转。

生物资源流失严重，为我国带来重大的经济损失。我国是发达国家获取物种资源的主要对象，我国向日本、美国等80多个国家和地区出口的药材有500多种，已有80～100个中药材品种实现规模化生产和出口，产量以每年20%的速度递增，其中不乏已列入濒危野生动植物名录的物种资源。近年来，中药提取物已取代传统中药材出口类型，成为我国对外贸易的主要形式。植物提取物具有隐蔽、查验难度大的特点，对我国资源流失的助推作用日益明显。国外对我国资源的获取，直接妨碍了我国知识产权战略的实施。据调查，与人参、泽泻等26种中药植物相关的160个国际专利中，外国所有的有132个，其中33个外国专利在我国申请实施。这些专利多是在未事先告知我国相关主管部门的情况下实施的，损害了我国利用本国生物资源进行研发的权利，“种中国豆、侵美国权”的现象时有发生。①

① 曹国志：《生态安全治理新格局》，国家行政学院出版社2018年版，第13—14页。

生物遗传资源与相关传统知识保护状况堪忧。《黄帝内经》《本草纲目》等古代医书是我国传统医药的精华，且为东亚国家熟知。近年来，日本、韩国等国的生物技术公司往往以此为先导，有目的地寻找生物来源的天然活性产物，研发天然药物产品。但是，传统知识难以得到现行知识产权制度的保护。日本、韩国等国家往往以此类传统知识已进入公有领域，任何人可以随意、无偿使用为理由，拒绝与我国分享惠益，损害我国作为“汉方”来源国的权益。我国虽然高度重视生物遗传资源的保护与管理，成立了相应工作机制，发布了多项相关法律，也出台了一系列政策。但专门针对生物遗传资源获取和惠益分享法律法规缺失是目前的主要问题。现有的一些法律法规，虽然有些条款涉及获取生物资源的审批，但普遍缺少惠益分享的内容。在微生物资源、遗传资源及其衍生物以及相关传统知识的获取和惠益分享方面存在立法空白，缺乏详细的生物遗传资源获取审批程序，以及如何共同商定条件和分享惠益的规定。国外资源获取者可以此为借口，不受约束地获取生物遗传资源。

转基因生物存在潜在风险，公众质疑转基因食品安全，转基因生物安全问题突出。我国人口众多而土地资源相对缺乏，除国家政策保护的粮食谷物之外，多种农产品包括转基因农产品的进出口已经与国际市场高度接轨。随着我国人口的刚性增长以及生活水平的不断提高，对农产品的消费需求也必然呈现刚性增加。因此，大量进口的转基因农产品对我国生物多样性、物种资源和生态环境具有较大的潜在风险。转基因生物突破了传统生物遗传变异的界限，基因来源十分广泛，使用或管理不当，都可能对作为物种起源中心的基因多样性、物种多样性及生态环境多样性造成不同程度的影响或破坏。转基因技术在农业上的应用被认为是解决人口剧增所导致的食品资源匮乏的良方。然而，转基因生物的食用安全性一直是国内乃至国际上争论的焦点话题。转基因食品的安全性问题，需要通过评价转基因食品（植物）与传统对等物之间的区别，来判断转基因食品带来的安全性问题。国内一些网络名人关于转基因食品安全性的讨论，已经引起了舆论的广泛关注。这一方面表明公众对转基因食品安全的高度关切，同时也反映出转基因食品安全评价方法及数据的相对匮乏，公众对转基因技术及其产品的认识程度相对较低。虽然我国转基因生物技术经过 20 多年的发展，已经开始了从跟踪仿制向自主创新的转变，从实验室探索向产业化的转变，但公众对转基因食品安全仍然存在不信任问题。

外来入侵物种问题严峻，对我国生物多样性和生态环境造成严重的危害。我国是世界上遭受外来物种入侵危害最严重的国家之一。我国地域辽阔，气候类型复杂多样，来自世界各地的大多数外来物种都可能在我国找到合适的栖息地，各省、自治区和直辖市均有外来入侵物种。众多的生态系统，从森林到农区，从湿地到草原，都可见到外来入侵物种。外来入侵物种，呈现出传入数量增多、传入频率加快、蔓延范围扩大、危害加剧、造成的损失加重等趋势。外来物种造成的威胁和影响集中表现在三个方面。一是对食品安全产生影响，威胁人类健康。2012 年 7 月，广西柳州发生食人鲳伤人事件。此外，一些暂时没有表现出严重危害的外来入侵物种可能具有很大的潜在环境风险，如上海、浙江温岭水域中出现的雀鳝，多地自然生态系统中出现的野生巴西龟，应当引起高度警惕。二是对农业和林业生产产生影响，造成生态破坏，经济损失巨大。原产于中美洲的紫茎泽兰适应性极强，于 20 世纪 40 年代自中缅边境传入云南省后，逐年由南向北蔓延，入侵草原、森林和荒地，抑制其他植物生长，现已在云南、四川、贵州、广西、重庆、西藏、湖北等我国生物多样性最丰富的地区严重入侵。三是造成生物多样性丧失。在生态系统水平上，很多外来入侵植物能够呈覆盖性或攀援性生长，改变地表覆盖，甚至形成单优群落，对生态系统结构和功能产生严重影响。薇甘菊遇灌木或小乔木则缠绕而上，数年后，老茎及当年叶片形成厚覆盖层，阻止覆盖层下其他植物的生长，最终导致其攀附植物的死亡。在物种水平上，很多外来水生生物能够对土著种产生竞争优势，或者占据土著种不能利用的生态位，造成本地种甚至濒危物种种群下降，甚至灭绝。巨藻（macrocystis pyrifera）和北美海篷子（salicornia bigelovii）与土著盐生植物红树林进行生态位竞争，造成红树林资源减少。在基因水平上，一些较低等外来生物通过与亲缘关系接近的土著种进行杂交，降低土著种的遗传质量，使我国遗传资源丧失。裙带菜（undaria pinnatifida）是一种十分低等的水生孢子叶植物，其种内及种间的混交相当普遍，而流动的水体又为之提供了极大的方便。杂交后代退化现象十分严重，其杂交后代又同亲本杂交，通过遗传渐渗基因稀释，严重地威胁我国土著群体和引进群体的基因库。

第三，跨境生态环境问题复杂，安全形势面临严峻挑战。我国地处亚洲众多国际大河的源头或上游地区，陆疆和海岸线较长，跨境流域众多，跨境洋面广阔，跨境生物资源丰富，决定了我国跨境生态安全问题的复杂性、形势的严峻性，我国在跨境生态安全领域面临的挑战将越来越大。近年来，我国已经出现了一些影响较大的跨境生态安全问题。例如，湄公河下游国家2008年以来发生了严重的旱涝灾害，在西方一些敌对势力的怂恿和支持下，东南亚一些国家纷纷指责我国，认为这些灾害是我国在上游的经济活动破坏生态环境和生物多样性而导致的。

目前比较突出的跨境生态安全问题包括：一是国际水域污染引起的国际纠纷或争端；二是国际河流上下游国家由于生态环境破坏或生物多样性丧失造成国际争端；三是由于上风向国家对环境和生物多样性的破坏导致的沙尘暴对我国的影响；四是由于上风向国家的不当经济活动或对环境的破坏导致的酸雨对我国的影响；五是跨境外来物种的入侵；六是跨境生物资源的获取和由此获得惠益分享的争端；七是迁徙物种的保护问题。

（二）生态安全风险特征

1. 突发环境事件高发、群发，应急压力大

我国的突发环境事件数量仍然处于较高水平，给社会、环境和经济都造成了严重的影响。此外，我国突发环境事件的地区性分布差异明显，重大及以上事件集中在湖南、广东和广西等地区，这与该地区的自然地理因素、经济发展水平、产业结构与布局以及环境管理水平有关。当前突发环境事件高发、群发的基本态势，对环境应急提出了更高要求。

2. 次生突发环境事件比重大、诱因复杂，防范难度大

统计数据表明，近五年来由于安全生产事故、自然灾害以及交通运输事故诱发的突发环境事件数量几乎达到事件总量的 90%。次生突发环境事件最前端的风险防范的主要职责分属安监、国土、交通、环保等部门，管理职责分散。次生突发环境事件前端诱因复杂。企业环境管理主体责任落实不到位、缺乏对危险化学品运输的合理规划以及自然灾害等非人为因素，均可能诱发次生突发环境事件。在当前跨部门环境风险防控和环境应急联动机制开展力度不够的情况下，单靠环保部门难以从源头防范次生突发环境事件。

3. 事件类型复杂、污染因素众多，处置难度大

近年来，突发环境事件又有了新的表现形式，一些污染物长期在环境中积累达到一定程度，并在气象气候条件共同作用下，以突发环境事件的形式爆发。区域性儿童血铅污染、京津冀地区重污染天气、蓝藻赤潮等事件的数量和发生频次都呈现抬头的态势，此类事件污染因素众多，并且由于污染排放的长期性和突发环境事件孕育过程的潜伏性，事前环境风险防控难度大，事中应对较为被动，事后恢复过程缓慢。

4. 影响范围广且深远，恢复成本高

近年来，我国发生了多起造成跨界影响的突发环境事件，松花江水污染事件、武水河锑浓度异常事件、广西龙江河镉污染事件，均造成了跨国界、跨省界和跨市界的污染影响。公众环境安全诉求近年来急剧增加，一些环境群体性事件如未能正确引导，极易演变为恶性群体性事件，造成严重的社会经济影响。此外，一些地区违法向地下水排污、危险废物恶意倾倒、重金属污染的问题对生态环境造成难以估量甚至不可逆的影响。一些污染物的治理是长期和复杂的过程，以重金属以及持久性有机污染物为例，将消耗大量的人力物力和时间，恢复成本高。

（三）生态安全治理面临挑战

1. 环境风险隐患加剧，危及民生健康和社会稳定

第一，突发环境事件在今后一段时期内仍将处于高发态势。布局性、结构性和历史遗留问题是我国目前突发环境事件高发的重要原因，而这些环境风险隐患短时间内难以得到根本解决。与此同时，工业化、城镇化将不断带来新的环境风险问题，导致未来 5～10 年我国突发环境事件仍将延续高发的态势。

第二，次生、衍生突发环境事件风险将进一步加剧。目前，生产安全、交通运输事故引发的次生、衍生突发环境事件成为我国突发环境事件主要来源。在布局性、结构性环境风险隐患难以根除的前提下，由于企业环境风险管理主体责任落实不到位，设备老化，生产不规范，极易发生安全生产事件，加之环境应急基础设施不完备，生产安全事故极易引发突发环境事件；由于危险化学品运输路线缺乏科学统一规划、跟踪和记录系统不完善、监管联动不足等问题造成的交通事故，引发危险化学品泄漏污染水源地等突发环境事件的风险会进一步加大。

第三，公众环境安全诉求将呈现“暴涨”趋势。严重的环境污染和生态破坏，河流污染、饮用水源地频遭威胁、空气质量恶化、雾霾集中爆发、重金属污染与食品安全问题的频繁发生严重影响了人们的生产和生活；部分地方政府和基层部门监管不力、审批不严、信息公开与交流机制匮乏，进一步激起公众的环境安全诉求。

第四，生态环境问题处理不当将会造成巨大经济损失。一些地区在没有充分考虑生态环境和公众诉求的前提下建设工程项目，最终造成更加巨大的经济损失。在稀缺资源开采方面，我国的付出与收获极不对等。如果不能以可持续发展的眼光处理生态环境保护与经济社会发展的关系，将会造成生态环境与经济社会“双输”的局面。

第五，边疆地区生态环境恶化加剧民族冲突。我国西部生态环境脆弱。随着西部大开发进程的加快，一些高污染、高风险产业向西部转移，不当的产业转移将使原本脆弱的生态环境进一步恶化。部分地区河道断流加剧、水质逐渐恶化、沙尘暴频发使人民生产生活陷入困境。在这种背景下，不排除“藏独”“疆独”极端分子以环境恶化为借口制造政治事件，影响我国民族团结和领土完整。

第六，敌对恐怖势力推波助澜导致环境安全形势更加复杂。我国疆域海域辽阔、邻国众多，未来周边外交形势将更为复杂，如果不能妥善处理跨界大气、河流污染等生态环境问题，将可能继续引发国际纠纷，使我国在外交事务中陷入被动。在生态环境问题加之国内外敌对势力的推波助澜下，将可能通过极端方式引发大面积环境污染或生态破坏，对此类潜在风险如果舆情监控不力、应对处理不当，必将威胁我国领土完整和国家形象。

2. 自然生态系统更加脆弱，生态安全压力不断加大

第一，自然生态系统将会更加脆弱。气候条件变化是我国生态系统变化的重要影响因素。多数全球和区域气候模拟结果均表明，我国大陆地区年平均气温可能继续上升，西北和青藏高原北部、内蒙古大部、东北大部、华北北部、华南沿海部分地区气温上升尤为显著。气温持续上升会导致冰川融化、海洋面积扩大，洪涝、干旱等极端气候灾害增加，严重威胁我国沿海地区生物多样性，滨海湿地、红树林和珊瑚礁等典型生态系统损害程度将会加大。西北地区干旱严重，潜在荒漠化趋势增强，草原生态系统将会进一步退化。从南到北分布的各种森林类型将会向北推进，主要造林树种和一些珍稀树种分布区可能缩小，森林火灾、病虫灾害发生的频率和强度可能增大。多数依赖冰川融水补给的高山、高原湖泊江河缩小甚至消失，导致湿地生态系统萎缩。在水资源可持续开发利用的情况下，甘肃、新疆、宁夏等地区未来水资源供需矛盾可能加大。全球气候变化的不确定性影响越发明显，极端天气事件频发，各种生物灾害、自然灾害将会增多，生态系统更加脆弱，生态安全保护压力大，进一步影响了生态环境对经济社会可持续发展的支撑能力。

第二，生态安全保护压力将会不断加大。随着经济增长和人口增加，资源能源消耗和人为活动干扰对生态环境的压力将不断加大。产业布局和产业结构与生态环境承载力不匹配、不协调的矛盾依然突出，产业转移和资源开发对部分生态脆弱地区将产生新的生态破坏。城市无序扩张，导致城市热岛效应、内涝加剧、生物多样性丧失等一系列问题，并加剧城市环境污染和人居环境恶化。盲目开发、无序开发、过度开发资源，导致自然生态系统破坏和野生动植物丧失、区域生态承载力下降、河流断流与污染、自然湿地丧失、湖泊富营养化和酸雨等一系列的生态环境问题。人民群众对生态服务的需求不断提高，都将增加未来生态安全保护压力。随着世界经济、贸易活动的日益频繁，外来物种入侵日益加剧，对生物资源带来极大危害。由于转基因生物安全问题的复杂性，国内生物安全管理仍面临着严峻的挑战。

二、生态环境安全治理的指导思想

党的十八大以来，以习近平同志为核心的党中央领导全党全国人民大力推动生态文明建设的理论创新、实践创新和制度创新，开创了社会主义生态文明建设的新时代，形成了习近平生态文明思想。作为习近平新时代中国特色社会主义思想的重要内容，习近平生态文明思想指明了生态文明建设的方向、目标、途径和原则，揭示了社会主义生态文明发展的本质规律，开辟了当代中国马克思主义生态文明理论的新境界，对建设富强美丽的中国和清洁美丽的世界具有非常重要的指导作用。做好生态安全工作要认真学习领会习近平生态文明思想的丰富内涵和精髓要义。

（一）习近平生态文明思想核心理念

习近平生态文明思想核心理念包括如下内容。

1. 生态兴则文明兴、生态衰则文明衰，人与自然和谐共生的新生态自然观

历史上有许多文明古国，都是因为遭受生态破坏而导致文明衰落。所以习近平总书记提出了“生态兴则文明兴，生态衰则文明衰”这一重要论断，揭示了生态与文明的内在关系，更把生态保护的重要性提升到了关系国家和民族命运的高度。“天育物有时，地生财有限，而人之欲无极。”人类只有遵循自然规律才能有效防止在开发利用自然上走弯路，人类对大自然的伤害最终会伤及人类自身，这是无法抗拒的规律。人类尊重自然、顺应自然、保护自然，自然则滋养人类、哺育人类、启迪人类。

2. 绿水青山就是金山银山、保护环境就是保护生产力的新经济发展观

习近平总书记指出，要把生态环境保护摆在更突出的位置。我们既要绿水青山，也要金山银山。宁要绿水青山，不要金山银山，而且绿水青山就是金山银山。决不能以牺牲生态环境为代价换取经济的一时发展。让绿水青山充分发挥经济社会效益，关键是要树立正确的发展思路，因地制宜选择好发展产业。绿水青山和金山银山绝不是对立的，关键在人，关键在思路。只有充分考虑到生态环境的承受能力，才能保持两者的协调发展关系，保持经济的持续发展。我们决不能以牺牲环境、浪费资源为代价换取经济增长，不能在问题发生之后再以更大的代价去弥补，而是要让经济发展和生态文明相辅相成、相得益彰，让良好环境成为人民生活质量的增长点，让绿水青山变为金山银山。

3. 山水林田湖草是一个生命共同体的新系统观

山水林田湖草是一个生命共同体，人的命脉在田，田的命脉在水，水的命脉在山，山的命脉在土，土的命脉在林草。人和自然相互依存、相互影响。习近平总书记曾说，如果破坏了山、砍光了林，也就破坏了水，山就变成了秃山，水就变成了洪水，泥沙俱下，地就变成了没有养分的不毛之地，水土流失、沟壑纵横。人类在这样的自然环境下，怎么能正常生存下去呢？所以人和自然是一个生命共同体，如果我们只看到眼前的利益而忽视对自然环境的保护，那么人类的实践活动终将影响人类的命运。这也告诉我们，用途管制和生态修复必须遵循自然规律，不可顾此失彼。由一个部门行使所有国土空间用途职责，对山水林田湖草进行统一保护、统一修复是十分必要的。

4. 环境就是民生、人民群众对美好生活的需求就是我们奋斗目标的新民生政绩观

建设生态文明，关系人民福祉，关乎民族未来。良好的生态环境是最公平的公共产品，是最普惠的民生福祉。小康全面不全面，生态环境是关键。经济在发展，环境在污染，我国已经在发展与污染中徘徊了很多年。造成环境污染的原因固然有群众环保意识淡薄、绿色生活习惯尚未形成等原因，但是归根结底，还是因为重经济发展轻环境保护、重资源开发轻科学统筹规划。面对日益严重的环境问题，我们应把它上升到民生的高度去认识、去重视、去治理。所以温饱问题解决以后，保护生态环境就应该而且必须成为发展的题中应有之义，这也是改善民生的重要着力点。

（二）生态安全是国家安全的重要组成部分

在论述总体国家安全观时，习近平总书记指出，要构建集政治安全、国土安全、军事安全、经济安全、文化安全、社会安全、科技安全、信息安全、生态安全、资源安全、核安全等于一体的国家安全体系。这是第一次明确将生态安全纳入国家安全范畴中。

总体国家安全观明确将生态安全纳入国家安全体系之中。这是在准确把握国家安全形势变化新特点新趋势基础上作出的重大战略部署，对于提升对生态安全重要性的认识、破解生态安全威胁意义重大。

生态安全与政治安全、军事安全和经济安全一样，都是事关大局、对国家安全具有重大影响的安全领域。生态安全是其他安全的载体和基础，同时又受其他安全的影响和制约。

（三）生态安全需要全方位治理

在党的十九大报告中，习近平总书记对生态安全与生态环境治理提出了一系列重要论述。

1. 要着力解决突出环境问题

习近平总书记指出，坚持全民共治、源头防治，持续实施大气污染防治行动，打赢蓝天保卫战。加快水污染防治，实施流域环境和近岸海域综合治理。强化土壤污染管控和修复，加强农业面源污染防治，开展农村人居环境整治行动。加强固体废弃物和垃圾处置。提高污染排放标准，强化排污者责任，健全环保信用评价、信息强制性披露、严惩重罚等制度。构建政府为主导、企业为主体、社会组织和公众共同参与的环境治理体系。积极参与全球环境治理，落实减排承诺。

2. 要加大生态系统保护力度

习近平总书记要求，要实施重要生态系统保护和修复重大工程，优化生态安全屏障体系，构建生态廊道和生物多样性保护网络，提升生态系统质量和稳定性。完成生态保护红线、永久基本农田、城镇开发边界三条控制线划定工作。开展国土绿化行动，推进荒漠化、石漠化、水土流失综合治理，强化湿地保护和恢复，加强地质灾害防治。完善天然林保护制度，扩大退耕还林还草。严格保护耕地，扩大轮作休耕试点，健全耕地草原森林河流湖泊休养生息制度，建立市场化、多元化生态补偿机制。

3. 要改革生态环境监管体制

习近平总书记指出，加强对生态文明建设的总体设计和组织领导，设立国有自然资源资产管理和自然生态监管机构，完善生态环境管理制度，统一行使全民所有自然资源资产所有者职责，统一行使所有国土空间用途管制和生态保护修复职责，统一行使监管城乡各类污染排放和行政执法职责。构建国土空间开发保护制度，完善主体功能区配套政策，建立以国家公园为主体的自然保护地体系。坚决制止和惩处破坏生态环境行为。

三、生态环境安全治理的新定位

在党的生态安全治理指导思想基础上，我国生态安全治理的新的战略思想、总体原则和战略目标已明确确立。

（一）战略思路

以推进生态文明和建设美丽中国为根本指向，以“全过程”治理为主线，以“体系化”治理为核心，实施“突发与常态兼顾、防范与治理统筹”的国家生态安全治理战略，通过实施统筹源头防控、切实强化运行治理、全面落实风险管控、及时妥善处置突发环境事件、全面提升基础能力，实现布局和结构优化、过程安全系统保障、风险隐患高效处置、事件损害得到有效降低，各项防控措施落实得到有力保障，坚持以人为本、预防为主、统筹治理，不断完善环境应急管理法制、体制和机制，系统提高应对生态安全问题的综合能力，积极探索构建适应新常态的有中国特色的生态安全治理体系，全面提升生态安全治理的法制化、系统化、专业化、信息化和社会化水平，切实维护国家安全。

（二）基本原则

坚持保护为先。要处理好生态保护与经济社会发展的关系，根除先污染后治理、先破坏后恢复的错误思想，坚持保护为先，确立生态环境安全保障在国家安全保障体系中的基础性地位。

坚持预防为主。树立生态环境安全源头防控、全过程保障理念，防微杜渐，从源头消除生态环境安全隐患，防患于未然，扭转末端治理、事后应急的被动局面，以最小的成本争取最大的生态环境安全效益。

坚持制度管控。健全生态环境安全法律、法规基础和政策体系，不断完善法制、体制和机制，实现生态环境安全保障的制度化、规范化、效能化，提高生态环境安全保障的效率、效果。

坚持重点治理。坚持问题导向，以关系人民群众切身利益和国家经济社会健康发展的生态环境安全问题为重点，确定优先地区和领域，科学合理分配资源，逐步建立全面覆盖、重点突出的国家生态环境安全保障体系。

坚持底线思维。立足当前、着眼长远，认清威胁国家生态环境安全的根本因素和关键问题，科学划定并严格遵守生态红线，切实化解生态环境保护与经济社会发展之间的矛盾。

（三）目标与愿景

按照党的十九大的总体要求、部署，在决胜全面建成小康社会，开启全面建设社会主义现代化国家新征程中，国家提出了生态安全治理分阶段的目标和愿景。

1. 近期目标

加快推动以生态风险防控为目标导向的生态安全战略转型，逐步建立健全国家生态安全法律法规、组织制度以及工作运行体系，实现生态环境质量总体改善，生产和生活方式绿色、低碳水平上升，主要污染物排放总量大幅减少，环境风险得到有效控制，生物多样性下降势头得到基本控制，生态系统稳定性明显增强，生态安全屏障基本形成，生态环境领域国家治理体系和治理能力现代化取得重大进展，生态安全治理水平与全面建成小康社会目标相适应。

2. 中长期目标

到 2035 年，基本实现生态安全治理现代化，生态环境保护与经济社会发展之间的矛盾得到有效化解，生态环境安全保障水平与经济社会发展水平以及人民群众实际期望相适应，生态环境根本好转，美丽中国目标基本实现。

到 21 世纪中叶，在基本实现生态安全治理现代化的基础上，再通过 15 年的努力，生态安全治理能力和水平全面提升，为富强民主文明和谐美丽的社会主义现代化强国提供根本保障。

四、生态环境安全治理的新框架

根据国家生态安全治理指导思想和战略方向的要求，我国生态安全治理的新框架得以确立。

（一）统筹实施源头防控，优化布局和结构

源头防控是遏制老问题和避免新问题的最有效手段。我国现阶段许多生态安全问题的产生都可以归结于快速的发展过程中缺乏科学合

理的统筹谋划，导致产生结构性、布局性、区域性症结在短时期内难以根除，影响深远。

1. 宏观谋划区域与产业发展，严格项目立项

在源头防控方面，管理制度主要是从规划制度、产业政策以及环境行为等方面，对新建和改扩建项目提出生态环境友好的严格要求，对不符合区域规划发展、产业可持续发展和环境友好的建设项目不允许其立项。严格立项的管理制度包括规划制度、产业政策以及环境影响评价制度。

规划是个人或组织制定的比较全面长远的发展计划，是对未来整体性、长期性、基本性问题的思考和考量，设计未来整套行动的方案。按照内容性质可以将规划分为总体规划和专项规划。总体规划是指经济和社会发展规划，专项规划中的产业规划和环保规划都从宏观的角度对产业发展和布局、污染源头防控等提出规划要求。

产业政策是国家制定的，引导产业发展、产业结构升级，协调国家产业结构，使国民经济健康发展的政策。国家发展改革委发布的《产业结构调整指导目录》中提出了鼓励类、限制类、淘汰类工艺名录和设备。资源能源利用政策中也对优先类、允许类、限制类、淘汰类的能源利用方式进行了列举说明。从产业准入、结构调整和优化升级等方面对建设项目的立项、改扩建、逐步淘汰等进行了说明。

环境影响评价就是对人类的活动给人类赖以生存的环境已经或者将要产生的正面的或负面的反应和效果进行一个综合的评判。环境影响评价有狭义和广义之分。我国环境影响评价法要求新改扩建设项目要进行环境影响评价，对于战略性的制度，仅对规划进行环评，没有将政策、法律法规纳入环境影响评价的范围。环境影响评价制度的实施，将一些环境影响较大、不符合产业政策和资源能源利用政策、未通过环评的建设项目或者规划“拒之门外”，起到了严格立项的作用。

2. 落实“三同时”，实现建设项目科学设计

科学设计是指在建设项目的新建、改扩建时要从生态环保的角度进行节能环保的厂区布置、生产工艺的选择以及环保治理设施的设计。新建项目以及改、扩、建项目的科学设计主要由“三同时”制度进行约束。我国的“三同时”制度是在环境影响评价制度的基础上，提出环保治理设施要与主体工程同时设计、同时施工、同时投产。“三同时”制度是中国环境保护工作人员在总结环境保护事件经验过程中创造出的一项控制新污染源的行政法律制度，是对中国实行建设项目环境影响评价制度的一项重要补充。

3. 强化过程管理，规范项目建设

目前，对于新改扩建项目的规范建设主要通过事中过程管理和事后项目竣工验收等手段进行规制。具体来讲，事中过程管理就是在项目施工建设期，通过环境监理的手段对施工过程中的设计要求落实情况、工程项目的施工质量、进度安排等进行监管；事后项目竣工验收主要通过竣工环保验收和“三同时”制度的“同时验收”等进行规制。

（二）落实生态保护红线制度

1. 生态保护红线制度不断丰富完善

生态保护红线是指在生态空间范围内具有特殊重要生态功能、必须强制性严格保护的区域，是保障和维护国家生态安全的底线和生命线，通常包括具有重要水源涵养、生物多样性维护、水土保持、防风固沙、海岸生态稳定等功能的生态功能重要区域，以及水土流失、土地沙化、石漠化、盐渍化等生态环境敏感脆弱区域。2011 年 10 月发布的《国务院关于加强环境保护重点工作的意见》，是我国在政府文件中最早正式提出划定生态保护红线的。生态保护红线是我国特有的概念，是结合我国生态保护实践提出的创新性举措。

2012 年 3 月开始，环境保护部组建技术力量研究全国生态红线划定工作，2013 年，提出了构建以生态功能红线、环境质量红线和资源利用红线为核心的国家生态保护红线体系。环境保护部于 2014 年印发了《国家生态保护红线——生态功能红线划定技术指南（试行）》，经过一年的试点试用、地方和专家反馈、技术论证，于2015年印发了《生态保护红线划定技术指南》。2014年修订、2015年实施的新《中华人民共和国环境保护法》第二十九条规定，“国家在重点生态功能区、生态环境敏感区和脆弱区等区域划定生态保护红线，实行严格保护”，生态保护红线正式写进法律。2017年2月8日，中共中央办公厅、国务院办公厅印发《关于划定并严守生态保护红线的若干意见》（以下简称《保护红线意见》），对划定并严守生态保护红线工作作出全面部署，标志着全国生态保护红线划定与制度建设正式全面启动。

专栏1

江苏省生态红线划定工作

江苏省是对生态空间划出红线加以保护最早的省份之一。2004年江苏省即展开相关研究及试点工作；2009年2月，省环保厅公布《江苏省重要生态功能保护区区域规划》并正式执行。按照这一规划，全省共划分569个重要生态功能保护区。

党的十八大召开以后，为贯彻落实十八大确定的“优化国土空间布局”精神，江苏省决定优化调整重要生态功能区，科学划定生态红线。2013年，江苏省在全国率先印发实施了《江苏省生态红线区域保护规划》，按照“保护优先、合理布局、控管结合、分级保护、相对稳定”的原则，确定自然保护区、重要湿地、饮用水源保护区等15大类779块生态红线区域，陆地面积占全省面积的22.2%；通过科学分类、分级管理，明确禁止开发或限制开发的要求。2016年，江苏省又将红线保护面积进一步增加1 800平方公里。

江苏省又配套制定了《江苏省生态补偿转移支付暂行办法》，补偿坚持三个导向：谁保护的重要，谁受益多；谁保护的面广，谁受益多；谁保护的绩优，谁受益多。江苏省还制定了《江苏省生态红线区域保护监督管理考核暂行办法》和《江苏省生态红线区域保护监督管理评估考核细则（暂行）》，实现“三个落地”：责任落地，明确属地政府责任及部门分工；措施落地，市县政府落实确界立标、执法监管、生态修复要求；考核落地，制定考核细则，明确23项量化指标，引入第三方评估机制，考核结果与补偿资金直接挂钩。江苏省严格开展生态红线区域保护的监督、管理与考核工作，确保红线面积不减少、生态功能不降低；对不同类型、不同级别的生态红线区域采取不同补助标准，对一级管控区给予重点补助，对二级管控区给予适当补助。“十二五”期间，省级财政共安排近41亿元补助资金，支持生态红线区域保护。此外，省级财政每年另外再安排部分奖励资金，由省财政厅、省环保厅每年会同有关部门，对上一年度各市、县（市）生态红线区域保护任务完成情况进行综合考核，依据考核结果，分配奖励资金。如发生重大污染事件，导致本地区生态环境受到严重影响或考核不合格的，将会被取消年度考核奖励资格。

生态红线制度全面实施3年多，在江苏省取得初步成效：基本形成了生态空间管理的工作体系，较好地处理了生态保护与经济发展的关系，生态红线制度充分调动了生态治理与修复的积极性。通过生态补偿政策的实施，生态保护投入规模逐级放大。

2. 生态保护红线的落实

第一，加强联动机制建设。应加强顶层设计和协调规划能力，合理开发利用各类资源，建立跨区域联动机制，加强区域间、流域间和部门间生态红线划定工作的协调。

第二，建立差异化的管理制度。针对不同的生态红线区域，制定不同的与生态红线性质相适应的生态环境保护标准和管控措施，明确不同生态红线区域的环境准入活动类型和强度，以实现差别化管理和控制。

第三，完善生态补偿制度和激励机制。建立健全覆盖重要生态功能区、禁止开发区和主要生态系统的纵向生态补偿机制；建立流域上下游地区之间、受益地区与保护地区之间、开发地区与保护地区之间的横向生态补偿机制，实现不同地区之间的公平；建立受益地区与保护地区之间横向转移支付的生态补偿制度，以体现生态红线划定的公平原则。建立完善的配套制度体系和约束激励机制，充分发挥地方生态保护的积极性，使生态红线真正落地。

（三）落实环境风险管理

1. 制定国家和区域环境风险管理的目标和战略

一是针对国家及重点区域、流域，开展系统环境风险分析与评估，摸清底数，识别主要环境风险因子，建立优先管理名录。二是在此基础上，以环境风险“全过程管理”和“优先管理”为战略原则，制定国家和区域环境风险管理的目标和战略，制定环境风险管理的优先序，逐步推进中国环境风险管理体系的构建与实施，并适时制定和实施环境风险防控与管理的专项规划，使环境风险管理体系的构建由被动转为主动，促进从以质量改善为目标导向到以风险控制为目标导向环境管理模式的转变，环境风险评估与管理得以纳入各级政府的决策、规划、重大工程项目建设中。

2. 建立与完善环境风险管理的支撑体系

一是完善法律法规体系。现有环境法律法规修订时，提升和细化环境风险和健康风险管理条款。制定环境风险防范法、环境责任法等填补法律空白。二是构建完善的、涵盖全过程的环境风险评估与管理技术导则与指南体系。三是加快出台健康风险和生态风险的技术导则与指南，基于环境风险评估制修订环境基准与标准，构建可接受环境风险水平标准体系。四是以环境风险评价为基础，以应急预案为核心，构建完善的环境应急处置体系，包括人员配备、技术和设备、应急物资优化配置、区域和部分联动机制等，提高环境应急能力。五是加强环境风险的基础研究工作，提升科技支撑能力。加强环境风险的基础研究，开展优先控制污染物名录、多途径环境暴露评估、环境污染对人群健康影响的环境流行病学和毒理学研究、环境健康调查和风险评估技术方法、公众环境风险感知、公众可接受环境风险水平、环境风险政策的成本效益分析等方面的基础科研工作，为环境风险管理提供技术支撑。

3. 构建高效的环境风险交流体系

基于全国生态环境监控网络建设方案及实施计划，建立跨部委、中央与地方环保部门的生态环境监控网络，建立健全环境信息共享机制，保证监测数据准确统一、互联互通。基于企业事业单位环境信息公开办法，针对企业公开信息的准确性、及时性、全面性作进一步规范，并出台配套奖惩措施，改善企业信息公开效果。同时，建立面向公众、社会团体的多源环境风险信息披露机制，消除各利益相关方的信息不对称，保证公众获取环境信息渠道便捷畅通。建立涵盖各利益相关方在内的多主体共同参与管理的环境风险交流体系。

第五章　防范化解食品安全重大风险

一、食品安全的形势与挑战

国以民为本，民以食为天，食以安为先。食品安全对公众健康、食品产业发展，乃至国家政治社会稳定都具有重要意义。目前，我国食品安全形势依然严峻。

（一）食品安全对公众健康影响巨大

1. 食品安全是最基本的民生问题

获得安全和营养的食物是人的基本权利。1996 年 11 月 13 日至 17 日举行的世界粮食首脑会议上通过的《世界粮食安全罗马宣言》，重申了人人拥有获得安全和营养的食物之权利，人人拥有免受饥饿的基本权利。世界各国人民的一项基本权利就是得到不仅有营养、质量好而且还要安全的食品。因此，对于食品安全的管理来讲，应当坚持将公众的健康保护放在优先地位。

食品安全关系到每个人的生命，是人民群众的心头之忧。食品安全是人的基本生存保障，是最基本的民生问题，这个问题如果得不到解决，其他一切都会是空中楼阁。食品安全问题是被全社会高度关注的民生大事。为民解忧、为民谋福，是党和国家一切工作的出发点和落脚点。

“民者，国之根也，诚宜重其食，爱其命。”关于食品安全问题的重要性，习近平总书记强调，“食品安全是民生，民生与安全联系在一起就是最大的政治”。各级政府和食品安全监管部门要深刻领会习近平总书记食品安全是最大的政治的重要论断。在2013年12月中央农村工作会议上，习近平总书记语重心长地讲：“食品安全关系中华民族未来，能不能在食品安全上给老百姓一个满意的交代，是对我们执政能力的重大考验。我们党在中国执政，要是连个食品安全都做不好，还长期做不好的话，有人就会提出够不够格的问题。所以，食品安全问题必须引起高度重视，下最大气力抓好。”老百姓能不能吃得安全，能不能吃得安心，直接关系到对执政党的信任问题，对国家的信任问题。如果食品安全得不到保障，人民群众对食品安全失去信心，长此以往将会动摇我们党的执政根基。各级政府和食品安全监管部门要深刻领会习近平总书记食品安全是对执政能力重大考验的重要论断。能不能守护好人民群众“舌尖上的安全”，能不能在公众健康、企业利益、地方经济发展的各方博弈中始终把维护公众健康放在首位，本质上是对各级党委政府、食品安全监管部门党性的考验。

2. 食品安全与百姓健康和生命安全息息相关

含有有害细菌、病毒、寄生虫或化学物质的食品可导致从腹泻到癌症等200多种疾病。同时，食品安全的新威胁不断涌现。食品生产、销售和消费方面的变化、环境变化、新出现的病原体以及抗微生物药物耐药性等问题都给国家的食品安全系统带来挑战，而且国内外旅行和食品贸易的增加也提高了污染食品的国际传播的可能性。

不安全食品不仅严重威胁消费者的健康和生命安全，而且引发人们对食品安全的信任危机。获得安全、营养和健康的食品是每一个消费者的最基本权益。1996年英国爆发的疯牛病很快蔓延欧洲大陆，造成一些人患上了“克雅氏症”，患者中有近百人死亡，引起整个欧洲甚至可以说全世界空前的“食品信任危机”；比利时等国相继发生因动物饲料被二噁英污染，导致畜禽类产品及乳制品含高浓度二噁英事件，引发世界上很多国家公众对畜禽制品和相关乳制品的高度恐慌。

2008 年 9 月，河北省三鹿集团生产的婴幼儿配方奶粉，被发现导致多位婴儿出现肾结石症状，“三聚氰胺奶粉”事件爆发。据原卫生部通报，截至 2008 年 11 月 27 日 8 时，全国因三鹿牌婴幼儿奶粉事件累计筛查婴幼儿2 238.4万人次，累计报告因食用三鹿牌奶粉和其他个别问题奶粉导致泌尿系统出现异常的患儿 29.4 万人，累计住院患儿 51 900人，共计 6 名婴儿死亡不排除与食用问题奶粉有关。[①]

“三聚氰胺奶粉”事件严重危害了婴儿的身心健康和生命安全，也造成了国人对婴幼儿配方奶粉的信任危机，教训极其深刻。2013 年，习近平总书记在中央农村工作会议上的讲话中指出：“食品安全社会关注度高，舆论燃点低，一旦出问题，很容易引起公众恐慌，甚至酿成群体性事件。毒奶粉、地沟油、假羊肉、镉大米、毒生姜、染色脐橙等事件，都引起了群众愤慨。再加上有的事件被舆论过度炒作，不仅重创一个产业，而且弄得老百姓吃啥都不放心。‘三聚氰胺奶粉’事件的负面影响至今还没有消除，老百姓还是谈国产奶粉色变，出国出境四处采购婴幼儿奶粉，弄得一些地方对中国人限购。想到这些事，我心情就很沉重。”因此，保障食品安全，就是保证人民群众的福祉，就能留住人民的幸福感。

（二）食品安全对食品产业发展的影响巨大

1. 食品安全是食品产业快速发展的基础

食品工业承担着为我国 14 亿多人提供安全放心、营养健康食品的重任，是国民经济的支柱产业和保障民生的基础性产业。保障食品质量安全是促进食品产业健康持续发展的关键所在。民以食为天，中国

① 张守文：《食品安全治理新格局》，国家行政学院出版社 2018 年版，第 125 页。

既是食品生产的大国，也是食品消费的大国。改革开放 40 多年来，我国食品产业得以快速发展，在国民经济中支柱产业的地位进一步增强，为促进我国国民经济发展作出了巨大的贡献。党中央、国务院高度重视食品安全工作，在社会各界的共同努力下，食品安全状况有了明显的好转，食品产业也保持了稳定的发展。我国食品工业无论在国际还是在国内均是第一大产业。从国际上看，我国食品工业是世界食品工业第一大产业；从国内看，在国民经济工业各门类中，食品工业列第一位，是名副其实的支柱产业。“十三五”期间，食品工业在国民经济中的支柱产业地位进一步提升，食品工业规模效益稳定增长，食品工业企业不断发展壮大，生产集中度进一步提升。

食品工业是世界第一大产业。中国人口占世界总人口的 21%，食品产业的发展潜力巨大。食品产业是中国开放最早、市场化程度最高的行业之一，也是一个国际品牌涌入迅猛，国内品牌后起之秀最多，发展最快的行业。改革开放以来，世界食品 50 强几乎悉数到中国进行投资，寻求新的发展机会。

1978 年改革开放以来，中国食品工业一直呈现快速发展态势，食品工业增速始终保持在 20%以上。无论是总量和速度的增长、产业结构和产品结构的调整、新技术和新设备的应用，还是企业规模、经济效益及科技水平的提高等都发生了巨大的变化。食品产业已跃居全国最大的产业，成为中国国民经济的重要支柱产业之一，并成为国民经济中最具活力的产业之一。食品工业是消费品工业中最重要的行业之一，也是农畜产品重要的后续产业。多年来，食品工业在积累资金、满足消费、扩大就业、改善民生、服务“三农”等方面发挥了重要作用。

食品产业如此重要，如果不能保证食品安全，将造成各种直接经济损失，降低食品企业经济效益、国家税收和财政收入。因此，食品安全也是经济问题。首先，严重的食品安全问题，伤害的是人体的健康，严重的时候还会危害到人们的生命安全，这就会造成更大的经济损失和人力损失。其次，严重的食品安全事件或事故还会造成企业破产倒闭，甚至会重创一个产业、一个行业的发展，阻碍食品经济持续发展。三鹿集团的破产倒闭就是一个鲜活的例证。重大食品安全事故直接破坏食品行业的健康发展。最后，严重的食品安全事件不仅会对我国的食品行业造成巨大影响，对国内农业、各食品相关行业造成影响，还会严重影响我国食品产业对外出口业务的发展。加入世界贸易组织后，我国在对外贸易中的所有行动都受到高度关注。食品安全问题会危害我国食品在国际上的口碑，导致我国出口贸易严重受损，甚至损害国家形象。国与国之间在食品贸易方面能互通往来，主要是建立在食品安全的前提下，一旦食品安全出现问题，两国之间也会直接引起严重的贸易纠纷，因为食品安全在任何国家都是非常重要的。食品安全得到保证之后，出口国增加了外贸出口收入，进口国缓解了社会压力，既保护了国民健康，也有利于两国之间的友好往来。

例如，婴幼儿食品是全社会关注的重点。2004 年发生的劣质婴幼儿奶粉事件，使国产婴儿奶粉严重滞销，仅在当年的五六月，国产婴儿奶粉与前一年同期相比市场销量下滑 25%。该事件不仅严重冲击了国内乳业生产企业的生产和销售，还沉重打击了广大人民群众对国产婴幼儿奶粉的消费信心。2008 年三鹿集团“三聚氰胺奶粉”事件发生后，有关数据显示，2008 年后外资婴幼儿奶粉的进口量大增，不断蚕食国产婴幼儿奶粉的市场份额。2007 年时，外资婴幼儿奶粉在国内市场的占有率只有 35%左右，到 2012 年，已经接近 60%，市场占有率排名前三的均为外资婴幼儿奶粉。这两次国产婴幼儿奶粉事件，虽然只是个案，但却使我国国产婴幼儿奶粉行业，甚至整个乳品行业受到重创，教训极其深刻。①

① 《乳业十年：三聚氰胺抽检合格率 100%，奶农少了 100 万户》，《国际金融报》2018 年 3 月 10 日。

2. 食品安全事件或事故严重阻碍食品产业的发展

发生食品安全事件和事故，不仅对消费者的健康造成威胁，同时还将造成巨大的经济损失并影响经济社会的持续稳定发展。发生在世界各地的食品安全事件，不仅给人类身体健康带来了危害，而且对农业、食品产业、旅游业、国际贸易造成了程度不同的影响，每年全球食品安全事件导致的经济损失数额巨大。

1999 年比利时二噁英污染事件，不仅造成本国市场混乱，而且很快殃及欧洲其他国家，使成千上万吨比利时生产的禽、蛋、猪和牛肉被收回或销毁。当时比利时政府统计资料显示，这一事件造成的直接损失达 3.55 亿欧元，如果加上与此关联的食品工业，损失超过 10 亿欧元，而且导致世界各国禁止其动物性产品的进口。

英国自 1986 年公布发生疯牛病以后，1987 年至 1999 年有 17 万头疯牛病病牛被宰杀，英国的养牛业、饲料业、屠宰业、牛肉加工业、奶制品工业、肉类零售业无不受到严重打击。仅禁止进出口一项英国每年就损失 52 亿美元。英国发生疯牛病问题后，还导致欧盟甚至全球各国对英国牛肉长达数年的禁令，使英国经济因疯牛病遭受严重打击，因宰杀“疯牛”造成的损失高达 300 亿美元，欧盟为预防疯牛病蔓延，至少支出了 30 亿欧元。2003 年，加拿大和美国各发生一例疯牛病，造成加拿大直接经济损失 40 多亿加元，美国损失达 60 亿美元。英国、德国和法国等欧盟国家因疯牛病造成的损失更是惨重。

食物中毒和其他食源性疾病导致疾病人群增加，给受害地区造成严重的经济损失。日本雪印乳业公司停产后，造成的经济损失为 200 亿日元，约合 19 亿美元。在澳大利亚，每年约发生11 500起食物中毒，由此造成的经济损失达 26 亿澳元。1991 年在秘鲁再次出现的霍乱，造成渔业及渔产品出口方面损失 7 亿美元。1996 年，在英格兰和威尔士发生的 5 次食源性疾病爆发事件中，因人身伤亡和医疗费用共计损失 30 亿～70 亿英镑。

环境污染等源头污染也直接威胁着食品安全。工业生产过程中产生的“三废”直接污染大气、水源、农田，给农作物的生长、发育带来影响，从而影响食品原料的安全，对生态环境、食品安全、百姓身体健康和农业可持续发展构成威胁。土壤污染造成有害物质在农作物中积累，并通过食物链进入人体，引发各种疾病，最终危害人体健康。土壤污染直接影响土壤生态系统的结构和功能，最终将对生态安全构成威胁。

（三）食品安全对政治稳定和社会稳定影响巨大

随着食品生产的机械化、集约化、规模化和专业化，以及化学品和新技术的广泛使用，新的食品安全问题不断涌现。不论是发达国家还是发展中国家，不论食品安全监管制度完善与否，都存在着随时爆发食品安全问题的风险。因此，食品安全已成为世界性的话题，成为各国共同关注的焦点。虽然食品产业的迅猛发展，创造了显著的经济效益和社会效益。但是，纵观国内外所发生的食品安全事件或事故，如果频繁发生食品污染事件，不仅给百姓身体健康和生命安全带来严重威胁，也会破坏社会稳定和社会和谐，给国家经济建设造成不可估量的损失。因此，食品安全关系到广大人民群众的身体健康和生命安全，关系到经济健康发展和社会稳定，关系到国家和政府的形象。加强食品安全监管工作，对提高食品安全保障水平具有十分重要的意义。

食品安全是关乎国家稳定的政治问题。我国经济发展及社会稳定都离不开食品安全的保障。如果发生过多的食品安全问题就会影响社会和谐发展，造成群众对于政府监管的不信任等恶劣影响。食品安全问题造成民众对政府的信任感和安全感降低，危害社会安全，影响社会秩序，破坏社会稳定。由于全社会高度关注食品安全问题，有时，即使某一小范围的食品安全问题，都可能成为社会关注的焦点，也很容易由局部问题演变为社会全局性问题，酿成重大的社会心理危机，引起社会不安，严重影响党和政府的公信力，严重影响社会稳定与发展。

重大或特大食品安全事故的发生既不利于经济的持续健康发展，也会影响到整个社会的稳定，使人们对社会、对政府产生一种信任危机。从国际经验看，食品的安全问题在危害人类身体健康的同时，也给民众造成了很大的心理恐慌。因此，能否保障食品安全，已经成为衡量政府执政能力高低的重要标尺。1999 年 5 月底，首先在比利时部分鸡肉和鸡蛋中检测出含有高浓度二噁英，可能受到污染的食品还包括牛肉、猪肉、牛奶及数以百计的衍生产品，该事件在欧洲引发食品恐慌，也波及其他国家。该事件导致执政长达 40 年之久的社会党政府垮台。2001 年德国出现疯牛病后，卫生部部长和农业部部长被迫引咎辞职。前些年，我国发生的一些重特大食品安全事件，国家相关部门领导、相关地方政府领导、监管部门领导和监管执法人员相继被追究行政责任。

食品安全关系百姓的生命安全和社会安危。“十三五”时期，食品安全问题已经上升为国家重大战略，必须全面彻底地解决食品安全问题，让百姓吃得放心。发展经济、创新引领、推进新型城镇化和农业现代化、促进城乡区域协调发展、推动形成绿色生产生活方式、加快改善生态环境、深化改革开放、构建发展新体制，归根结底，还是为了增进民生福祉，使全体人民共享发展成果。而“共享”的一个重要体现，就是要保障人民群众的身心健康。能喝上干净的水，呼吸上清新的空气，吃上安全放心的食品，是最基本的民生需求，也是各级政府以实际效果取信于民的施政所向。

随着近代工农业发展对环境的污染和生态的破坏，有毒、有害物质对食品的污染逐步加剧，已经危及人体健康和生命安全。与此同时，随着我国在世界贸易中与其他国家的食品贸易往来日益增加，食品安全已成为影响食品行业、食品企业市场竞争力的关键因素。世界上某一地区的食品安全问题会发生“蝴蝶效应”，有可能很快波及全球各个国家，乃至引发双边或多边的国际食品贸易争端。当一个国家的人民群众每天都要诚惶诚恐地担心吃的东西是否干净安全时，很难想象这个国家的人民群众能有幸福可言。如果一个国家食品安全、环境优美、生活富足，这个国家的人民群众生活就有安全感和幸福感。

重特大食品安全事件不仅造成巨大的经济损失，还会严重影响社会和谐与稳定。食品安全事件可能导致企业破产，由此就会带来大量工人失业。这种情况恶化到一定程度时，社会失业率就将会大大上升。而社会失业人员的增多则是影响社会稳定的重要因素。因为食品安全事件一般均会引起规模较大的群体性事件，牵动社会的方方面面，常常导致社会不稳定。例如，劣质婴幼儿奶粉事件、“三聚氰胺奶粉”事件，波及面之宽，受害人群之广，严重影响了整个社会的稳定。

（四）我国食品安全形势依然严峻

必须清醒地认识到，我国仍处于食品安全风险隐患凸显和食品安全事件集中爆发期，食品安全形势依然严峻。

1. 食品安全源头污染问题突出

一些地方工业“三废”违规排放导致农业生产环境污染，农业投入品使用不当、非法添加和制假售假等问题依然存在，农药兽药残留和超范围、超限量、滥用食品添加剂仍是食品安全的最大风险。

2. 食品产业基础薄弱

食品生产经营企业多、小、散，全国1 180万家获得许可证的食品生产经营企业中，绝大部分为10人以下的小企业。企业诚信观念和质量安全意识普遍不强，主体责任尚未完全落实。互联网食品销售迅猛增长带来了新的风险和挑战。

3. 食品安全标准有待提升

食品安全标准与发达国家和国际食品法典标准尚有差距。食品安全标准基础研究滞后，科学性和实用性有待提高，部分农药兽药残留等相关标准缺失、检验方法不配套。

4. 食品安全监管能力尚难适应需要

食品安全监管体制机制仍需完善，法规制度仍需进一步健全，监管队伍特别是专业技术人员短缺，打击食品安全犯罪的专业力量严重不足，监管手段、技术支撑等仍需加强，风险监测和评估技术水平亟待提升。

5. 国家监督抽检反映出来的问题突出

2019 年，国家市场监管总局在全国 31 个省、自治区、直辖市农产品和食品交易场所依法抽取并购买食品样本，抽检 24.4 万批次、覆盖 33 大类食品，检验微生物、农兽药残留、食品添加剂、生物毒素、重金属等食品安全国家标准指标 558 项，检出合格产品 23.8 万批次，不合格产品5 773批次。①

这些问题反映出部分企业存在主体责任不落实、风险防范措施不到位的问题。

“十三五”时期是全面建成小康社会的决胜阶段，也是全面建立严密高效、社会共治的食品安全治理体系的关键时期。尊重食品安全客观规律，坚持源头治理、标本兼治，确保人民群众“舌尖上的安全”，是全面建成小康社会的客观需要，是公共安全体系建设的重要内容，必须下大力气抓紧抓好。

二、食品安全治理的指导思想

民生问题无小事。食品安全事关民生，是国家安全、社会稳定、人民幸福的重要基础；也是党和政府工作的着力点，是百姓关注的聚

① 《2019 年我国食品安全抽检合格率达 97.6%》，新华网，2020 年 6 月 8 日。

焦点，是媒体镜头的曝光点。

（一）从公共安全战略高度做好食品安全工作

在2015年5月29日中央政治局第二十三次集体学习时，习近平总书记进一步强调了食品安全监管作为公共安全体系的战略定位，明确指出食品安全是党政同责的政治任务。习近平总书记强调，公共安全连着千家万户，确保公共安全事关人民群众生命财产安全，事关改革发展稳定大局。要牢固树立安全发展理念，自觉把维护公共安全放在维护最广大人民根本利益中来认识，扎实做好公共安全工作，努力为人民安居乐业、社会安定有序、国家长治久安编织全方位、立体化的公共安全网。

习近平总书记强调："要切实提高农产品质量安全水平，以更大力度抓好农产品质量安全，完善农产品质量安全监管体系，把确保质量安全作为农业转方式、调结构的关键环节，让人民群众吃得安全放心。""要切实加强食品药品安全监管，用最严谨的标准、最严格的监管、最严厉的处罚、最严肃的问责，加快建立科学完善的食品药品安全治理体系，坚持产管并重，严把从农田到餐桌、从实验室到医院的每一道防线。"

（二）从健康中国的高度定位食品安全

党的十八届五中全会公报中提出"推进健康中国建设，实施食品安全战略"。习近平总书记在党的十九大报告中进一步提出，"人民健康是民族昌盛和国家富强的重要标志。实施食品安全战略，让人民吃得放心"。

到2020年要全面建成小康社会，人民健康是核心竞争力。党的十八大以来，习近平总书记在谋划布局"十三五"规划时，始终把广大人民群众健康安全摆在首要位置，多次强调没有全民健康，就没有全面小康，人民身体健康是全面建成小康社会的重要内涵，多次阐述“美丽中国”“健康中国”理念，并使“美丽中国”“健康中国”从顶层设计，走进百姓家里，走进群众心里。

食品安全是“健康中国”目标实现的基础、前提和必要条件。在国家食品安全治理体系现代化进程中，保障国民健康素质，确保百姓“舌尖上的安全”，是各级政府和食品安全监管部门的神圣职责和义务。

（三）从全面建成小康社会的高度定位食品安全

改革开放以来，我国社会主义市场经济蓬勃发展，各项经济指数也平稳增长，综合国力显著增强，但食品安全依然是制约我国全面建成小康社会的重要因素之一。2016 年 12 月 21 日，习近平总书记在中央财经领导小组第十四次会议上的讲话中强调指出：“加强食品安全监管，关系全国 13 亿多人‘舌尖上的安全’，关系广大人民群众身体健康和生命安全。要严字当头，严谨标准、严格监管、严厉处罚、严肃问责，各级党委和政府要作为一项重大政治任务来抓。要坚持源头严防、过程严管、风险严控，完善食品药品安全监管体制，加强统一性、权威性。要从满足普遍需求出发，促进餐饮业提高安全质量。”

2015 年 6 月，李克强总理作出重要批示，食品安全关系每个人的身体健康和生命安全，吃得放心、吃得安全是广大群众的心声，是全面建成小康社会的基本要求。要以贯彻落实新食品安全法为契机，创新工作思路和机制，加快建立健全最严格的覆盖生产、流通、消费各环节的监管制度，完善监管体系，全面落实企业、政府和社会各方责任。以基层为主战场加强监管执法力量和能力建设，以“零容忍”的举措惩治食品安全违法犯罪，以持续的努力确保群众“舌尖上的安全”。

2017 年 1 月，李克强总理再次对食品安全工作批示指出，食品安全是全面建成小康社会的重要标志。2016 年，各级食安委及成员单位做了大量工作，取得了积极成效。面对依然复杂严峻的食品安全形势，要认真贯彻党中央、国务院决策部署，把保障食品安全放在更加突出的位置，完善食品安全监管体制机制，大力实施食品安全战略。要切实发挥食安委统一领导、食安办综合协调作用，坚持源头控制、产管并重、重典治乱，夯实各环节、各方面的责任，着力提高监管效能，凝聚社会共治合力，进一步治理“餐桌污染”，推动食品安全形势持续改善，不断提高人民群众满意度和获得感。

李克强总理指出：“改革开放以来，我们用 30 多年时间解决了人民吃得饱的问题；进入新的发展阶段，必须下决心解决群众吃得好、吃得安全的问题。”食品安全作为我国要在 21 世纪中叶成为小康社会——实现成为中等发达国家水平的目标中不可或缺的坐标之一，已经成为党和政府以及广大人民群众的共识。

小康不小康，更要看健康。俗话说，自古开门七件事，柴米油盐酱醋茶。柴米油盐酱醋茶，是普通百姓日常生活所必需的七样东西，更是指与人民群众切身利益有关的“事情”，其中有六件事与食品有关。可见，民以食为天，食以安为先，食品与百姓的日常生活息息相关，与百姓的身体健康息息相关。

到了全面小康社会，温饱问题已经不再是我国经济发展最大的瓶颈和最基本的任务了，我们的任务是保证百姓每日三餐食品的安全。如果食品安全不能得到保证，既影响了百姓的身体健康和生命安全，又阻碍了中国食品经济的良性循环发展，影响实现全面小康社会的美好愿望。

小康不小康，还要看担当。各级政府和食品安全监管部门要勇于担当起“下决心解决群众吃得好、吃得安全的问题”。欧美发达国家都面临过严峻的食品安全问题，解决之道归根结底都落在了以政府监管、企业自律、行业诚信、社会监督的路子上。

小康社会的概念意味着各项经济指标数据都是建立在“民以食为

天，食以安为先”的基础上。保障不了食品安全也就谈不到全面小康社会的实现，即要把经济搞上去，食品安全更要跟得上，食品安全应该一票否决。

三、食品安全治理的新定位

在上述党和国家食品安全治理的基本指导思想基础上，我国食品安全治理的理念更加清晰，食品安全治理战略得到进一步确立。

（一）治理理念

1. 预防为主

坚持关口前移，全面排查，及时发现处置苗头性、倾向性问题，严把食品安全的源头关、生产关、流通关、入口关，坚决守住不发生系统性、区域性食品安全风险的底线。

2. 风险管理

树立风险防范意识，强化风险评估、监测、预警和风险交流，建立健全以风险分析为基础的科学监管制度，严防、严管、严控食品安全风险隐患，确保监管要跑在风险的前面。

3. 全程控制

严格实施从农田到餐桌全链条监管，建立健全覆盖全程的监管制度、覆盖所有食品类型的安全标准、覆盖各类生产经营行为的良好操作规范，全面推进食品安全监管法治化、标准化、专业化、信息化建设。

4. 社会共治

食品安全既是“产”出来的，也是“管”出来的。实践证明，单靠政府部门监管难以从根本上解决食品安全问题。必须全面落实企业食品安全主体责任，严格落实地方政府属地管理责任和有关部门监管责任。充分发挥市场机制作用，鼓励和调动社会力量广泛参与，加快构建起政府监管、部门协同、行业自律、企业负责、公众参与、媒体监督的食品安全“社会共治”格局，努力在食品安全领域形成“人人参与、人人尽力、人人享有”的氛围，真正做到“天网恢恢，疏而不漏”，确保让人民群众吃得放心。

第一，保障食品安全是食品安全监管部门义不容辞的责任。不断创新食品安全监管方式，认真履行食品安全监管职责。加强食品安全法律法规和制度建设，严格贯彻实施《中华人民共和国食品安全法》，建立完善适应我国新时代发展要求的、配套完备的监管制度体系。建立职业化食品安全检查员队伍，以最严格的监管倒逼企业履行好第一责任人的法定职责。

第二，食品行业协会要切实履行好行业自律的法定责任。食品行业协会是促进食品产业发展、实施行业自律管理的社会团体，是保证食品安全的重要力量。近年来，各级食品行业协会切实发挥了积极的作用。食品行业协会需要充分发挥资深信息优势，加强国内外食品行业的发展趋势研究和分析；特别是要强化行业自律，构建合理的管理机制，制定并组织实施食品行业的行规、行约、行业诚信守法承诺，勇于曝光“害群之马”；强化服务意识，在行业规划与管理、信用体系建设、行业技术培训、项目评估等方面发挥更好的作用。

第三，大型食品生产经营企业要切实发挥好行业领军和示范作用。大型食品企业是食品行业的重要支撑，为我国的食品安全稳定向好发展的形势作出了积极贡献。但由于其涉及面广，占有率高，一旦发生食品质量和安全问题会造成恶劣影响。食品企业应在践行诚心自律方面做表率，重视诚信建设，遵守行业道德，诚信守法，做道德企业，做良心食品；应在强化内部管理上做标杆，建立完善并严格实施全过程的质量安全控制制度，不断改善食品安全的保障条件；还应在担当社会责任上做榜样，为广大人民群众提供安全、营养、健康的食品。

维护食品安全，促进产业健康发展，是企业、政府、行业组织和社会共同的使命。社会各界应并肩携手，不懈努力，共同提升我国食品安全保障水平，推动食品产业健康发展和“健康中国”的建设。

（二）食品安全战略

《中华人民共和国国民经济和社会发展第十三个五年规划纲要》指出，从源头上确保农产品质量安全，保障食品安全，实施食品安全战略。这是我国在五年规划中，第一次把食品安全战略提到这样的高度。“十三五”时期，食品安全问题已经上升为国家重大战略，必须全面彻底地解决食品安全问题，让百姓吃得放心。要从机制体制、法律法规、食品生产加工全过程全方位，完善监管制度，强化监管手段，形成覆盖从田间到餐桌全过程的监管制度，建立健全食品安全治理体系和保障体系。

1. 加快完善农业标准，全面推行农业标准化生产

加强农产品质量安全和农业投入品监管，强化产地安全管理，实行产地准出和市场准入制度，建立全程可追溯、互联共享的农产品质量安全信息平台，健全从农田到餐桌的农产品质量安全全过程监管体系。强化农药和兽药残留超标治理，严格食用农产品添加剂控制标准。开展国家农产品质量安全县创建行动，加强动植物疫病防控能力建设，强化进口农产品质量安全监管，创建优质农产品品牌，支持品牌化营销。

2. 保障食品安全，实施食品安全战略

完善食品安全法规制度，提高食品安全标准，强化源头治理，全面落实企业主体责任，实施网格化监管，提高监督检查频次和抽检监测覆盖面，实行全产业链可追溯管理。开展国家食品安全城市创建行动。加快完善食品安全监管制度，健全严密高效、社会共治的食品安全治理体系。加大农村食品安全治理力度，完善对网络销售食品的监管。加强食品进口监管。“十三五”期间，健全检验检测等技术支撑体系和信息化监管系统，建立食品职业化检查员队伍，实现各级监管队伍装备配备标准化，全面提升食品安全治理能力。

（三）食品安全发展目标

要充分尊重食品安全治理规律，把握现阶段工作重点，坚持最严谨的标准、最严格的监管、最严厉的处罚、最严肃的问责，坚持源头治理、标本兼治，促进食品产业健康发展，推进“健康中国”建设。实现食品安全治理能力、食品安全水平、食品产业发展水平和人民群众满意度明显提升。食品安全发展主要实现以下目标。

1. 食品安全抽检覆盖全部食品类别、品种

国家统一安排计划、各地区各有关部门分别组织实施的食品检验量达到每年 4 份/千人。其中，各省（区、市）组织的主要针对农药兽药残留的食品检验量不低于每年 2 份/千人。

2. 农业源头污染得到有效治理

主要农作物病虫害绿色防控覆盖率达到 30%以上，农药利用率达到 40%以上，主要农产品质量安全监测总体合格率达到 97%以上。①

3. 食品安全现场检查全面加强

职业化检查员队伍基本建成，实现执法程序和执法文书标准化、规范化。对食品生产经营者每年至少检查 1 次。实施网格化管理，县、乡级全部完成食品安全网格划定。

4. 食品安全标准更加完善

制定修订不少于 300 项食品安全国家标准，制定修订、评估转化农药残留限量指标6 600余项、兽药残留限量指标 270 余项。产品标准覆盖包括农产品和特殊人群膳食食品在内的所有日常消费食品，限量

---

① 《国务院关于印发“十三五”国家食品安全规划和“十三五”国家药品安全规划的通知》，新华网，2017 年 2 月 21 日。

标准覆盖所有批准使用的农药兽药和相关农产品，检测方法逐步覆盖所有限量标准。

5. 食品安全监管和技术支撑能力得到明显提升

实现各级监管队伍装备配备标准化。各级食品安全检验检测能力达到国家建设标准，进出口食品检验检测能力保持国际水平。

四、食品安全治理的新框架

在国家食品安全治理的基本指导思想和食品安全战略的指引下，食品安全治理新的工作框架得以确立。

（一）全面实施食品安全战略

1. 树立国际视野

食品安全是一个全球性问题，越来越受到世界各国政府和消费者的高度重视。在不断发展的食品对外贸易中，各个国家都制定了严格的食品安全技术法规和标准，对进口食品的质量安全提出了越来越高的要求。中国是一个食品生产和消费大国，而且随着食品行业国际化程度的大幅提高，中国食品安全问题也越来越受到世界关注。中国作为一个负责任的大国，党和政府高度重视食品安全问题。当前，各国之间的食品贸易不断增长，食品市场逐步开放。根据全面建成小康社会的要求，我国实施食品安全战略，建立一个更加有效的食品安全治理体系，应当积极借鉴国际上食品安全管理的有益经验；食品安全标准应该建立在科学基础上，强调风险分析和预防，食品安全标准应当循序渐进地与国际接轨；应当建立从“农田到餐桌”的全产业链全过程监管体系；在中央层面强化国务院食品安全委员会的协调机制，国家要提供实施食品安全战略所必需的充足人力和资金；进一步强化地方政府、食品行业、消费者在食品安全治理体系中的责任意识。各级食品安全监管部门应该及时、准确、全面、公开和有效地提供有关食品安全方面的信息。食品安全信息透明是各国政府行使食品安全监管职能的通行做法和重要准则。唯有食品安全信息透明才能使政府、食品行业和消费者之间开展良好沟通、消除隔阂和偏见。

2. 加强政府对食品安全的监管

食品安全监管的首要职能就是执行食品安全法规，保护消费者。经过多年的努力，我国食品安全监管体系不断完善和强化，大产业、大市场、大流通、大监管的治理格局已经形成。但基层食品安全监管体系仍是薄弱环节，市、县地方政府履行食品安全“守土有责”的意识有待进一步强化。为使党中央、国务院的战略部署和各项政策在地方得以贯彻执行，要细化、硬化食品安全责任制考核标准，将确保食品安全纳入各级政府政绩考核体系，落实党政同责、一岗双责、失职问责，强化问责机制。管理疏忽、监督不严也是食品安全问题频发的重要原因。因此，出现食品安全问题，不仅要处罚生产经营者，同时还要问责食品安全相关部门的监管责任。《中华人民共和国食品安全法》第一百四十四条规定：“违反本法规定，县级以上人民政府食品安全监督管理、卫生行政、质量监督、农业行政等部门有下列行为之一的，对直接负责的主管人员和其他直接责任人员给予记大过处分；情节较重的，给予降级或者撤职处分；情节严重的，给予开除处分；造成严重后果的，其主要负责人还应当引咎辞职。”最严肃的问责保障了最规范的管理、最严格的监管，能有效预防相关部门工作人员的不作为、乱作为，保障食品更安全。

3. 加强食品的源头治理

农产品是食品链的源头，只有从源头治理，才能保证食品安全。我国的农业生产结构极为分散，2 亿多农户从事农业生产，平均每户不到 1 公顷的耕地。这对从源头确保食用农产品的质量安全提出了严峻挑战。提高这些小农户融入农业产业链和价值链的能力是实施食品安全战略、保障食品安全的关键环节。世界银行曾总结过中欧和东欧转型经济体中小农户和农业综合企业之间协作式供应链的许多成功范例。联合国粮农组织也总结过不同国家的经验，表明在诸多不同条件下小农户通过中间商、牵头农户、公司和合作社与市场取得了良好的连通。这种供应链的特点是，各方是一种伙伴关系，有共同利益，重要的是相互间的信任。这个问题在我国具有特别的重要性。国际和我国的经验表明，协作式供应链对参与现代食品市场有着决定性的作用，是增强食品产业竞争力的重要工具，也是提升食品安全的重要工具，正在倒逼农业发生“从餐桌到田头”的变化。党的十八届五中全会提出，要大力推进农业现代化，并把“推进农业产业链和价值链建设”作为农业现代化的重要内容。政策目标是，在中国农业转型升级过程中，各种对农民有辐射带动作用的协作式农业供应链能得到充分发展，中国农业和食品产业在激烈的国际竞争中能发挥出自己的优势。同时，加强标准化基地建设，加强“三品一标”管理；强化农业投入品管控，建立高毒高风险农药统一经营储备管理制度，确定高毒、高风险农药定点经营单位，严格实名购买制度；狠抓隐患排查治理，开展剧毒高毒农药使用专项整治，建立农产品质量安全追溯平台，实现“二维码”可追溯管理。围绕种子、农药、化肥等重点品种，集贸市场、城乡接合部等重点区域，强化监督执法，有效规范农资市场秩序和经营行为。

4. 强化社会共治治理格局

实现食品安全目标只通过政府部门的强制性监管是不够到的，监管与惩罚机制只是政府部门的手段之一。只有充分发挥食品链中各个利益相关方作用，即农业合作社和农民、食品生产经营企业和广大消费者都积极参与，才能建立有效的食品安全治理体系。食品行业在食品安全治理体系中的作用主要通过以下途径进行：一是通过行业自律加强行业内部管理；二是与消费者沟通，根据消费者的需求不断完善行业内部管理制度。行业自律是保证食品安全的长效措施。从目前情况来看，各级各类食品行业协会组织还没有得到充分的发育，行业自律运行还很不规范，行业自律作用还没有充分发挥。食品产业链的各个利益相关方，通过建立自己的品牌声誉和市场信誉来积极维护食品安全，是食品安全治理体系有效运转的核心。政府和社会的监管仅仅是外在的约束。为了充分发挥社会各方面参与食品安全治理的积极性，应通过政府、食品行业、消费者、媒体、教育和科研机构等有关各方密切配合、相互协作，完善相互沟通的机制，寻求共同解决食品安全关键问题的办法。实施食品安全战略，保障人民群众吃得健康，是实现全民健康的重要内涵。只有把全民健康放在优先发展的战略地位，加快推进健康中国建设，才能全面建成小康社会，实现“两个一百年”的奋斗目标，为实现中华民族伟大复兴的中国梦打下坚实的基础。

民以食为天，食安重于山，食品安全治理体系建设任重道远。除了党和国家的重视、政府部门的监管、食品企业的自律，还需要公众的广泛参与、媒体的积极监督，多方协同合力，社会共治，才能更快更好地构建食品安全治理体系。对食品安全问题，要在加强监管、严厉打击的同时，动员全社会广泛参与，努力营造人人关心食品安全、人人维护食品安全的良好社会氛围，不断增强公众对食品安全的信心。

（二）对食品安全违法犯罪“零容忍”

国内外发生的一系列食品安全事故，不仅损害了人们的身体健康，危及人们的生命安全，还严重影响经济健康持续发展，导致政治和社会不稳定。保证食品安全，对我国食品经济的健康发展和社会稳定至关重要。

党的十八大、十九大以来，以习近平同志为核心的党中央高度重视食品安全问题，重拳严治，以保障“舌尖上的安全”。民之所望，施政所向。食品安全关系人民群众身体健康和生命安全，关系全面建成小康社会，关系党和国家事业全局。广大人民群众对食品安全满意不满意，本质上是对党和政府的信任问题，是人心向背的问题。建设一个与14亿多人口大国相适应、与全面建成小康社会相适应的食品安全监管体系，全面加强食品安全治理，将进一步提高党和政府在人民群众中的威信，进一步增强人民群众对党和政府的信任。食品安全监管部门一定要统一思想，牢记担负的政治责任。食品安全与否，对老百姓来说是“天大的事”，维护食品安全，已经成为14亿多人民群众的现实呼唤。因此，各级党委和政府必须将维护食品安全作为一项重大政治任务来抓。从“十三五”国家食品安全规划可以看出，党和政府是在用“四个最严”守好食品安全防线，让广大群众饮食无安全之忧。

食品安全没有“零风险”，但是对食品安全的违法犯罪必须“零容忍”。各级政府和食品安全监管部门只有紧紧扣住食品安全这根生命健康线、政治高压线、舆论关注热线，下狠心、出重拳，为人民群众饮食安全提供可靠保障，才能真正让人民群众饮食安全、身体健康、安居乐业。

（三）构建食品安全治理体系和保障体系

1. 建立健全食品安全治理体系和保障体系

习近平总书记要求全党、全社会都必须高度重视食品安全，要求从机制体制、法律法规、食品生产加工全过程、全方位，建立健全食品安全治理体系和保障体系。

2015年5月，在十八届中央政治局第二十二次集体学习时，习近平总书记提出食品安全要“产管并重”，为食品安全织就严密的“防护网”。食品安全，首先是“产”出来的，要把住生产环境安全关，治地治水，净化农产品产地环境，切断污染物进入农田的链条。食品安全，也是“管”出来的，要形成覆盖从田间到餐桌全过程的监管制度，建立更为严格的食品安全监管责任制和责任追究制度，使权力和责任紧密挂钩；要从机制体制、法律法规、食品生产加工全过程全方位，建立健全食品安全治理体系和保障体系。

中共中央“十三五”规划建议指出实施食品安全战略，形成严密高效、社会共治的食品安全治理体系，让人民群众吃得放心。

各级政府和食品安全监管部门要深刻领会总书记“从田间到餐桌”全过程监管的重要论断。食品安全涉及的环节和因素很多，但源头在食用农产品。抓食品安全，必须正本清源，把住食用农产品生产安全源头关。习近平在福建工作期间就非常重视食品安全，率先在全国启动了“餐桌污染”治理、建设食品放心工程。2001 年 2 月12 日，一份关于《“餐桌污染”状况触目惊心》的情况反映，摆到时任福建省省长习近平的办公桌上。文章以翔实的数据，陈述了“餐桌污染”的危害，披露了蔬菜农药残留超标等问题。习近平反复阅读，心绪难平。他对这个问题考虑已久，并作过专题调研，他提笔写道：“‘餐桌污染’是一个事关人民群众身体健康和生活安全，关系我省农产品能否扩大国内外市场和不断增加农民收入的大问题，应引起我们的高度重视。”随后，在省政府召开的全省治理餐桌污染专题会议上，习近平动情地说：“群众所关心的，就是我们政府工作的着力点；人民所需要的，就是政府的使命。餐桌污染问题若得不到解决，我们就无法向全省人民交代，就意味着失职。”当年 4 月，治理“餐桌污染”正式列入福建省专项整治内容；9 月又列入为民办实事项目。为解决瘦肉精的问题，习近平力主引进了外国先进的检测设备。当时，由省政府统一组织、在全省范围内进行餐桌污染整治，福建是全国第一家。实践证明，这项治理取得了明显成效。

随着工业化、城镇化和农业现代化加快推进，化学性风险成为食品安全的最大风险，主要是农药兽药残留超标、抗生素滥用、重金属污染等，也是让老百姓最不放心、最不踏实的问题。《中华人民共和国食品安全法》体现了源头治理、全程监管的思路。食品安全监管部门要加强对食品生产经营企业日常检查和食用农产品农药残留、兽药残留抽样检验，贯彻落实好习近平总书记关于全程监管的要求和食品安全法的要求。

面对生产经营主体量大面广、各类风险交织的形势，靠人盯人监管，成本高，效果也不理想，必须完善监管制度，强化监管手段，形成覆盖从田间到餐桌全过程的监管制度。建立食品安全监管协调机制，设立相应管理机构，目的就是要解决多头分管、责任不清、职能交叉等问题。定职能、分地盘相对好办，但真正实现上下左右有效衔接，还要多下气力、多想办法。

习近平总书记 2013 年在中央农村工作会议上首提“四个最严”，在 2015 年 5 月中央政治局第二十三次集体学习时，在 2016 年 1 月 12 日、1 月 27 日的两次重要批示中，反复强调要把“四个最严”落到实处。要落实好“四个最严”的要求，就必须彻底解决目前还存在的一些突出问题。例如，食品安全标准缺失、滞后，方法不配套；一些潜在的化学性风险难以检验，风险隐患不易被发现；一些地方和监管部门食品安全监管还不够严格，检测条件和监管能力还不适应，还存在监管的漏洞和盲区，执法不到位，甚至不作为，行政处罚还不够严厉，执法办案还受到各种形式的干扰，基层以罚代刑，取证手段和能力不足，有案不办等；食品安全责任制还没有落实到位。这些都不符合“四个最严”的要求，必须“严”字当头，切实把“四个最严”贯穿到食品安全监管工作的每一个环节。

2. 保障食品安全责任必须党政同责、一岗双责

习近平总书记在 2013 年 7 月 18 日召开的中央政治局第二十八次常委会上强调，落实安全生产责任制，要落实行业主管部门直接监管、安全监管部门综合监管、地方政府属地监管，坚持管行业必须管安全，管业务必须管安全，管生产必须管安全，而且要党政同责、一岗双责、齐抓共管。该担责任的时候不负责任，就会影响党和政府的威信。

2015 年 8 月 15 日，习近平总书记关于做好安全生产工作的批示指出："确保安全生产、维护社会安定、保障人民群众安居乐业是各级党委和政府必须承担好的重要责任。""各级党委和政府要牢固树立安全发展理念，坚持人民利益至上，始终把安全生产放在首要位置，切实维护人民群众生命财产安全。要坚决落实安全生产责任制，切实做到党政同责、一岗双责、失职追责。"

2016 年中央"一号文件"发布，将强化食品安全责任制、保障农产品质量和食品安全作为衡量党政领导班子政绩的重要考核指标。这意味着"舌尖上的安全"将与各级领导干部的工作业绩紧密联系在一起。

习近平总书记强调："要严格事故调查，严肃责任追究。要审时度势、宽严有度，解决失之于软、失之于宽的问题。对责任单位和责任人要打到疼处、痛处，让他们真正痛定思痛、痛改前非，有效防止悲剧重演。"

安全责任党政同责是以习近平同志为核心的党中央提出的新要求、新标准，充分体现了实事求是、求真务实、从实际问题出发的工作作风，充分体现了党中央全面从严治党、严管干部的担当和决心。

3. 建立食品安全党政同责、一岗双责、齐抓共管机制

党政同责、一岗双责、齐抓共管，不仅要体现在安全问题上，而且体现在人民和国家的各项事业上。习近平总书记在主持召开的中央全面深化改革领导小组第十四次会议上指出："重点督察贯彻党中央决策部署、解决突出环境问题、落实环境保护主体责任的情况。要强化环境保护'党政同责'和'一岗双责'的要求，对问题突出的地方追究有关单位和个人责任。"各级党政干部都必须牢固树立齐心协力、齐抓共管、共同担当意识，共同建立体制机制，确保各项事业的顺利推进。

党政同责，就是党政部门及干部共同担当、共同负责。"一岗"就是职务所对应的岗位；"双责"就是相关人员不仅要对所在岗位承担的具体工作负责，还要对所在岗位或部门相应的“其他事项”负责任。“一岗双责”指既要抓好本人分管的具体工作，又要以同等的注意力和责任心抓好所处或分管部门的党务或行政工作，做到同研究、同规划、同布置、同检查、同考核、同问责，真正做到党政工作“两手抓、两手都要硬”，使两方面工作齐头并进。

党政同责、一岗双责、齐抓共管，要体现在各级党政机关、企事业单位党政干部平时的工作职责上。各级党政部门要根据不同的历史时期、不同的社会发展阶段，针对不同情况、不同事项，建立不同内容的“共管”“双责”“同责”责任制，保证日常工作共管化、双责化、同责化。党政同责、一岗双责、齐抓共管，还要体现在各级党政机关、企事业单位党政干部的日常考核制度上，要任用那些有“同责”“双责”意识并在实践中贯彻落实“同责”“双责”制度的干部，反之，就应及时“请下”。

食品安全管理需要实行“党政同责、一岗双责、齐抓共管、失职追责”，全面建成小康社会、实现民族复兴大业的各个方面、各个时期都需要实行这样的体制机制，各级党政干部必须迅速适应新要求，达到新标准，在各自的工作岗位上兢兢业业。

2016 年 1 月 27 日，习近平总书记在国务院食品安全委员会第三次全体会议上再次作出重要指示，强调“确保食品安全是民生工程、民心工程，是各级党委、政府义不容辞之责”。近年来，各相关部门做了大量工作，取得了积极成效。当前，我国食品安全形势依然严峻，人民群众热切期盼吃得更放心、吃得更健康。要牢固树立以人民为中心的发展理念，坚持党政同责、标本兼治，加强统筹协调，加快完善统一权威的监管体制和制度，落实“四个最严”的要求，切实保障人民群众“舌尖上的安全”。

各级党委、政府和食品安全监管部门要深刻领会习近平总书记食品安全“党政同责”的重要论断。食品安全党政同责是政治任务，各级党委和政府要切实承担起“促一方发展、保一方平安”的政治责任。食品安全党政同责，党政一把手必须亲力亲为、亲自动手抓。要进一步完善食品安全工作考核体系和考核办法，督促地方政府落实“四有”，为监管部门履行“两责”创造条件，最大限度地保障人民群众吃得更安全、更放心。

食品安全治理体系建设任重道远。除了党和国家重视，政府部门监管，生产企业负责，还需要公众参与、媒体监督，多方协同合力，才能更快更好地构建食品安全体系。习近平总书记强调：“对食品安全问题，要在加强监管、严厉打击的同时，动员全社会广泛参与，努力营造人人关心食品安全、人人维护食品安全的良好社会氛围，不断增强公众对食品安全的信心。”

第六章　防范化解公共卫生安全重大风险

一、公共卫生安全的形势与挑战

公共卫生领域的风险看不见摸不着，但其对人类的生命健康威胁却是巨大的。防范化解公共卫生领域重大风险意义重大。

（一）与人类历史相伴相随的公共卫生风险

历史上，传染病危害人类的事实是触目惊心的。14 世纪，肆虐欧洲的“黑死病”在 20 年间导致2 500万欧洲人死亡，并在随后 300 年间多次发作造成 2 亿多人死亡。15～16 世纪，欧洲人带来的天花造成上千万的印第安人死亡。在我国，新中国成立前，鼠疫、霍乱、天花、血吸虫病与黑热病等广泛流行，造成民众大量死亡，贫病交加，民不聊生。据统计，国民党统治时期全国人口死亡率约在 30‰以上，其中半数以上死于可以预防的传染病。这些疫病暴发既有生产力和社会发展落后的因素，更有着残酷的战争和反动政治的影响。[①]

当代世界，随着科技发展和社会进步，肺结核、疟疾、霍乱等传统传染病得到一定的控制，但是艾滋病、疯牛病、口蹄疫等疫病接踵

① 李雪峰等：《应急管理通论》，中国人民大学出版社 2018 年版，第 41 页。

而来，近10年来相继出现了甲型H1N1流感、高致病性H5N1禽流感、高致病性H7N9禽流感、发热伴血小板减少综合征、中东呼吸综合征、登革热、埃博拉、寨卡等重大新发突发传染病疫情。在我国，则遭遇了2003年的SARS、2020年的新冠肺炎疫情等的严峻挑战。这些疫情成为全球化时代风险社会下的非传统安全风险。

面向未来，国际生物科技研发活动的规范准则碎片化、失序运行，潜在安全风险和利益冲突有恶化趋势。可能会出现更多的传染病疫情，生物恐怖主义、生物犯罪活动也可能增多。

（二）公共卫生领域重大风险的特征

在主体特征上，表现出分散个体性。在现代社会，受到重大公共卫生风险威胁的主体多为分散的、自主的个体，防控意识和知识的传播不易受控，疫情暴发后也不易管控。这就要求必须树立系统治理的意识，实行全社会共治。

在发生特征上，表现出小概率性。随着大概率的“灰犀牛”型公共卫生风险的防控措施日益完备，小概率的“黑天鹅”型公共卫生事件风险极难防控。树立忧患意识尤其必要。

在空间传播上，表现出跨地域传播性。随着经济社会日益开放和全球化的发展，重大传染病疫情会蔓延到多地、多国，乃至成为全球性疫情。人类必须要有共同安全的认识才能有效防范。

在时间传播上，表现出快速传播性。随着交通体系的进步，快速传播、成指数增长成为重大传染病传播的基本特点。采取非常措施尤其重要。

在传播特征上，表现出复杂性。由于致灾因子复杂多样，不易为人所知，其传播特征上呈现复杂性。这就需要更多地依靠科技，也更多地需要依法治理。

在治理特征上，表现出跨界性。作为社会性疾病，公共卫生风险需要跨界治理，不仅要有科研人员、医务部门的专业应对，也需要全政府应对，协同治理成为必要。

（三）防范化解公共卫生领域重大风险的意义

一是落实以人民为中心的思想，落实以人民安全为宗旨的需要。二是维护公共安全，确保民生安全和社会稳定的需要。三是维护国家生物安全，确保国家安全的需要。四是维护世界安全，为构建人类命运共同体作出大国贡献、展现大国担当的需要。五是实现安全发展，实现中华民族伟大复兴的需要。

二、公共卫生安全治理的指导思想

党中央一贯重视公共卫生安全治理。新冠肺炎疫情暴发以来，习近平总书记就疫情防控作出一系列重要指示，为今后的公共卫生安全治理指明了方向。

（一）党的公共卫生安全治理的基本要求

1. 以人民生命安全和身体健康为宗旨

公共卫生安全治理直接关系人民生命安全和身体健康，直接关系经济社会大局稳定，也事关我国对外开放。要科学防治、精准施策，切实做好重大传染病疫情防控等工作，同时与时间赛跑、与病魔较量，坚决防控好各种传染病疫情。

2. 通过改革完善公共安全应急管理体系

确保人民群众生命安全和身体健康，是我们党治国理政的一项重大任务。要放眼长远，总结经验、吸取教训，针对已有疫情防控过程中暴露出来的短板和不足，补短板、堵漏洞、强弱项，该坚持的坚持，该完善的完善，该建立的建立，该落实的落实，完善重大疫情防控体制机制，健全国家公共卫生应急管理体系。

3. 坚持用科技力量防控公共卫生安全风险

纵观人类发展史，人类同疾病较量最有力的武器就是科学技术，人类战胜大灾大疫离不开科学发展和技术创新。我国历史上有很多防治瘟疫的医疗著作和方法。据《汉书·平帝纪》记载，元始二年，“民疾疫者，舍空邸第，为置医药”，提出“隔离”是防疫的重要举措。明代我国就出现了预防天花的“人痘”接种术。18 世纪末，英国科学家爱德华·琴纳发明了接种牛痘预防天花的方法，经过几代科学家的不懈努力，最终研制出灭活天花病毒的疫苗。随着现代医学科技发展和公共卫生基础设施不断完善，霍乱、鼠疫、流感等这些曾经对人类造成巨大危害的传染病逐渐得到了有效控制。近些年来，在抗击严重急性呼吸综合征（SARS）、中东呼吸综合征（MERS）、甲型 H1N1 流感、埃博拉病毒等多次重大传染病中，科学技术都发挥了重要作用。新中国成立以来，我国通过传染病重大科技专项研发部署，在传染病防治领域的科研水平、技术能力、平台建设、人才队伍等方面都有了明显提升。

4. 共同维护国际公共卫生安全

人类文明史是一部同疾病和灾难斗争的斗争史。病菌、病毒没有国界，疫病不分种族。人类是命运共同体，团结合作是战胜疫情最有力的武器。这是国际社会抗击艾滋病、埃博拉、禽流感、甲型 H1N1 流感等重大疫情取得的重要经验，是各国人民合作抗疫的人间正道。要加强全球公共卫生治理，提高突发公共卫生事件应急响应速度，建立全球和地区防疫物资储备中心。

（二）公共卫生安全治理的基本原则

1. 党政同责，联防联控

落实各级党委、政府责任，坚持属地管理，分级负责。强化政府各部门的联防联控，加强跨地区、军地间、军警间的沟通、协作和联动，有效协调调动各方力量防治突发急性传染病。

2. 关口前移，预防预警

进一步加强监测预警，做好重点地区、重点人群、重点季节的突发急性传染病监测，尤其是相关人畜共患病的流行病学调查和监测，强化风险评估和预警，实现防控关口前移。完善突发急性传染病防治管理，积极控制传染源，有效切断疫情传播途径，保护易感人群。

3. 快速反应，有效救治

完善突发急性传染病报告制度。充分运用“互联网+”、大数据等信息化技术，争取疫情早发现、早报告，迅速反应，依法科学应对。在有效落实预防措施的同时，充分发挥综合治疗作用，努力减少突发急性传染病重症和死亡，全力减轻疫情危害。

4. 夯实基础，突出重点

强化突发急性传染病防治专业人才培养、学科建设、培训演练、物资储备、科研攻关、国际合作等基础性工作。以问题和目标为导向，统筹规划和扎实推进突发急性传染病防治能力建设。着力解决监测预警和信息化等重点、难点问题，提升疫情早期发现和预警水平。

三、公共卫生安全治理的新定位

在国家公共卫生安全治理指导思想的指引下，公共卫生治理的一系列新战略定位得以确立。

（一）预防为主，强化预防预警措施

要强化“同一个健康”理念，将突发急性传染病源头防控的措施与项目纳入相关部门的政策和规划中，加强动物疫病防治，加强野生动物保护管理，减少公众接触传播野生动物源性传染病的潜在风险。

要大力开展爱国卫生运动，加强环境卫生整治，有效防范突发急性传染病通过虫媒、污染的饮食和环境等传播给人。坚持关口前移，严格入境人员、交通工具、货物等的检疫查验和卫生处理，加强口岸病媒生物监测与控制；落实口岸健康提示、旅行劝告、边防检疫等措施。充分发挥与世界卫生组织等国际组织多边合作、与有关国家双边合作、与“一带一路”有关国家区域合作、内地与港澳台合作等机制作用，有效降低境外突发急性传染病输入风险。

加强社会动员、健康教育和健康促进，提高公众自我保护意识，为突发急性传染病防治营造有利氛围。积极利用各类媒体，深入推进突发急性传染病防治健康宣教进企业、进社区、进学校、进农村、进家庭，逐步使社区、企业等社会力量有机融入突发急性传染病防治中。

在现有传染病监测系统的基础上，开发并强化以突发急性传染病为重点的综合性监测预警系统。不断改进监测手段、提高监测质量；积极推进突发急性传染病风险管理，建立健全突发急性传染病风险评估制度，在全国范围内启动风险评估工作；推动完善全国突发急性传染病及时预警制度建设，提高早期发现和科学预警能力，努力降低突发急性传染病可能造成的影响和危害。

（二）提升快速反应能力

完善法定传染病疫情和突发公共卫生事件网络直报系统报告功能，依托该系统进一步强化突发急性传染病报告工作。健全突发急性传染病报告制度，加强监督检查，督促各级各类医疗卫生机构严格落实突发急性传染病报告相关规定。

充分运用“互联网+”、大数据等技术，组织技术攻关，升级技术标准，积极推动卫生应急平台体系建设，建设以各级卫生计生行政部门应急指挥中心为枢纽，覆盖疾控机构、医疗机构、院前急救机构和应急队伍等节点的卫生应急平台体系。不断完善相关业务标准、工作规范和机制，大力提升我国突发急性传染病防治应急指挥效率和能力。

强化国家级突发急性传染病防控队伍建设，使其具备远距离队伍投送和病例转运能力，对重特大突发急性传染病疫情作出快速反应。重点强化基层防控队伍建设，提升基层流行病学调查、现场采样等快速反应能力。加强专业培训和演练，完善各级防控队伍装备标准。

推动生物安全四级实验室的建设，完善国家级突发急性传染病快速检测平台和高等级生物安全实验室网络功能，完善省级实验室突发急性传染病病原检测试剂储备。强化对突发急性传染病已知病原体全面检测和未知病原体快速筛查能力，使其能对地方送检标本开展“一锤定音”的复核检测。

（三）确保重大公共卫生突发事件有效处置

提升现场处置、患者安全转运和定点医院救治“两点一线”的有效应对能力，努力减少突发急性传染病重症和死亡，全力防范疫情传播扩散。

不断完善突发急性传染病诊疗方案。国家及各地建立突发急性传染病医疗救治专家队伍。有效落实一般及支持疗法、病原或特效疗法、对症疗法、康复疗法、中医中药疗法等综合救治措施，积极开展心理援助。充分发挥中医药在防治突发急性传染病方面的独特优势和重要作用。

进一步完善突发急性传染病现场应急处置、病例转运、院感控制相关标准和指南，指导各地规范突发急性传染病现场处置和病例安全转运流程、机制，加强突发急性传染病临床救治定点医院管理，强化综合性医院感染疾病科建设，落实责任和院感防控措施，严防医源性感染。

（四）夯实防治工作基础

推进卫生应急人才培养。推动突发公共卫生事件应急管理学科和突发急性传染病防治学科建设，强化专业人才培养。培养并造就高层次突发公共卫生事件应急管理干部，以及突发急性传染病防治相关领域的专业人才，全面提升突发急性传染病防治队伍的素质。加强突发急性传染病防治队伍和医务人员的规范化培训与演练。

完善物资储备机制。完善“多渠道、多途径”的突发急性传染病防治物资储备机制，科学合理完善各级医疗卫生机构防治物资储备，促进信息共享，进一步提高防治物资的分级保障、综合管理和统筹调配能力。研究制订流感大流行应对准备计划，落实应对准备措施。

支持突发急性传染病防治相关技术研究。建立健全科研攻关应急启动机制，组织开展多部门、跨学科联合攻关。加强诊断技术、检测试剂、治疗药物、中医药技术、疫苗等的研发和产能准备。加快新技术推广应用，积极推进相关机构间的重点项目和技术合作。依托科研院所、企业、高校推动国家突发急性传染病防治协同技术创新中心建设，研发应急核心技术和产品，加快培育、推进相关卫生应急产业发展，并积极发挥国内相关学会和协会在产学研领域的重要作用。

（五）强化国际合作

积极开展国内外突发急性传染病防治领域合作与交流，密切跟踪国际发展动态与趋势，引进先进理论、技术、设施与管理模式，开展联合演练，提高突发急性传染病应对准备和处置工作水平。积极推动与“一带一路”沿线国家、周边国家的公共卫生安全合作。加强与国际组织的合作，主动参与国际公共卫生安全事务，争取在全球重大突发急性传染病防治领域发挥引领作用。分享我国在突发急性传染病防控方面积累的经验，对需要帮助的国家给予技术支持。

四、公共卫生安全治理的新框架

为切实落实以人民为中心的思想、统筹安全发展两件大事，充分吸取新冠肺炎疫情防控等工作的经验教训，需要系统完善我国卫生应急管理体系，提升防范化解公共卫生领域重大风险能力。为此，要加快建设适应国家治理体系和能力现代化要求的体系健全、功能完备、反应灵敏、运转高效的卫生应急体系。要切实树立健康优先、预防为主、防治结合、群防群治的理念，要建设以疾控中心和专科疾病防治机构为骨干、医疗机构为依托、基层医疗卫生机构为网底、全社会参与为支撑的，融公共卫生风险监测预警、治疗处置、科研攻关能力为一体的现代化卫生应急管理体系，全面提升国家公共卫生风险防控和应急处置能力，提升全社会公共卫生风险防范的意识和能力。

（一）夯实突发公共卫生事件应急管理的法治保障

依法应急是做好卫生应急管理的根本保证。要健全支撑卫生应急机制的卫生应急管理法律法规预案标准体系，切实提升卫生应急管理的制度化、规范化、程序化水平，强化卫生应急的法治保障。

第一，健全支撑卫生应急的基本法律体系。尽快研究制定公共卫生法，使其与将要出台的生物安全法、应当修订的《中华人民共和国突发事件应对法》共同成为从公共卫生、国家安全、应急管理三个维度支撑卫生应急的基本法律。

第二，修订完善《中华人民共和国突发事件应对法》《中华人民共和国传染病防治法》《中华人民共和国野生动物保护法》等相关法律，增强各项法律的衔接性、法律条款的可操作性，例如，进一步细化处置重特大突发事件时关于采取局部管控措施（或进入民事紧急状态）或限制公民权利的程序性条款。

第三，全面加强和完善卫生应急的具体法规、预案、标准体系。修订完善《突发公共卫生事件应急条例》等相关法律法规；及时完善应急预案体系，并结合实际需要动态修改调整，使各级卫生应急专项预案、部门应急预案、专业应急处置方案等进一步提高质量、相互衔接；完善公共卫生风险信息报送与公开、监测与预警、应急处置与救援等相关标准。

第四，确保法律法规预案标准的落实。健全依法开展卫生应急工作的执行和监督机制，切实提升各级政府依法应急的意识和能力。建立责任清单，完善责任追究机制。

（二）改革卫生应急管理体制

应急管理体制是做好应急管理工作的组织基础。完善卫生应急体制需要解决好行政管理与专业管理、上级管理与下级管理之间的关系。

第一，在公共卫生突发事件应急管理领域，将行政管理与专业管理分开。卫生健康部门的应急管理办公室作为本系统综合应急管理机构，做好本系统全面应急管理工作，包括本系统的应急规划、应急预案、应急救援队伍、财政保障、资源保障、监督评估等工作。赋予国家疾控中心独立于行政管理系统的紧急响应权，当监测到传染病疫情时，该报告就报告、该预警就预警、该处置就处置，无须请示各级行政主管部门和各级政府。享有对有关疾控机构和医疗机构现场指挥权、对突发疾病控制的实施执行权、对各类执行机构的执法监督权。

第二，再造全国疾控中心系统。要把全国疾控中心系统改造成为高效权威的疾病防控业务管理和疾病防控专业研究的复合型部门。同时，实行国家—省—市三级疾控中心全面整合，可考虑实行全国疾控系统垂直管理，解决地方疾控系统专业力量薄弱、业务边缘化、编制利益化、职业荣誉感不强的尴尬局面。市（地）级疾控中心作为公共卫生应急管理的最基本单位，在出现公共卫生突发事件时，首先启动本级应急响应。在实行垂直管理后，可进一步探索优化全国布局（如建设区域能力建设中心、资源调配中心）、系统提升业务能力等解决方案。与此同时，将县级疾控中心与当地医疗单位功能整合，一般不再单独设立县级疾控中心，实现县级疾控与医疗相融合的格局。

（三）全面完善防范化解公共卫生重大风险的工作机制

要完善从监测预警、应急处置，到终止应急等全链条突发公共卫生事件应对工作机制。

第一，完善卫生应急监测预警和早期响应机制。要完善信息渠道多样、信息感知灵敏的卫生应急信息管理系统，使基层医疗机构、社区和企事业单位、社会公众报告卫生安全风险和突发事件信息的通道更加顺畅高效；完善能够科学理性处理敏感信息、不明确信息的风险形势分析研判评估机制；完善能够及时有效做出预警和预警响应决策、迅速及时开展早期响应的机制；落实依法管理、公开透明、共享充分的政府系统内部以及政府与社会的信息共享机制。

第二，建立集中统一高效的领导指挥体系。按照突发公共卫生事件应急处置要做到指令清晰、系统有序、条块畅达、执行有力，精准解决防控一线问题的目标要求，完善分级响应的应急处置机制。发生一般突发公共卫生事件时，由疾控部门启动应急响应；发生较大突发公共卫生事件且需要行业监测处置时，还将由卫生健康行政部门启动本部门应急响应；发生重大突发公共卫生事件时，还将启动突发公共卫生事件联防联控机制；当特别重大突发公共卫生事件严重到需要全政府响应时，还将启动政府应急总指挥部。启动应急总指挥部时，由政府正职或副职任总指挥，卫生健康行政部门和应急管理部门负责人并列任副总指挥。必要时，上级应急总指挥部可以与突发事件发生地党委、政府共同组成前线指挥部。

第三，加强应急处置协同机制建设。为及时有效应对突发公共卫生事件，切实破解应急资源条件不充分、应急能力现状不理想、舆论场复杂难控等矛盾问题，要优化政府部门间协同、各层级政府之间协同、军地协同、官方民间协同等机制，提升整体协同能力。

第四，完善卫生应急所需的医疗激增能力保障机制。为适应大规模人员救治需要，要建立健全包括区域内资源迅速集聚、跨区域资源迅速配置、基于军民融合的军地协同资源快速调动等重特大突发公共卫生事件应急保障机制。

（四）建设高效权威、世界一流的疾病预防控制体系

要把全国疾控体系建设作为一项根本性建设来抓，加强各级防控人才、科研力量、立法等建设，推进疾控体系现代化。建设具有先进人才队伍、先进装备水平、先进应急响应能力的世界一流的疾控体系。

第一，改革疾控系统激励机制。确立疾控中心行政性、公益性复合定位，其运行发展、人员业务等经费由财政全额保障。实行公益一类事业单位保障，公益二类事业单位管理。健全公共卫生队伍人员培养、准入使用、待遇保障、考核评价和激励机制。提高疾控人员的收入水平，在确保完成卫生应急保障任务的前提下，通过科研、服务等项目取得的收入允许用于疾控人员的收入分配。

第二，依托疾控系统建设智能化公共卫生突发事件监测预警系统。运用先进信息技术，整合资源，建立完善的全国范围的公共卫生事件监控系统和资源共享系统，建立全国范围的疾病预防控制资源共享系统，整合国家及所有地区级疾病预防控制中心（CDC）的科研、服务、应急处理信息到一个信息共享平台。切实提升疾控信息系统的灵敏度，切实提升信息流通的速度和可达性，切实增加公共卫生风险信息的透明度，提高专业化信息解读的专业性、权威性。运用大数据、人工智能、云计算等数字技术，使其在疫情监测分析、病原溯源、防控救治、资源调配等方面发挥支撑作用。

第三，加强疾控系统检测检验能力。开展基层疾控机构实验室建设需求、必要性和效率评估，探索将一定区域内的检验检测功能集中，建立跨部门、跨地域的检验平台，优化资源使用效率，降低成本。

（五）提高突发公共卫生事件医疗救治能力

按照平战结合、补齐短板、强化基层的要求，健全优化突发公共卫生事件医疗救治体系。做到在突发公共卫生事件发生时，能够“集中患者、集中专家、集中资源、集中救治”，及时收治所有确诊病人。加快构建线上线下结合、中西医结合的现代突发公共卫生事件医疗救治体系。一是完善突发重特大公共卫生事件分级、分层、分流的救治机制，加强对辖区医疗卫生机构疾病控制工作的技术指导、人员培训、质量控制和效果评价，建立工作衔接联动、服务连续整合、信息互通共享机制。二是实行疾控中心与医疗机构的深度协作机制，使临床医生参与预防健保工作、公共卫生医师参加临床实践的双向交流常态化。三是夯实基层工作网底，加强乡镇（街道）公共卫生管理工作，继续建设好社区健康管理中心并强化其在公共卫生突发事件防范方面的职能。结合推进分级诊疗制度，提升基层医疗卫生机构重大疫情救治的能力水平，提高基本医疗保险、公共卫生服务项目资金在基层的支付比例。

（六）提升突发公共卫生事件应急保障能力

按照集中管理、统一调度、平时服务、灾时应急、采储结合、节约高效的原则，全面加强处置重特大突发公共卫生事件的人财物资源的保障能力建设，切实提升保障水平。

第一，加大对卫生应急的人力资源投入。通过增加或调剂人员编制，切实充实卫生应急管理系统、疾控系统、医疗救治系统的工作人员队伍。人员职数应能够满足卫生应急值守、管理、救治等职责的基本需要。加强相关学科建设，大力培养公共卫生医师和卫生应急管理专业人才。

第二，为重特大突发公共卫生事件做好应急物资资源准备。把政府储备、民间储备、生产能力准备三方面结合起来。政府应急储备机制要进一步完善，储备物资要充足；民间储备机制要不断创新，例如政府平时要与商业机构签订应急所需物资紧急征用合约，还要鼓励社会公众储备必要的家庭应急物资；企业应急物资生产能力准备也要有提前规划和部署（可借鉴军民融合的思路，使一些企业提前具备生产各种应急物资的生产许可证和各种技术储备）。

第三，增强公共卫生科技支撑能力。要加大对疾控领域公共卫生与健康安全科技创新的支持力度，突破核心关键技术。有条件的疾控部门要建设成为专业化水平高的预防医学研究院（所）。要支持一线临床技术创新，及时推广有效救治方案。要充分利用现代信息技术，依托全民健康信息平台和智慧城市平台等，提升卫生应急信息化、智能化服务水平，在疫情监测分析、病毒溯源、防控救治、资源调配等方面更好地发挥支撑作用。

第四，加大对公共卫生事业投入力度，完善卫生应急资金保障机制。平时按照“养兵千日”的需求加大公共卫生设施和能力建设投入；急时按照“用兵一时”的需要切实保障应急资金供给。要完善应急医疗救助经费保障机制，在突发疫情等紧急情况时，确保医疗机构先救治、后收费，并完善医保异地即时结算制度。建立医疗业务持续性资金保障机制，保障医疗机构在提供应急医疗救治服务的同时，能够提供各种最低限度医疗服务的业务持续性运行资金。

（七）推进公共卫生的社会参与，夯实卫生应急的社会基础

贯彻落实“维护公共安全体系，要从最基础的地方做起”，“把基层一线作为公共安全的主战场”的指导方针，要全面提升基层公共卫生风险防范能力。

第一，在社区层面落实党的群众路线，广泛实行群众自我管理、自我服务、自我教育、自我监督。可通过推动社区应急响应队、应急

志愿者组织建设等途径打造可用于社区卫生应急救援的志愿者队伍，并发挥其在带动社区公共卫生科普宣教、防范社区公共卫生风险隐患、提升社区凝聚力等方面的综合功能。

第二，发挥红十字会和相关社会组织的作用。通过建立协调联动机制，将有代表性的社会组织负责人吸收到相应的联防联控机制中，使其在突发公共卫生事件发生时，能够有序参与应急处置，发挥“政府的好帮手、基层群众的好服务员”作用。

第三，加强公共卫生科普宣教，提高公民卫生文明素质。通过加大对《中华人民共和国传染病防治法》等法律法规的宣传教育，引导全社会依法行动、依法行事，提高法治素养；通过有针对性地开展精神文明教育，加强对健康理念和传染病防控知识的宣传教育，教育引导广大人民群众提高文明素质和自我保护能力，进一步培养健康生活习惯；通过提高全社会的理性思维能力，树立自觉不信谣不传谣的意识，进一步培育相信科学、崇尚真理的社会氛围。健全公共卫生安全文化教育制度，加大公共卫生安全文化宣传教育力度，使卫生应急知识切实进企业、进农村、进社区、进学校、进家庭，精心培育公共卫生安全文化。

第七章　防范化解社会治安重大风险

一、社会安全的形势与挑战

随着世界多极化、经济全球化、文化多样化以及社会信息化深入发展，不稳定、不确定因素急剧增多。我国也发生着广泛而深刻的变革，面临前所未有的新情况和新问题。在此背景下，社会安全治理面临新的阶段性特征，既蕴含新机遇，也伴随新挑战。

（一）经济新常态背景下的社会安全挑战

经济新常态在推进缓和以往经济高速增长期累积的矛盾和问题的同时，也带来了新的矛盾和问题，如经济增速下降和实体企业盈利下滑等现实状况所导致的一些企业经营困难、失业人员增多和就业压力加大等问题，欠薪、裁员和改制等所引发的劳资纠纷问题，以及不良贷款、地方债务和非法集资等风险点增多等问题都是造成民间纠纷频发的重要原因。

1. 电信诈骗案件危害极大

当前电信诈骗表现出如下几个特征：一是跨境化。电信诈骗犯罪集团的组织者常常身在境外，利用国外服务器，甚至通过多次转接，构建电信诈骗网络平台，具有极强的隐蔽性，大大增加了打击难度。二是集团化。电信诈骗多为具有严密组织的集团作案，分工明确，有机协作，分为电话组、短信组、银行转账组和技术运行组等，表现出极高的效率，编织了一个强大的犯罪网络。三是专业化。电信诈骗集团手段表现出极强的科技性和智能性，犯罪分子对现代通信手段和电子支付方式运行程序和规则都十分熟悉，极为善于利用相关科技的成果或某些漏洞缺陷进行诈骗，作案工具不断更新换代，且具有很强的反侦察能力。

2. 非法集资犯罪高发形成新的社会安全风险

非法集资犯罪高发给社会公众的财产安全带来巨大挑战。互联网金融业的快速发展在降低交易成本、激活民间投资等方面发挥了重要推动作用。但是，由于缺乏标准、规范和监管，一些网络借贷平台存在着巨大的风险，不法分子利用网络借贷、网上理财等名义，以高息回报为诱饵，大肆进行非法集资等违法犯罪活动，带来严重的社会安全隐患。

值得注意的是，非法集资中的证券期货领域犯罪也呈现出大幅增多的新趋势。证监会、审计署等部门移送案件或线索数量创历史新高，并表现出一些新动向：证券交易所、证券公司、基金公司等从业人员犯罪问题突出，上市公司拟并购企业和拟借壳上市企业财务造假问题凸显，以及利用“新三板”实施犯罪的案件开始出现等。

3. 走私犯罪严重威胁社会秩序

近年来我国走私犯罪案件呈现出的新特点如图 7－1 所示。

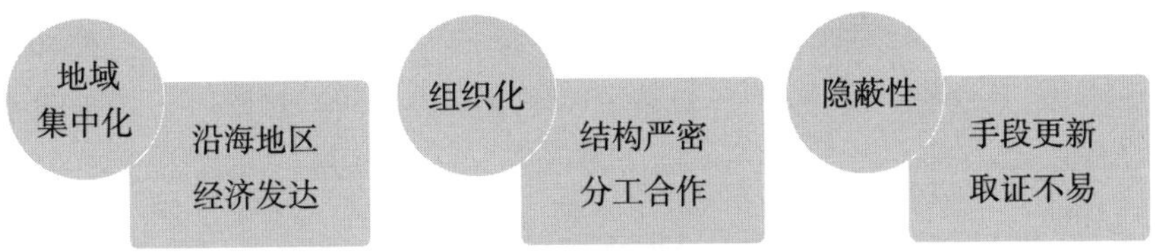

图 7－1　走私犯罪新特点

一是地域集中化。走私犯罪受地理环境及经济发展影响，多发生在沿海地区。例如我国东部沿海地区，具有港口贸易规模较大、来往船只较多、经济比较发达的区域特点，如广东、福建、上海等地区。二是过程组织化。走私犯罪多为结构严密、分工明确的组织作案，成员之间协作密切，各司其职。例如，2017年，杭州海关破获一起案值4亿元的成品油走私大案，一举抓获犯罪嫌疑人20余名。以温州籍许某夏为首的走私犯罪团伙，在“将货船改造成油船”、“从公海购买成品油”以及“卸货和销售”等环节中相互配合，有机协调，呈现出组织化特征。三是行为隐蔽性。网络信息技术的快速发展也逐渐被应用到走私犯罪领域，导致其犯罪手段不断推陈出新，表现出极强的隐蔽性。例如，近年来在飞速发展的互联网海外代购行业领域中，很大一部分是非法代购，存在着偷逃关税、逃避海关监管的走私犯罪活动，海关部门不容易监察到不合法的证据来对其进行检查和惩罚；同时，代购商品的销售渠道多以网络渠道进行交易，进一步呈现出了隐蔽性的特征。

（二）新型城镇化进程中的社会安全风险凸显

新型城镇化进程中城乡分割的二元户籍制度、生态环境危机、缺乏协调合理规划以及经济产业转型失序等问题严重威胁社会安全。以社区为基点，新型城镇还存在发展的困境。

1. “村改居”社区治理困境凸显

2016年2月，国务院发布《关于深入推进新型城镇化建设的若干意见》，提出“促进新型城镇化有序开展”。在城镇化过程中，城市周边地区涌出诸多“村改居”社区。“村改居”社区作为一个过渡性社区，是伴随着城镇化进程而产生的，面临着集体经济发展瓶颈、组织关系不顺、居住人口结构复杂且流动性强、公共服务落后、居民的就业和社会保障不足等问题。传统的社区安全治理资源日益瓦解，新模式尚未构建形成，造成了社区犯罪和治安侵害频发、社区矛盾纠纷不断的安全困境。此外，“村改居”社区居民大多是“被抛入”城市，呈现出文化“他者”的迷茫，社区居民自身参与社区安全治理意愿的薄弱造成治理体系的缺位。因此，在未来一个时期，“村改居”社区安全依然面临着严重困境。

2. “短租房集中”社区安全威胁严重

社区中的“短租房”成为当前威胁社区大众生命财产安全和日常生活秩序的重大漏洞。当前，以公安机关为主体构建的旅店业信息管理系统已经基本建成并得到不断完善，对恐怖主义等违法犯罪分子进行及时有效的监管防控。但在房屋租赁领域，大部分地区尚未构建完善的信息登记系统，“随便编个身份证号就能入住”“对入住者身份信息并不核实”的情况时常发生，导致短租房成为从事卖淫嫖娼、吸毒贩毒违法犯罪行为和暴恐分子藏身的主要隐匿区域，给社区安全秩序带来严重威胁。我国部分地区公安机关职能部门还存在短租房管理职责不清的问题，“房屋租赁”与“黑旅店”分别由分管社区警务工作的人口部门和分管旅店业的行业场所管理部门负责，但“短租房”概念在实践管控中却常常难以区分确定，监管缺位问题严重。

（三）科技信息犯罪引发的社会安全失序

曼纽尔·卡斯特尔（Manuel Castells）指出，信息网络技术的发展使人类社会发生了重要的变化，塑造了一个不同于农业社会和工业社会的人类社会文明，即网络社会。信息网络在为人类生产生活提供便利、提高效率和效益等方面发挥重要作用的同时，也给人们日常生活带来诸多风险。社会互动从传统的时空范围中分离出来，进入了以信息化和数字化为载体的“脱域”互动形态，因网络社会具有虚拟性、开放性、隐蔽性和复杂性等特征，其运作应用存在诸多风险，各种形式的电子讹诈、电子色情服务、网络非法交易、网络侮辱毁谤、网上侵犯商业秘密以及网上组织邪教组织等违法犯罪案件日益增多。当前，利用新技术手段操纵证券、期货市场等违法犯罪呈日益恶化趋势，非法吸收公共存款、利用网贷平台集资诈骗等涉众型经济案件多发，动态化、智能化电信诈骗等新型犯罪增多，存在防范难、取证难和打击难的困境。

此外，利用互联网从事渗透活动加剧，网上造谣传谣问题突出、网络攻击、窃密等网络安全威胁加大，网络贩枪贩毒、卖淫招嫖、赌博、诈骗等违法犯罪持续高发，导致社会安全治理面临更为严峻的困境和挑战。互联网的便捷性、虚拟性和跨界性形成了犯罪成本低、犯罪主体隐蔽和犯罪危害广的特征，与此同时，在具体打防管控工作中，依然存在侦查技术滞后、部门协调不顺畅、法律法规不健全和公民防范意识淡薄等问题，使社会治安防控体系陷入防范打击成本高、犯罪主体身份识别难和属地管辖办案难的困境，严重阻碍了虚拟社会的安全有序运行。

二、社会安全治理的指导思想

社会安全治理是社会建设的一项重大任务，也是社会治理的重要组成部分。推进国家治理体系和治理能力现代化的一项重要工作，就是推进社会安全治理体系和治理能力的现代化。习近平总书记在系列重要讲话中，提出了创新社会治理的新思想新理念。这些新思想和新理念，对于我们推进社会安全治理创新同样具有重大的现实意义和指导意义。

（一）习近平总书记关于社会安全治理的基本理念

1. 人民安居乐业是社会安全治理的基本目标

习近平总书记指出，平安是老百姓解决温饱后的第一需求，是极重要的民生，也是最基本的发展环境；人民安居乐业，国家才能安定有序。2016 年 4 月 15 日，在首个全民国家安全教育日到来之际，习近平总书记作出重要指示："国泰民安是人民群众最基本、最普遍的愿望。实现中华民族伟大复兴的中国梦，保证人民安居乐业，国家安全是头等大事。""要坚持国家安全一切为了人民、一切依靠人民，动员全党全社会共同努力，汇聚起维护国家安全的强大力量，夯实国家安全的社会基础，防范化解各类安全风险，不断提高人民群众的安全感、幸福感。"习近平总书记的重要论述，把平安提到极为重要的民生高度，是对我们党民生思想的创新发展。

2. 社会安全治理要坚持活力和秩序的统一

习近平总书记曾多次强调要处理好活力和秩序的关系。也就是说，在社会安全治理中，既不能管得太死、一潭死水，也不能管得太松、暗流涌动。要充分调动一切积极因素，发动全社会一起来做好维护社会稳定工作，使社会既生机勃勃又井然有序。

3. 创新是社会安全治理的不懈动力

习近平总书记指出，要不断创新社会治理方式，坚持问题导向，把专项治理和系统治理、综合治理、依法治理、源头治理结合起来。因此，要将创新理念融入社会安全治理系统之中。具体来讲，系统治理，就是要加强党委领导，发挥政府主导作用，鼓励和支持社会各方参与社会治理，形成社会治理合力。综合治理，就是要强化道德约束，规范社会行为，调节利益关系，协调社会关系，解决社会问题。依法治理，就是要加强法治保障，运用法治思维和法治方式化解社会矛盾，破解社会治理难题，提升社会治理的法治化水平。源头治理，就是要标本兼治、重在治本，以网格化管理、社会化服务为方向，健全基层综合服务管理平台，及时反映和协调人民群众各方面各层次的利益诉求，从源头上解决影响社会和谐稳定的各种深层次问题。创新的治理方式如图 7－2 所示。

党的十九大报告在加强和创新社会治理领域提出，要建立共建共治共享的社会治理格局。国家"十三五"规划提出加强和创新社会治理，并提出要建立共建共享的社会治理格局。党的十九大在此基础上，增加了“共治”，更加充分地体现了治理的核心思想。中国的改革开放和体制转型，出现了多种多样的所有制形式，除了国有经济、集体经济，民营经济、个体经济、外资经济、股份制经济等快速发展，这就意味着中国的经济资源、技术资源、人才资源等不是都集中在党委、政府手上，其他的经济主体也掌握着大量的资源。对社会成员的服务和管理，也不能完全由政府大包大揽，而是由社会多个主体共同参与服务和治理。

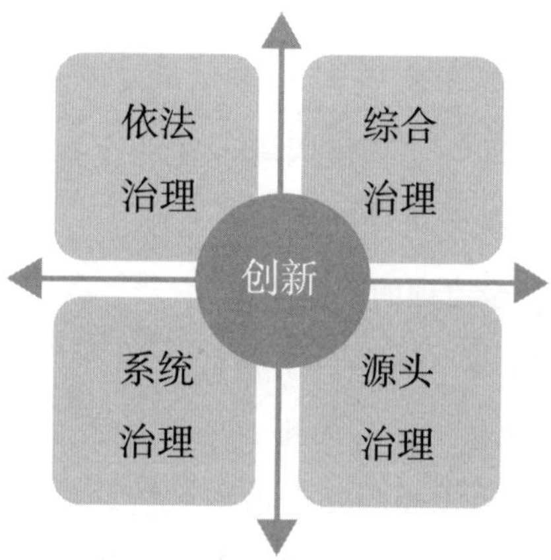

图 7－2　创新的治理方式

（二）习近平总书记关于社会安全治理思想的关键问题

1. 关注社会转型期“社会矛盾”问题

维护社会和谐稳定，重在妥善处理社会矛盾。党的十九大报告指出，社会主要矛盾已经由人民日益增长的物质文化需要同落后的社会生产之间的矛盾转化为人民日益增长的美好生活需要和不平衡不充分的发展之间的矛盾。并且指出，人民群众对美好生活的需要日益广泛，不仅对物质文化生活提出了更高要求，而且在民主、法治、公平、正义、安全、环境等方面的要求日益增长。现阶段我国处于社会矛盾凸显期，社会矛盾错综复杂，最主要的就是社会利益矛盾错综复杂。因此，“遇到关系复杂、牵涉面广、矛盾突出的改革，要及时深入了解群众实际生活情况怎么样，群众诉求是什么，改革能给群众带来的利益有多少，从人民利益出发谋划思路、制定举措、推进落实”。这就要增强发展的全面性、协调性、可持续性，积极推动解决人民群众的基本民生问题，不断打牢和巩固社会和谐稳定的物质基础，从源头上预防和减少社会矛盾的产生。

2. 解决好社会安全治理中“人”的问题

2014 年 3 月，习近平总书记在全国“两会”上参加上海代表团审议时明确指出，加强和创新社会治理，关键在体制创新，核心是人，只有人与人和谐相处，社会才会安定有序。社会是由人构成的，错综复杂的社会关系都是由人与人之间的关系构成的。人与人之间的关系理顺了、和谐了，社会才能安定有序，才能和谐稳定。因此，社会安全治理也要紧紧抓住人这个核心。

3. 强调社会安全体系中“网络信息安全”治理问题

网络社会的兴起给社会安全治理提出了新问题、新挑战。互联网的快速发展造成无限扩展的虚拟社会空间，在给人们生活带来无数方便的同时也带来新的社会治理问题和挑战。特别是以手机为基本平台的网络社会，使人们的生活步入实时、交互、快捷、高频的“微时代”，社会舆论、社会情绪甚至社会行为以新的机制形成，传统的社会管理已难以奏效。尤其是网络犯罪已成为第一大犯罪类型，“暗网”成为毒品、色情、暴力泛滥的黑色空间。网络社会治理成为考验社会安全治理体系和治理能力的热点、焦点和难点问题。2014 年 2 月 27 日，习近平总书记主持召开中央网络安全和信息化领导小组第一次会议并发表重要讲话：“网络安全和信息化是事关国家安全和国家发展、事关广大人民群众工作生活的重大战略问题，要从国际国内大势出发，总体布局，统筹各方，创新发展，努力把我国建设成为网络强国。”

（三）习近平总书记关于社会安全治理思想的实践指导

1. 突出政法机关的责任使命与引领作用

2016 年 1 月 22 日，习近平总书记就政法工作作出重要指示，他指出，全国政法机关要增强忧患意识、责任意识，防控风险、服务发展，破解难题、补齐短板，提高维护国家安全和社会稳定的能力水平。因此，各级政法机关要在维护社会大局稳定、促进社会公平正义和保障人民安居乐业的具体工作中勇于担当，起到引领作用。2017 年 5 月 19 日，习近平总书记会见全国公安系统英雄模范立功集体表彰大会代表并发表重要讲话，要求全国公安机关和公安队伍要坚持党对公安工作的领导，牢固树立“四个意识”，坚持人民公安为人民，全面加强正规化、专业化、职业化建设，做到对党忠诚、服务人民、执法公正、纪律严明；要旗帜鲜明讲政治，强化责任担当，忠实履行职责使命，牢固树立以人民为中心的发展思想，贯彻落实总体国家安全观，全力以赴做好维护国家安全和社会稳定各项工作，维护社会公平正义，切实落实全面从严治党、全面从严治警各项部署要求，不断提升人民群众安全感和满意度。

2. 强调社会治安综合治理在社会安全治理体系中的核心作用

政府要高度重视社会治理工作，落实社会治安综合治理领导责任制，切实肩负起促一方发展、保一方平安的历史使命。社会安全治理要深入推进社会治安综合治理，坚决遏制严重刑事犯罪高发态势，保障人民生命财产安全。2016 年 10 月，习近平总书记就加强和创新社会治理作出的指示强调：“要完善社会治安综合治理体制机制，加快建设立体化、信息化社会治安防控体系。”在党的十九大报告中又明确提出，要加快社会治安防控体系建设，依法打击和惩治黄赌毒黑拐骗等违法犯罪活动，保护人民人身权、财产权、人格权。

3. 社会安全治理的重心在基层，做好城市与乡村治理

习近平总书记指出：“推进改革发展稳定的大量任务在基层，推动党和国家各项政策落地的责任主体在基层，推进国家治理体系和治理能力现代化的基础性工作也在基层。”① 在实践中，社会安全治理的重点在基层，难点也在基层，必须把社会安全治理的重心落到城乡基层。基层是一切工作的落脚点，社会治理的重心必须落实到城乡、社区。习近平总书记指出，社会治理核心在人，重点在城乡社区，关键是体制机制的创新。中央要求，推动社会治理重心向基层下移，把人力、财力、物力更多地投到基层，以网格化管理、社会化服务为方向，健全基层综合服务管理平台，强化城乡社区自治和服务功能，健全新型社区管理和服务体制，特别是在城乡社区要发挥社会组织作用，实现政府治理和社会调节、居民自治良性互动。

第一，加强城市常态化管理。现在我国处于城镇化进程快速推进时期，又处于社会矛盾凸显期。2017 年，我国城镇化率已经达到 58.52%，比上年末提高 1.17%。城镇化是现代化的必由之路，但是，随着我国城镇化的快速推进，城市的管理问题也越来越突出，尤其是环境、交通和社会治安等问题与百姓生活息息相关，受关注程度也高。习近平总书记要求，要加强城市常态化管理，聚焦群众反映强烈的突出问题，狠抓城市管理顽症治理；要深入调研治理体制问题，深化拓展网格化管理。

第二，加强农村社会安全治理。一方面，随着城镇化和工业化进程的发展，大批农村青壮年劳动力进城务工，农村很多地区存在不同程度的“空心化”，留守老人、留守妇女、留守儿童“三留守”问题突出；另一方面，在承包地的分配和流转、宅基地的分配和使用、征地补偿、集体收益的分配等方面矛盾突出。习近平总书记对加强和创新农村社会治理非常重视，多次作出重要指示。2013 年 10 月，习近平

① 中共中央文献研究室、中央党的群众路线教育实践活动领导小组办公室编：《习近平关于党的群众路线教育实践活动论述摘编》，党建读物出版社、中央文献出版社 2014 年版，第 12 页。

总书记就坚持和发展“枫桥经验”作出重要指示时强调，50年前浙江枫桥干部群众创造了“依靠群众就地化解矛盾”的“枫桥经验”，各级党委和政府要充分认识“枫桥经验”的重大意义，发扬优良作风，适应时代要求，创新群众工作方法，善于运用法治思维和法治方式解决涉及群众切身利益的矛盾和问题，把“枫桥经验”坚持好、发展好，把党的群众路线坚持好、贯彻好。

4. 社会安全治理要坚持政府治理、社会调节和居民自治良性互动

习近平总书记在党的十九大报告中指出：“加强社区治理体系建设，推动社会治理重心向基层下移，发挥社会组织作用，实现政府治理和社会调节、居民自治良性互动。”

第一，政府要发挥社会安全治理的主导作用。政府的主导作用不是包办一切，而是健全社会安全治理的体制机制，完善社会安全治理的政策法规，引导和支持社会力量积极参与社会安全治理。政府要健全利益表达、利益协调、利益保护机制，引导群众依法行使权利、表达诉求、解决纠纷；改革社会组织管理制度，鼓励和支持社会力量参与社会治理、公共服务，激发社会活力；支持各类社会主体自我约束、自我管理；发挥市民公约、乡规民约、行业规章、团体章程等社会规范在社会安全治理中的积极作用；加强社会安全治理基础制度建设，建立国家人口基础信息库，完善社会信用体系，健全社会心理服务体系和疏导机制、危机干预机制等。

第二，社会要发挥社会安全治理的协同作用。这里说的“社会”，是指各类社会主体，主要包括企事业单位、工青妇等群众组织、基层群众性自治组织以及其他各类社会组织等。企事业单位、工青妇等群众组织、基层群众性自治组织以及其他各类社会组织要积极参与社会治理，努力实现社会事务的多方共同参与治理。

第三，公众要积极参与社会安全治理。社会安全治理要人人参与，实现共建共治共享。每个公民都要自觉遵守法律，依法行使权利、表达诉求、解决纠纷，都要自觉遵守市民公约、乡规民约、行业规章、团体章程等社会规范，都要依法理性有序地参与社会治理和公共服务，自觉维护和谐稳定的社会秩序。

5. 着力提高社会安全治理的“四化”水平

习近平总书记在党的十九大报告中指出，打造共建共治共享的社会治理格局；加强社会治理制度建设，完善党委领导、政府负责、社会协同、公众参与、法治保障的社会治理体制，提高社会治理社会化、法治化、智能化、专业化水平。对此，他还特别强调要利用好互联网和网络信息技术，提升社会治理的智能化水平。我们要加快推进自主创新，加快提高网络管理水平，加快增强网络空间安全防御能力，加快用网络信息技术推进社会治理。

6. 强调社会安全治理的国际合作

2015 年 9 月 28 日，习近平主席在纽约联合国总部出席第七十届联合国大会一般性辩论并发表题为《携手构建合作共赢新伙伴，同心打造人类命运共同体》的重要讲话，指出：“在经济全球化时代，各国安全相互关联、彼此影响。没有一个国家能凭一己之力谋求自身绝对安全，也没有一个国家可以从别国的动荡中收获稳定。弱肉强食是丛林法则，不是国与国相处之道。穷兵黩武是霸道做法，只能搬起石头砸自己的脚。”“我们要摒弃一切形式的冷战思维，树立共同、综合、合作、可持续安全的新观念。我们要充分发挥联合国及其安理会在止战维和方面的核心作用，通过和平解决争端和强制性行动双轨并举，化干戈为玉帛。我们要推动经济和社会领域的国际合作齐头并进，统筹应对传统和非传统安全威胁，防战争祸患于未然。”因此，各国之间要强有力地推进反恐、禁毒、防务合作，提高本组织安全行动能力，形成更严密健全的执法合作网络；加强政策沟通和协调，研究应对举措，共同维护各成员国政权、制度、社会安全和稳定。

三、社会安全治理的新定位

2015 年 5 月 29 日，习近平总书记在中共中央政治局第二十三次集体学习时指出，“扎实做好公共安全工作，努力为人民安居乐业、社会安定有序、国家长治久安编织全方位、立体化的公共安全网”。这也是社会安全治理的总体目标。具体来讲，社会安全治理的目标包括如下内容。

（一）增强人民群众的安全感

增强人民群众的安全感是社会安全治理的核心目标。2013 年5 月 31 日，深化平安中国建设工作会议在江苏苏州召开，习近平总书记就建设平安中国作出重要指示。他强调，要把平安中国建设置于中国特色社会主义事业发展全局中来谋划，紧紧围绕“两个一百年”奋斗目标，把人民群众对平安中国建设的要求作为努力方向。

社会安全治理是亿万人民的共同事业，只有“依水行舟”，才能源源不断地从人民群众中汲取智慧和力量，使社会安全治理永葆生机活力。要坚持人民主体地位，创造有利于人民参与的组织形式，健全以群众自治组织为主体、社会各方广泛参与的新型社区治理体系，把城乡社区建设成为社会安全治理的基础平台。协商是人民民主的重要形式。对涉及群众切身利益的公共事务，要树立商以求同、协以成事的理念，多同群众商量，充分尊重民意，善于在不同意见中求同，在不同利益诉求中权衡，尽可能兼顾各方利益。要善于运用健全的法治管住任性的权力，防止因不依法办事、侵犯群众权益引发社会矛盾。要把培育法治生活方式作为基础性工程来抓，推动养成在法治轨道上主张权利、解决纷争的习惯。

深入推进社会安全治理创新是建设平安中国和增强人民群众安全

感的基本途径，对推进国家治理体系和治理能力现代化具有重要意义。党的十八大以来，习近平总书记从统筹推进“五位一体”总体布局和协调推进“四个全面”战略布局高度，对社会安全治理提出了许多新理念新战略，阐明了一系列带有方向性、根本性的重大问题。这就要求我们主动适应新形势，立足当前、着眼长远，坚持创新引领，积极推动理念、制度、机制、方法创新，不断提高社会安全治理社会化、法治化、智能化、专业化水平，努力实现对各类风险从被动应对处置向主动预防转变，建设更高水平的平安中国。

（二）科学有序推进平安中国建设

社会安全是科学有序推进平安中国建设的重要保障。社会安全不仅影响整个社会发展，而且关乎社会有序转型以及现代化协调发展的实现。随着经济的全球化及我国改革的推进，必然会出现各种矛盾。习近平总书记强调，要坚持源头治理、系统治理、综合治理、依法治理，努力解决深层次问题，着力建设平安中国，确保人民安居乐业、社会安定有序、国家长治久安。

在急剧的社会转型期，政府、市场和社会在平安中国建设中扮演着不同角色，政府单打独斗已不适应人们对公共服务需求多样化、社会问题复杂化的新形势，只有分工负责、良性互动，才能实现优势互补，共同治理好社会。要以开放心态、宽广胸襟，平等对待各类社会主体，以开放性架构、市场机制吸纳社会力量，破解社会安全治理难题，形成多样化治理模式，努力实现社会共治。社会组织是现代社会安全治理不可或缺的重要主体。面对纷繁复杂的社会事务，要精心培育与现代社会安全治理结构相适应的公益性、互助性社会组织，支持行业协会商会类社会组织发展，发挥好它们在社会安全治理中的重要作用。要善于运用市场思维、市场机制推进社会安全治理创新，善于运用利益引导、商业运作推进开放共治，善于通过购买服务、项目外包、保险等方式化解矛盾、防控风险，提高社会安全治理市场化水平。要充分发挥各类企业资源、技术、人才等优势，积极参与社会安全治理，共同维护社会安全，实现平安中国建设有序推进。

（三）完善社会安全治理体系

完善社会安全治理体系，是新形势下深入推进社会安全治理创新的重要载体，是建设平安中国的基础工程，也是实现社会安全的机制保障。当前，社会安全治理面临新的阶段性特征。我们要准确把握新形势下人民群众需求新变化，深化对社会安全治理规律的认识，把社会安全治理摆到经济发展大局中来谋划，向改革要活力、向创新要动力，建立健全符合中国国情、具有时代特征的社会安全治理体系。

当前，各类风险跨界性、关联性增强，没有哪类风险不需要综合施策，没有哪个地方和部门不需要协调配合。要以联动融合理念为引领，更加注重设施联通、信息互通，更加注重力量统筹、资源共享，更加注重程序对接、工作联动，更加注重地区协作、条块互补，更加注重线上线下一体互动、相辅相成，提高社会安全治理系统性、整体性、协同性，积极破解难题、应对挑战，努力防范化解各类风险，把社会安全治理提高到新水平。

对于社会安全治理体系的建设，要坚持统筹规划、狠抓精细管理，提高社会安全治理体系整体效能。健全基础标准规范体系，是提高社会安全治理系统运行效率和质量的必由之路。要加快建立系统完备、科学有效的操作规范和执行标准，统筹整合各类基础信息资源，跟踪评估问效，深入查找不足，及时调整完善工作部署，促进社会安全治理体系良性运转。要坚持要素掌控、狠抓关键环节，切实消除管理死角和防控盲区。专群结合是掌控好社会安全基本要素的有效途径。新形势下，要坚持专群结合的方针，善于运用新的载体和手段，把广大人民群众发动起来，开创专群结合、群防群治新局面。要坚持做实基层、狠抓资源整合，按照扁平化、专业化要求，统筹基层政法等资源力量，最大限度激发社会安全治理体系活力。

（四）提高预测预警预防各类风险能力

习近平总书记特别强调，创新社会治理必须提高预测预警预防各类风险的能力，只有提高预测预警预防能力，才能真正摆脱被动应对的治理状态，从根本上实现由被动治理向主动治理的转变，牢牢把握社会治理的主动权。当前，我国正处于工业化、城镇化快速推进时期，各种传统的和非传统的、自然的和社会的安全风险交织并存，各类社会安全问题常在意想不到的时间和地点显现，社会安全治理面临的形势更加严峻，如何更好地保障社会安全已经成为党和政府加强执政能力建设的重大课题，提高预测能力是主动治理的基本前提。只有对可能出现的各类问题和风险及其发生的时间、方式、规模、潜在危害、变量因素等预先作出系统评估和科学判断，才能及时预警，积极预防，有效治理。

第一，提高预警能力既是主动治理的行动起点，又是主动治理的最后关口。显然，远期预警是主动治理的行动起点，临界预警是主动治理的最后关口。在科学预测的基础上，对于远期可能发生的各种社会问题和风险，只有及时向有关决策机关、职能部门报告情况，提出早期干预的对策方案，才能采取有效措施，消除相关因素，化解矛盾、堵塞漏洞、控制风险，化险为夷、化危为机、转危为安。同时，对于处于临界状态、一触即发的各种社会问题和风险，只有在超前预测的基础上，在动态追踪、干预、控制的前提下，对其进行有效的预判、识别和管控，并及时向有关职能部门报告危险情况，向人民群众发出紧急通告，才能做到知己知彼，充分准备，从容应对，下好先手棋，打好主动仗，将各种问题解决于萌芽状态，抑制于摇篮之中，处置在初发阶段，有效避免危害的发生。

第二，提高预防能力是主动治理的根本举措。“一盎司的预防胜过一磅的治疗。”在超前预测、及时预警的前提下，只有认真落实各级党委、政府社会治理的领导责任及各部门各行业的具体职责，联动融合，开防共治，实行系统治理、综合治理、依法治理、源头治理，全面推进法律预防、社会预防、专业预防、教育预防，全面增强学校预防、单位预防、社区预防、家庭预防、个体预防的实效，才能有效铲除各类风险产生的土壤与诱因，减少各类风险发生的机会和条件，挤压各类风险发生的时间和空间，最大限度地遏制各类风险的发生，安全跨越中等收入陷阱，顺利步入经济社会发展新常态，从根本上把握社会治理的主动权。

四、社会安全治理的新框架

新时期社会安全治理体系建设是一项需要长久构建的基础工程，是一项需要各种力量相互合作、有机协调的系统工程，更是一项需要随着时代变迁、不断探索的创新工程。新时期社会安全治理的基本战略包括多元共治治理、协调互动治理、标本兼治治理、共享融合治理和创新驱动治理等五大战略。

（一）多元共治治理战略

党的十八届三中全会通过的《中共中央关于全面深化改革若干重大问题的决定》指出：“坚持系统治理，加强党委领导，发挥政府主导作用，鼓励和支持社会各方面参与，实现政府治理和社会自我调节、居民自治良性互动。”改革开放 40 多年来，伴随着经济的持续增长，中国社会的转型在进入发展的重要战略机遇期的同时，也进入了一个社会矛盾凸显期和集中爆发期，在就业、保障、生育等众多热点社会领域中，社会问题不断积累，社会的秩序与和谐稳定面临严峻挑战。在这个新阶段，协调利益矛盾，化解社会冲突，维护社会秩序，促进社会稳定，成为摆在我们面前的严峻挑战。这就需要从“社会管理”转向“社会安全治理”，简言之，就是强调从自上而下的“管理模式”转变为上下互动、国家与社会相结合的“治理模式”。从“社会管理”到“社会安全治理”绝不仅仅是一个简单的概念转换，而是基于我国社会转型发生重大变化的战略抉择。“关联”作为互联网时代的重要特征，要求确立合作、互通和共享的理念。如果说“分工”是工业时代的突出表现，那么“融合”则是互联网时代的首要内涵，需要信息互通、资源共享和社会合作，要坚持系统治理，加强领导，发挥政府的主导作用，鼓励和支持社会各种力量的参与，实现政府治理、社会自我调节、市场参与和居民自治的良性互动。

第一，创新多方参与机制。多方参与是现代社会安全治理的基本理念和方式。创新多方参与机制，就是要通过有效的机制，更好地组织动员企事业单位、社会组织和人民群众参与社会安全事务公共治理，特别是充分调动互联网科技、金融和物流等企业组织发挥资源、技术和人才等优势，积极参与社会安全体系建设，为维护社会安全发挥更大的作用。同时，要完善政府购买服务机制，发挥好社会组织在引导社会成员参与风险评估、矛盾调解、社区矫正、青少年教育管理等方面的积极作用。

第二，提升整体协作能力。提高社会安全治理的现代化水平，首要任务是增强社会安全工作系统性、整体性和协同性。统筹整合各警种和社会资源，实现打击、防范、管理、控制、服务工作的无缝对接（如图 7－3 所示）。此外，要以更开放的心态促进社会安全工作信息沟通。注重共享，以互利互惠思维，整合资源力量，提高综合利用效率，实现优势互补、各方共赢。

第三，强化整体全局观念。对于社会安全治理体系建设工作，各个部门要抛弃传统思维，更加注重合作，树立团队精神，加强协同配合，做到互信互助，形成社会安全工作合力；摒弃本位主义，确保真诚团结、有效沟通，尤其针对信息壁垒问题，要积极推动网络设施共建，完善重大突发情况通报制度，努力实现网络互联互通，信息共享共用。当然，针对职能交叉、职责不清问题，要划清边界，明确职责，防止错位、缺位。

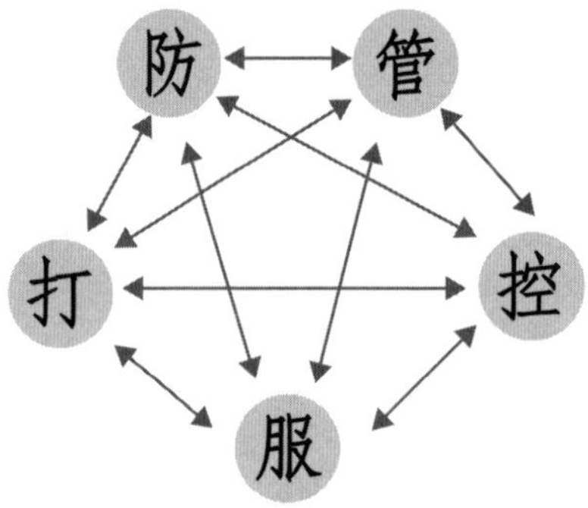

图 7－3　多元共治战略下的社会安全治理

第四，突出社会“善治”理念。善治理念对于社会安全治理体系的建设至为关键。现代风险社会时代，社会安全风险发生频率高、波及范围广、影响程度深，只有政府、社会和市场多元主体共治，共同发力、勇于承担，才能实现社会的安全稳定。要引导社会成员确立共同防控风险的理念，增强其主人翁意识，激发社会自治、自主和能动力量，努力形成政府、社会和市场共同防范、化解和管控风险的良好局面。此外，要着力培育安全文化，社会成员只有树立生命至上、安全第一的观念，才能增强风险意识，提高共同防控风险的自觉性。在具体工作中，要善于运用新思路和新办法，调动社会成员维护社会安全的积极性，形成共同防控风险的新模式，建立健全权利与义务统一、风险与责任关联、激励与惩戒并重的制度，打造社会安全人人有责、人人尽责的安全共同体。

（二）协调互动治理战略

我国经济发展进入新常态后，伴随着出现了诸多新问题和新矛盾，这就对社会安全治理体系提出了更大的挑战。在新时期社会安全治理体系建设的研究实践中，社会安全治理体系要随着经济社会发展的现实状况而不断变化，及时应对解决已经引起或可能引起的社会秩序与社会安全问题，尤其是在科技、信息、交通日益发达的现代化社会，传统治安防控机制已经不能适应时代的发展变迁，这就需要其防控职能从单一面向走向多元，把控新维度，化解新矛盾，解决新问题。

第一，在金融安全领域。近年来，受经济下行压力加大、民间投资渠道有限等影响，非法集资案件频发，损害群众利益，破坏金融秩序，影响社会稳定。社会安全治理体系的建设就需要将防控工作提升到党委、政府的高度上来，协同金融管理部门，研究解决好条块分割和信息不畅等问题，建立立体化、社会化和信息化的监测预警体系，健全各地区、各行业信息共享机制，及时发现、处置非法集资问题。同时，要改进宣传教育工作，增强群众识别和防范能力，从源头上遏制非法集资高发势头。

第二，在电子商务安全领域。蓬勃兴起的电子商务是一个重大创新，不仅改变了生产、消费模式，降低了成本，而且极大地方便了社会成员的生产生活。但是，发展中还存在着增长方式粗放、行业秩序不规范等问题，致使制假售假、商业欺诈、网络传销、侵犯隐私等问题十分突出。这就要求发挥职能作用，建立部门、区域间监管信息共享、职能衔接机制，加强对非法交易的监管，依法打击违法犯罪活动。此外，还要积极引导电商企业增强安全意识，提高运用新技术促进自身规范发展的能力。

第三，在社会矛盾纠纷领域。近些年的经济下行形势导致劳资、债务、商品房交易等矛盾纠纷数量增多，因福利待遇、房产物业纠纷引发的群体性事件所占比例不断上升。对此，社会安全治理体系建设要围绕维权与维稳相统一的原则，把依法处理和多元化解结合起来，完善社会矛盾排查预警和调处化解综合机制。要把依法维护群众合法权益作为出发点，构建多元化纠纷解决体系，为群众提供多元便捷的纠纷解决方式。要充分发挥调解的基础性作用，拓宽人大代表、政协委员、律师、法律工作者等第三方参与纠纷化解的制度化渠道，吸收专家参与技术性领域纠纷解决工作，让更多纠纷在诉讼渠道之外得到有效化解。

第四，在新业态领域。近些年，网络约车租车等新业态的快速发展，既为经济社会发展提供了新的增长点，也成为社会安全新的风险点。新业态发展中的问题对社会安全治理体系提出了更高的要求，既不能因噎废食，也不能视而不见，需要在鼓励创新和防控风险中寻找平衡点，坚持在发展中规范问题。具体来讲，就需要各个部门通力合作，从深化改革和规范管理入手，密切跟踪可能引发的不稳定问题，采取有效措施加以解决，确保运营安全、社会稳定；对于采取不正当手段抢占市场、规避政府监管的，要责成其遵守法律，防止影响行业正常秩序。

（三）标本兼治治理战略

《中共中央关于全面深化改革若干重大问题的决定》指出："坚持源头治理，标本兼治、重在治本，以网格化管理、社会化服务为方向，健全基层综合服务管理平台，及时反映和协调人民群众各方面各层次利益诉求。"源头治理为社会安全专项治理提供了治本之策，社会安全问题不是凭空产生的，都或多或少有其形成和发展的路径，社会安全专项治理应当强化对治安问题产生源头的治理，积极疏解社会矛盾，依法解决社会纠纷，让社会公众"以看得见的正义"的形式认知、感知、体认社会安全治理成果，最大限度降低引发社会安全问题的源头性事由。道德约束和法律治理相结合，通过政府与社会组织、公民个人共建共治共享的社会安全治理模式，做到善于发现问题的源头，而不是简单粗暴地套用应急性治理模式，也不是简单地使用"消防员救火式”的治安治理模式。“哪里有险情哪里就有治安治理力量”固然重要，但更有效、更符合善治良治、更符合平安中国内在要求的治理模式，是将险情阻遏在萌芽之中，这才是社会安全专项治理的“良治”模式。

近些年来，随着社会安全治理体系的建设、创新和完善，覆盖时空维度的社会安全治理格局取得了重要成就，经济社会发展较为迅速的省份和地区初步实现了社会安全治理体系的“全方位防范”和“全天候监视”。但对于经济社会发展相对落后的地区，时空领域的防控体系建设及其运营还存在较大差距，需要进一步落实和完善。

在视频体系建设中，需要建立完善的视频监控系统，很多重点地域要实现“无死角”监管，逐步确立电信网、广播电视网和互联网的“三网结合”。此外，各部门还要积极整合政府、市场和社会建设的视频监控设备，提升监控能力，加快推进视频系统的综合利用。在物联网技术应用方面，要实现对重点车辆、船舶、危险物品、出租房屋的确定定位、轨迹追踪和动态监控，提高安全管理效率。

在大数据技术应用方面，针对当前暴力恐怖袭击和个人极端犯罪日益恶化的态势，社会安全治理体系建设在积极运用新技术、新手段和大力推进运用大数据技术的水平和能力方面都取得了诸多成效。例如，能够及时发现高危人群，全面分析其身份特征、活动轨迹与关系网络，实现在海量信息中锁定可疑人员、准确筛选定位，实施精确打击。特别对于重点人员的管理方面，针对发现难、见面难和摸底难等问题，积极利用房屋中介、有线电视、水电油气等管理信息和网页浏览、网络通信、网络购物等动态信息进行关联分析，掌握行为特征，发现异常情况，加强动态管理。

在网络安全运营方面，随着互联网时代的到来，虚拟社会突破了传统时空的界限，其安全有序也成为社会安全治理体系建设中的重要内容。尤其对于当前日益猖獗的网络电信诈骗案件，要运用信息技术对诈骗信息进行监测、拦截和用户提醒，对伪基站进行识别和封堵，有效遏制诈骗信息泛滥的问题，同时要对大量分散的小额诈骗线索进行汇集梳理，着力打团伙、追源头、摧网络，增强打击实效。大力推动新技术的普及应用，加强与科研院所和有关企业的合作。

新时期社会安全治理体系还要注重心理——社会层面的建设。在心理防控层面的构建，对于提升安全治安治理能力十分关键。随着现代社会工作生活节奏的加快，竞争加剧，一些人不良情绪潜滋暗长，极易引发社会安全问题。心理疏导是理顺情绪，促进人与人、人与社会和谐相处的重要手段。因此，要建立健全社会心理服务体系和疏导机制、危机干预机制，防范降低社会安全风险。对生活失意、心态失衡、行为失常的社会成员要加强人文关怀和心理辅导援助，引导其依法理性处理问题，防止发生极端事件。

当然，除了在“时间”“空间”和“心理”维度要构建基础扎实、运行有效的防控机制，新时期的熟人化社会是社会安全治理体系建设的最终目标。以社区为研究单位，我们称这个熟人化社会为“新生活共同体”。新生活共同体是指以理性利益为主导、以信息网络为平台和以传统文化与公民精神为认同基础的紧密联接互动的社区群体。在此提出“新生活共同体”概念，是为了区别于传统意义上的生活共同体，毕竟现代城市社区治理的现实困境表明传统连接基础的断裂已导致其难以实现回归。

（四）共享融合治理战略

我国著名科学家钱学森曾指出，我国最突出的问题是部门分割和地方分割，一项项具体的事情成绩很大，但从整体上看，资源浪费严重，效率很低。对于社会安全治理体系而言，应该避免防控力量的分散化，而应走向综合控制，最大限度地发挥防控体系的整体效能，从战略上考量、从全局上谋划，统筹整合各种力量、资源和手段。

社会安全治理工作涉及打击、防范、管理、控制和服务等诸多环节，只有各个环节统筹联结和良性互动，才能最大限度地维护社会的整体安全有序。

第一，要统筹协调。明确公安指挥中心为统筹部门，加强对社会安全形势的综合分析研判，统一负责对打防管控服务各项工作的总体协调。依托警务综合平台加强各业务应用系统的有机衔接，实现信息流、业务流、管理流的融合，推动打防管控服工作常态合成、良性互动。对各类突出的治安问题要坚持打防结合、综合实施，在打击过程中，要坚强有力，采取零容忍的模式，在预防中，要依托社区警务，立足基础信息化，构建常态机制；充分运用转向打击、重点整治和前端管理等各种措施。

第二，要力求主动。主动的警务理念和模式是社会安全治理体系建设的重要内容。这就要求建立健全治安基础工作的评估机制，依托警务综合平台，设置专门模块，对人、地、物、事、组织、信息等治安要素的管控工作进行评估，及时发现问题隐患，有针对性地强化重点管控，真正对涉恐涉爆者、扬言报复社会者、重性精神障碍患者、吸毒和涉邪教人员等重点人员管控到位，对地铁、公交、高铁、校园和医院等重点场所部位和各类人员聚集场所防范到位，对枪支、危爆物品、易制爆和易制毒化学品、管制刀具、散装汽油等重点物品安全监管到位。加强打防管控服各个环节的互动，并结合日常管理服务工作开展主动分析研判，主动侦查打击，从被动模式转向主动模式。此外，在警务舆论宣传、法律制度规范以及应急处突机制等方面都要落实主动警务，保障社会安全治理体系的有效运行。

第三，要注重整体。社会安全治理体系的构建要强化整体布局。一是加强偏远农村、城乡接合部等薄弱区域的社会安全治理，对防控体系进行一体规划、一体建设，对打防管控工作进行一体研判、一体部署，使城乡治安防控工作协调发展，特别要抓住推广“三网融合”

的有利契机，推进视频监控系统城乡一体化建设。对治安情况复杂的农村地区，综合采取加强基层组织，开展专项整治、机关干部蹲点和强化整体联动等措施，全力提升社会整体防控能力。二是要推进网上网下整体化防控格局。随着互联网的发展，社会安全问题与网络更加密切，网上网下相互交织的特征更加明显，这就要求健全网上网下整体化建设，具体做到信息顺畅贯通、防范打击工作有机联动以及舆情引导及时有效等，保障实体社会与虚拟社会安全有序的双重目标。

（五）创新驱动治理战略

创新是社会安全治理体系的灵魂。当前，人流、物流、资金流、信息流加快流动，在促进社会整体效率空前提高的同时，也使违法犯罪空间扩大、链条拉长、机动性增强，防范打击难度加大。新一轮科技革命兴起，特别是信息科技向数据科技的发展，不仅更新了人们认识世界的思维方法，也给防控公共安全风险提供了新途径新手段。从一定意义上讲，得数据者得未来。要自觉学习新知识，创造性地运用现代科技最新成果破解社会安全治理难题，通过对海量数据的整合、挖掘，揭示传统技术方式难以展现的关联关系，让人们更清楚地理解事物本质、把握未来取向，从而发现新规律、提升新能力，为维护公共安全提供创造性服务。

第一，加强科技在公共安全领域的创新应用。工业化、城镇化快速推进期，也是各类突发事件的高发期。要更加注重增强风险意识和对风险源的控制，这就需要创新科技，切实保障人民群众生命财产安全，如重大社会活动风险评估和预警技术、吸毒人员瞳孔快速检测、视频监控联网应用、智能视频识别技术、危爆物品非接触式侦测和语音声纹识别等。对危险化学品，要强化行业主管部门监管责任和企业主体责任，善于运用物联网、电子标签、卫星定位等现代信息技术，构建生产、运输、存储、销售、使用等全过程、无缝隙的监管体系，实现对各类风险自动识别、预警，预防和减少突发事件的发生。对公交、地铁、高铁等公共交通工具，要在紧紧依靠群众、加强人防工作基础上，研发、推广视频监控联网应用、大客流量快速安检、易燃挥发物监测报警装置等新技术新产品，运用最新科技手段破解安全防范难题，保障群众安全便捷出行。对寄递物流行业，要研究解决政策、资金、技术等方面的制约因素，推动实名收寄、收寄验视、过机安检等措施的全覆盖，并建立全程计算机管理机制，落实企业安全主体责任，进一步织密社会安全网。

第二，推进信息化在社会安全治理体系的融合应用。创新社会安全立体防控体系，是维护公共安全的骨干工程、建设平安中国的基础工程，要结合制定“十三五”规划，在更高起点上统筹设计好社会安全立体防控体系。社会信息化快速发展，不仅更新了我们认识世界的思维方法，也为加快建设社会安全立体防控体系提供了新手段。特别是利用物理世界之外的“脑力+信息”发展起来的智能产业，极大地扩展了人类智力水平，也为打造社会安全治理体系升级版提供了新平台。要坚持信息化牵引，积极推进打防管控一体化、网上网下一体化，确保社会安全治理形成体系、充满活力。围绕整合资源力量，完善信息化标准体系、统一接口和共享模式，推动各类基础设施互联互通，推进各类数据集成应用，发挥最大效益。把政府引导和市场力量更好地结合起来，统筹建设大数据、云计算中心和物联网等基础设施，为提升社会安全治理体系的整体效能提供信息化支撑。

第三，推进公共安全视频监控建设联网应用。将公共安全视频监控建设联网应用工作纳入经济社会发展大局，是突出防控风险，服务发展和破解难题、补齐短板的重要体现。一是要统筹推进，因地制宜，整合资源。加强统一规划，确保公共安全视频监控系统符合国家（行业）相关标准规范和《社会治安综合治理基础数据规范》，具有良好的兼容性与可扩展性。坚持条块结合、上下结合、新旧结合，从实际出发，充分激发地方，特别是基层积极性、主动性，充分运用现有视频监控系统资源，避免重复建设，并从促进联网应用、资源共享出发，进行技术研究，打破孤岛，继续发挥现有资源体系的效能。二是要重点建设，分步实施，分级管理。加强科学设计，突出重点，分类指导，以实际需求为导向，进一步提高重点公共区域与重点行业、领域的重要部位视频监控覆盖率、完好率、联网率，围绕项目建设、管理机制、业务应用等环节，推动各地区结合实际分步实施，稳步推进。三是要深度应用，持续发展，系统安全。把防控风险、服务民生作为公共安全视频监控建设联网应用工作的出发点和着力点，坚持以用促建，推动视频监控技术的深度应用。遵循可持续发展的理念，确保一定的技术领先性和应用前瞻性。

第八章　防范化解网络安全重大风险

一、网络安全的形势与挑战

我国是名副其实的网络大国。“以互联网为代表的数字技术正在加速与经济社会各领域深度融合，成为促进我国消费升级、经济社会转型、构建国家竞争新优势的重要推动力。”[①] 但是，互联网带给我们的不仅仅是高效和便捷，还有巨大的网络安全风险。根据《中华人民共和国网络安全法》第七十六条的定义，“网络安全，是指通过采取必要措施，防范对网络的攻击、侵入、干扰、破坏和非法使用以及意外事故，使网络处于稳定可靠运行的状态，以及保障网络数据的完整性、保密性、可用性的能力”。当前，全球范围内的网络安全形势十分严峻，一方面是黑客攻击的常态化。《网络安全：输不起的互联网战争》一书中这样写道：“97％的财富 500 强企业已经被黑客攻击（剩余 3％可能也已被攻击，只是不知道而已），以及一百多个国家政府都在摩拳擦掌准备在网上开战。”另一方面是安全响应速度迟缓。对攻击作出响应往往需要数月的时间，4/5 的组织的攻击响应计划跟不上形势。因此，从某种意义上来说，网络安全问题是 21 世纪人类社会面临的最大

---

① 中央网络安全和信息化领导小组办公室、国家互联网信息办公室、中国互联网络信息中心：《第 40 次中国互联网络发展状况统计报告》，中国互联网络信息中心，2017 年 7 月。

挑战之一。2016 年 4 月 19 日，在网络安全和信息化工作座谈会上，习近平总书记指出："从世界范围看，网络安全威胁和风险日益突出，并日益向政治、经济、文化、社会、生态、国防等领域传导渗透。特别是国家关键信息基础设施面临较大风险隐患，网络安全防控能力薄弱，难以有效应对国家级、有组织的高强度网络攻击。这对世界各国都是一个难题，我们当然也不例外。"[①] 在国内，网络安全面临的严峻挑战主要包括网络安全意识、关键基础设施、个人隐私、网络犯罪、网络恐怖主义、大数据安全隐患等方面。

（一）网络安全意识亟待加强

互联网的免费、高效和便捷是吸引网民的法宝：方便的 WiFi、无限存储的云端、方便支付的二维码、无所不能的手机，以及随时可以建群的微信等。但是，所有这些便捷操作中都蕴含着巨大的安全风险，如果缺乏网络安全意识，大量的个人信息就在不知不觉中被网络收集、存储在某个我们不知道的服务器中。其中，最简单的例子就是通过设置协议的方式收集信息，有些协议甚至设置了默认"同意"，这就意味着，只要你使用了这个软件就等于"默认"第三方对个人信息进行搜集与使用。以 2018 年元旦刷屏的"支付宝个人年度账单和年度关键词"为例，大多数网友在转发时并没有留意到杂乱背景下的默认设置，即"我同意《芝麻服务协议》"，虽然不到一天时间内这个问题就被具有安全意识的某位专业人士揭穿，而主办方也很快承认这是个"愚蠢至极的错误"[②]，并在新版本中允许网友自主选择是否同意协议。但是就像新华社的评论所言，"满满的情怀被套路坑了"是用户普遍感受，《芝麻服务协议》对个人信息的搜集与使用，似乎已经超出了查看信用账单的合理需要。[③]

---

① 习近平：《在网络安全和信息化工作座谈会上的讲话》，《人民日报》2016 年 4 月 26 日。

② 《进入"无人区"大数据法治要创"中国规则"》，《中国青年报》2018 年 1 月 9 日。

③ 许晟、周琳：《靠默认勾选套取用户信息，差评!》，新华网，2018 年 1 月 4 日，http://news.cnr.cn/comment/latest/20180104/t20180104_524087491.shtml。

这只是最简单的信息收集方式，更多的商家会采用更隐蔽的方式收集信息，例如通过设置一定程序，在系统中自动收集用户的相关信息。此类程序通常隐藏很深，即使可以关闭，没有一定常识的网民也不知道从何下手，更何况还有很多网民甚至都不知道这个程序的存在。例如，“苹果手机中的定位功能可以显示手机用户经常活动的地点，活动的时间及频度，会把一个人完整的行为轨迹进行比较详实的分析，是公开性的，没有任何秘密”①。这个功能是记录“常去地点”或“重要地点”，该功能隐藏很深，但默认设置是“打开”，如果用户没有关闭该程序，手机就变身跟踪器，自动记录机主每天的行踪，并储存在不为我们所知的网络中，由此带来的个人安全风险不言而喻。“时代性的技术带来更重要的改变，网络中的数据因永久保存而永远存在，网络为人类实现了不会遗忘的记忆，网络永远记住了每个人的每个行为。”② 此外，“苹果手机还会通过 APP 程序、WiFi 连接等记录用户的位置信息，而这些用户位置信息会被存放在手机的加密文件中。通过找到这些文件，也可以破解出用户曾经的位置信息记录”③。

专栏 1

如何关闭苹果手机中的“重要地点”?

在苹果手机的定位服务中有一项名为“重要地点”或“常去地点”的功能，如果不关闭，就会记录并显示用户到达过的地点，包括在什么时间去过哪些地方，以及在该地点停留了多长时间。这样，你每天去了哪些地方、停留了多长时间都会被标注在地图上，对个人隐私保护是一个巨大隐患。苹果手机的这个功能隐藏很深，关闭时需要输入手机密码，具体关闭的路径是：设置—隐私—定位服务—系统服务—

① ［视频］《苹果手机定位：定位记录用户行踪》，央视网，2014 年 7 月 11 日。

② 中央电视台大型纪录片《互联网时代》主创团队：《互联网时代》，北京联合出版公司 2015 年版，第 221 页。

③ 古晓宇：《iPhone 被曝记录用户位置隐私》，《京华时报》2014 年 7 月 12 日。

重要地点（常去地点）—关闭。

（二）保护关键基础设施任重道远

国家关键信息基础设施是指关系国家安全、国计民生，一旦数据泄露、遭到破坏或者丧失功能可能严重危害国家安全、公共利益的信息设施，包括但不限于提供公共通信、广播电视传输等服务的基础信息网络，能源、金融、交通、教育、科研、水利、工业制造、医疗卫生、社会保障、公用事业等领域和国家机关的重要信息系统，重要互联网应用系统等。[①] 由于上述重要行业和领域一旦遭到破坏、丧失功能或者数据泄露，可能严重危害国家安全、国计民生和公共利益，因此，《中华人民共和国网络安全法》（以下简称《网络安全法》）第三十一条规定："国家对公共通信和信息服务、能源、交通、水利、金融、公共服务、电子政务等重要行业和领域，以及其他一旦遭到破坏、丧失功能或者数据泄露，可能严重危害国家安全、国计民生、公共利益的关键信息基础设施，在网络安全等级保护制度的基础上，实行重点保护。"

专栏 2

关键信息基础设施保护范围

2017 年 7 月 10 日，国家互联网信息办公室就《关键信息基础设施安全保护条例（征求意见稿）》向社会公开征求意见。其中第十八条对关键信息基础设施范围作出了如下规定："下列单位运行、管理的网络设施和信息系统，一旦遭到破坏、丧失功能或者数据泄露，可能严重危害国家安全、国计民生、公共利益的，应当纳入关键信息基础设施保护范围：（一）政府机关和能源、金融、交通、水利、卫生医疗、教育、社保、环境保护、公用事业等行业领域的单位；（二）电信网、

① 参见《国家网络空间安全战略》，中国网信网，2016 年 12 月 27 日。

广播电视网、互联网等信息网络，以及提供云计算、大数据和其他大型公共信息网络服务的单位；（三）国防科工、大型装备、化工、食品药品等行业领域科研生产单位；（四）广播电台、电视台、通讯社等新闻单位；（五）其他重点单位。”

关键信息基础设施是经济社会运行的神经中枢，是可能遭到重点攻击的目标，因此也是网络安全的重中之重。要加快构建关键信息基础设施安全保障体系，因为“金融、能源、电力、通信、交通等领域的关键信息基础设施是经济社会运行的神经中枢，是网络安全的重中之重，也是可能遭到重点攻击的目标。‘物理隔离’防线可被跨网入侵，电力调配指令可被恶意篡改，金融交易信息可被窃取，这些都是重大风险隐患。不出问题则已，一出就可能导致交通中断、金融紊乱、电力瘫痪等问题，具有很大的破坏性和杀伤力”。[①] 这里所说的“物理隔离”防线就是指涉密网、内网等与互联网分开的独立网络，如电网、核试验工厂的网络等。这些网络虽然处于隔离防护状态，但依然无法杜绝各种病毒攻击。以“震网”病毒为例，2010 年 6 月，“震网”病毒作为世界上首个网络“超级破坏性武器”首次被检测出来，是第一个专门定向攻击关键信息基础设施的“蠕虫”病毒，感染了全球超过 45 000个网络。其中，伊朗遭到的攻击最为严重，60%的个人电脑感染了这种病毒。

专栏 3

“震网”病毒的传播机制

“震网”病毒包含空前复杂的恶意代码，是一种典型的计算机病毒，能自我复制，并将副本通过网络传输，任何一台个人电脑只要和染毒电脑相连，就自动传播给其他与之相连的电脑，最后造成大量网

① 习近平：《在网络安全和信息化工作座谈会上的讲话》，人民出版社 2016 年版，第 17 页。

络流量的连锁效应，导致整个网络系统瘫痪。“震网”病毒主要通过U盘和局域网进行传播，利用了微软视窗操作系统之前未被发现的4个漏洞。“震网”病毒还可以不通过互联网便可传播，只要目标计算机使用微软系统，“震网”病毒便会伪装RealTek与JMicron两大公司的数字签名，顺利绕过安全检测，自动找寻及攻击工业控制系统软件，以控制设施冷却系统或涡轮机运作，甚至让设备失控自毁，而工作人员却毫不知情。专门针对工业控制系统发动攻击的恶意软件，能够攻击石油运输管道、发电厂、大型通信设施、机场等多种工业和民用基础设施，被称为“网络导弹”。

（来源：《“震网”病毒袭击伊朗核设施》，《信息安全与通信保密》2016年第9期）

（三）个人隐私保护形势严峻

根据《中华人民共和国政府信息公开条例读本》的解释，个人隐私是指“关系个人财产、名誉或者其他利益的不宜对外公开的情况、资料”。由于这个定义的提出已逾10年，无法适应互联网时代快速发展引发的信息权保护的迫切需求，因此，本书将“个人信息”或“公民个人信息”作为个人隐私的重要构成部分。根据《网络安全法》第七十六条的定义，“个人信息，是指以电子或者其他方式记录的能够单独或者与其他信息结合识别自然人个人身份的各种信息，包括但不限于自然人的姓名、出生日期、身份证件号码、个人生物识别信息、住址、电话号码等”。2017年5月8日，《最高人民法院、最高人民检察院关于办理侵犯公民个人信息刑事案件适用法律若干问题的解释》公布，自2017年6月1日起施行，其中第一条对刑法第二百五十三条之一规定的“公民个人信息”作出了解释，明确“公民个人信息”是指“以电子或者其他方式记录的能够单独或者与其他信息结合识别特定自然人身份或者反映特定自然人活动情况的各种信息，包括姓名、身份证件号码、通信联系方式、住址、账号密码、财产状况、行踪轨迹等”[①]。综上，本书将个人隐私的外延扩展为关系个人财产、名誉、个人信息（公民个人信息）或其他不宜对外公开的情况、资料。按照《中华人民共和国政府信息公开条例》（以下简称《政府信息公开条例》）第十四条、第十五条规定，行政机关不得公开涉及国家秘密、商业秘密、个人隐私的政府信息。

值得警惕的是，公民个人信息泄露已经形成黑色产业链，对公民的个人隐私保护构成严峻挑战。售卖个人信息甚至出现平台化趋势，公然声称 7×24 小时不间断服务。在卧底调查中，《南方都市报》记者仅花 600 元就在网上买到了同事的精准定位，700 元就买到了同事的行踪信息，包括乘机、开房、上网吧等 11 项记录。《南方都市报》暗访黑灰产业链上服务商：300 元买到高考以来的全部开房记录，还可买到四大银行存款余额（详见专栏 4）。[②]

专栏 4

《南方都市报》记者的卧底调查

2016 年 12 月 8 日，南都记者以了解亲戚结婚对象为由，联系上一家名叫“××商贸”的服务商，经同事授权，提供了其姓名和身份证号码。上述工作人员称查询户籍所在省的开房记录，价格是 200 元，查询全国范围内的开房记录，价格则是 300 元，并可在当晚 12 点前出结果，不过要先微信转账。之后，南都记者按其要求支付款项 300 元，该工作人员请记者耐心等待结果。9 日晚 7 时，对方向南都记者发来了同事开房记录的整体截图，还单发了一张 2016 年 10 月 30 日最后一次开房的记录截图。

---

① 最高人民法院、最高人民检察院：《最高人民法院、最高人民检察院关于办理侵犯公民个人信息刑事案件适用法律若干问题的解释》，最高人民法院网，2017 年 12 月 24 日。

② 饶丽冬、李玲：《恐怖！南都记者 700 元就买到同事行踪》，《南方都市报》2016 年 12 月 12 日。

截图显示，同事最早一次开房是在2011年8月10日21时48分，入住宾馆是西安市新城区安馨宾馆，房号为310房间，并可查到同住人员。南都记者询问查同住宿人员如何收费，其表示“单独查一个同住要600”。该同事证实，他确曾在2011年高考结束后和家人同游西安入住宾馆。而最后一次开房的记录截图是一张蓝底图片，左边是身份证照片，中间一列自上往下是旅客编号、民族、出生日期、证件号码、住址详址、入住房号、旅馆编码和旅馆地址，右边一列自上往下则是姓名、性别、证件类型、住址、入住时间、退房时间、旅馆名称和旅馆地址区划。每一次开房记录，都可把入住时间精确到×时×分×秒。

之后，南都记者决定再换一个同事购买“身份证大轨迹”，几经讨价还价，将价格谈到了700元。在转账完成的一天后，对方发来了两个Excel文档，里面包含了该同事9种记录在内的身份证大轨迹。南都记者看到，一个名为“分布式查询”的文档里，记录了该同事自2011年4月以来的旅馆住宿记录、常住人口记录、暂住人口记录和网吧上网记录，另一个“人员基础信息——×××”文档中则是火车记录、航班记录、银行开户核查记录、驾驶证记录、驾驶证违章记录、机动车登记记录等。经南都记者的这位同事确认，这两个文档的情况完全属实，也基本上包含了他近年来的身份证大轨迹。尤其是“全国人口基本信息”这一张表，和他户口页登记的信息完全相同，照片也是他本人的身份证照片。

据该工作人员介绍，只需提供身份证号码，即可查询包括开房记录、列车记录、航班记录、网吧记录、出境记录、入境记录、犯罪记录、住房记录、租房记录、银行记录、驾驶证记录等11个项目在内的材料，统称“身份证大轨迹”。这一“全套服务”，收费仅850元。

（来源：《南方都市报》2016年12月12日）

（四）网络犯罪危害公共安全

根据《最高人民法院、最高人民检察院、公安部关于办理网络犯罪案件适用刑事诉讼程序若干问题的意见》，网络犯罪案件的范围包括四类：一是危害计算机信息系统安全犯罪案件；二是通过危害计算机信息系统安全实施的盗窃、诈骗、敲诈勒索等犯罪案件；三是在网络上发布信息或者设立主要用于实施犯罪活动的网站、通信群组，针对或者组织、教唆、帮助不特定多数人实施的犯罪案件；四是主要犯罪行为在网络上实施的其他案件。不同于传统意义上的犯罪，网络犯罪呈现出以下特点：

第一，广泛借助社交媒体传播诈骗信息，隐蔽性日趋增强。诈骗的通常方式是通过建立微信群，开展传销式洗脑，有时会打着良善或正义的旗号，以高回报为诱饵，并通过伪造一系列文件、执照、证件等证明组织的真实性；有时还会施以小利赢取受害者的信任。一些缺乏网络安全意识的网民特别是老年人容易被蒙蔽。在网络诈骗犯罪方面，欺诈骗钱、淫秽色情、博彩赌球、木马病毒四类最为常见。例如，网络诈骗方式不断推陈出新，新花招层出不穷，传统的中奖欺诈、假冒银行、网购退款依然是热门的诈骗手段，而新生的虚假兼职、金融互助、APK 木马、虚假红包等也越来越多地出现在人们的视野。

第二，网络犯罪出现组织化、集团化倾向。主要特点是不法分子运用网络平台召集人员，形成庞大的犯罪团伙网络犯罪成本低，很容易形成全国性的犯罪集团，使公安部门的联合执法能力面临巨大挑战。以“2017—42”公安部毒品目标案件“非法利用信息网络”吸贩毒案为例，为成功破获该案，苏州市公安局专案组成立了 16 个抓捕组，在 18 个省市开展抓捕行动，分别在吉林、山东、四川等地抓获涉案人员 24 人，缴获各类毒品 1.2 公斤。一举捣毁了以梁某、汤某为首的非法利用信息网络犯罪团伙，以及以高某、万某某、谭某某、陆某等为首的网络贩毒团伙。在各地公安机关配合下，600多名嫌疑人中已有近百人落网。①

专栏5

“非法利用信息网络”吸贩毒案告破 涉及600多名嫌疑人

2017年4月21日，苏州警方接报一起扰民警情，民警现场查获一对吸过毒的男女，并在房屋内找到冰毒100多克和吸毒工具若干。与此同时，苏州市公安局禁毒支队正对一个汇聚大量吸贩毒人员、名叫“名流汇”的网络聊天平台进行调查，初步梳理出平台内涉毒人员名单。而本次抓获的男子正是平台里一名管理员陆某。他的落网，加速了案件侦办进程。4月23日，警方又接到一起与“名流汇”有关的涉毒警情，查获“名流汇”成员高某邮寄至四川绵阳赵某某的包裹里有冰毒100多克。民警将计就计，赴绵阳伏击守候3天，抓住了赵某某，并在其暂住地查出冰毒200余克、麻古50余颗及大量吸毒用具等。至此，一个全国范围内频繁活动的网络吸贩毒犯罪团伙浮出水面。

相关专案组迅速成立，查明了“名流汇”成员结构分“老板、管理员、会员”三级，注册会员超过600人。这个以“名流汇”网络聊天平台为纽带的犯罪组织架构，平台有两个QQ群，用户经介绍进群，下载平台客户端后，从管理员处获取账号密码，再通过吸毒视频验证，成为注册成员。入群后，他们一起在视频前吸毒、讨论涉毒话题、买卖毒品等。与传统吸贩毒案不同，这起案件中，犯罪行为大多都在网上进行，利用快递运毒，犯罪成员分散全国各地，侦办、抓捕难度特别大。

经层层上报，公安部把案件定为“2017—42”公安部毒品目标案

① 刘巍巍：《“非法利用信息网络”吸贩毒案告破 涉及600多名嫌疑人》，新华网，2017年8月8日。

件，指定苏州负责主要侦办工作。摸清了这个犯罪团伙的组织网络和主要人员情况后，专案组成立了16个抓捕组，前往18个省市开展抓捕行动，分别在吉林、山东、四川等地抓获涉案人员24人，缴获各类毒品1.2公斤，一举捣毁了以梁某、汤某为首的非法利用信息网络犯罪团伙，以及以高某、万某某、谭某某、陆某等为首的网络贩毒团伙。在各地公安机关配合下，600多名嫌疑人中已有近百人落网。

（来源：新华社，2017年8月7日）

第三，网络犯罪日益呈现线上、线下的一体化联动，线上发布信息导致线下人群的非法聚集，造成的社会危害十分巨大。在国内的网络诈骗案中，上述三个特点通常会同时出现。以“民族资产解冻骗局”为例，其微信群名曰“武当山北京慈善总群”，看上去很正能量；宣扬所谓与民族资产解冻有关的内容号称“民族大业”，用于蒙蔽善良的眼睛；以“每个人只需出1000元钱就能得到60万元的奖励”为诱饵，顺利吸引3万余以中老年人为主的网民上当。2017年4月，他们鼓动全国各地的中老年人，到北京鸟巢体育场开“民族大业国际市场启动大会”，导致上万名中老年人在鸟巢聚集，是典型的线上、线下一体化。虽然中央电视台曾经多次报道“民族资产解冻骗局”的新闻，从公安部到各地警方，也曾多次打击这一骗局，在公安部统一部署下，全国公安机关一举打掉了15个以“民族资产解冻”为名的诈骗犯罪团伙，初步查证涉案金额超过9.5亿元。[①] 但是，在全国各地此类骗局依然不断死灰复燃。不仅全国数万名受骗群众无人向公安机关报案，甚至破案后还有很多受害者不承认自己被骗，足以证明网络安全宣传教育缺位之严重，提高网民的安全意识、预防网络犯罪可谓任重道远。[②]

第四，网络犯罪虽然形式多样，但大多涉嫌网络诈骗，通常涉及

---

① 公安部：《所有涉及“民族资产解冻”的项目均为骗局》，中国新闻网，2017年5月26日。

② 《〈今日说法〉我不是受害者（上）》，央视网，2017年7月8日。

的人数及金额庞大，且短期快速获利效应十分明显，这是高压态势下网络犯罪依然猖獗的主因。也因为如此，打击网络犯罪需要社会力量的广泛参与，尤其是网络平台经营者，负有监管、举报并协助警方破获案件的责任。如 2017 年 6 月，广州警方专案组打掉了一个利用网络平台实施“投资返利”的诈骗团伙，就是在腾讯守护者计划安全团队、财付通、蚂蚁金服等社会力量的协助下，在江西、福建等地警方的配合下完成的。该团伙作案时间仅有 20 多天，而受害人多达 1000 多人，遍布全国各地。警方初步查证该团伙涉嫌诈骗总金额高达 700 余万元。

（五）网络恐怖主义渗透网络空间

网络恐怖主义是恐怖主义与网络的结合及在网络领域的延伸，具体指以网络为工具或把网络作为攻击对象，以及同时作为工具和攻击对象的恐怖主义，其目的是利用网络为其恐怖活动服务。[①] 随着网络技术的发展与进步，网络恐怖主义兴起并有愈演愈烈之势，对国家安全造成了极大危害。2016 年 10 月 21 日，外交部部长王毅在“全球反恐论坛”第二次打击网络恐怖主义研讨会开幕式上发表主旨讲话时指出，“以‘东伊运’为代表的‘东突’恐怖势力在中国境内外策划实施了多起恐怖袭击，严重危害民众安危。”“网络恐怖主义是近年来助推恐怖活动大幅增多的主要原因。我们调查发现，在中国境内发生的暴恐案件中，大部分恐怖袭击者都受过网上暴恐音视频的诱导煽动。”在“3·1 昆明火车站暴恐”、“4·30 乌鲁木齐火车站暴恐”、“5·22 乌鲁木齐恐怖袭击”等多起案件中，涉案人员均观看、收听过宣扬与煽动暴力恐怖的音视频。[②]

为了打击恐怖主义，有效阻断网络上恐怖主义信息的传播，近年来我国加大了网络反恐的立法力度。多部法律条款涉及反恐的具体规

---

① 朱永彪、魏月妍、梁忻：《网络恐怖主义的发展趋势与应对现状评析》，《江南社会学院学报》2016 年第 3 期。

② 高铭暄、李梅容：《论网络恐怖主义行为》，《法学杂志》2015 年第 12 期。

定，给网民的随意转发套上紧箍咒。例如《中华人民共和国反恐怖主义法》第八十条规定，“参与下列活动之一，情节轻微，尚不构成犯罪的，由公安机关处十日以上十五日以下拘留，可以并处一万元以下罚款：……（二）制作、传播、非法持有宣扬恐怖主义、极端主义的物品的”。从媒体公开报道看，全国有多地发生网民因违法转发恐怖视频被处罚的事件。这些网民大多出于猎奇、寻求刺激，或者为了博取他人眼球而随手转发传播内容暴力、血腥的暴恐视频，却在不经意间触犯国家法律，教训十分深刻。

专栏 6

晋州市一网民在微信群中传播暴恐视频被拘十日

2017 年 7 月 7 日，河北石家庄市公安局网安支队接到网民举报，有网民在微信群内发布了一段暴力恐怖视频，内容为暴力极端恐怖分子用砍刀砍人的镜头。该暴恐视频的传播在网民中引起了反感和恐慌。接到举报后，网安支队立即组织晋州市局等有关力量展开调查工作，并于 7 月 10 日将违法嫌疑人范某某抓获。经调查，范某某供认视频来自其手机上网过程中浏览到的视频网站，他看到后在微信群中转发了该视频。经过民警的批评教育，范某某认识到了自己行为造成的严重后果和社会危害，保证今后不再观看、存储和传播暴恐音视频。根据《中华人民共和国反恐怖主义法》第八十条第二项之规定，范某某的行为构成“传播宣扬恐怖主义、极端主义的物品”，晋州市警方依法对其行政拘留十日，同时将进一步追查视频源头。

（来源：《燕赵晚报》，7 月 17 日官方微博）

（六）大数据的安全隐患日益凸显

大数据时代的到来是互联网时代发展的必然结果。当人类社会中每一个个体、每一个个体的每一天工作生活、每一天工作生活的每一个细节都被互联互通的网络所记忆的时候，大数据的原始库就自动建立起来了，互联网时代就迈进了大数据时代。大数据时代的网络安全隐患主要表现在以下几个方面：

第一，大数据时代记录一切，这意味着每个普通人都已成为透明人。今天，智能手机日益成为工作、生活不可或缺的最重要的工具，与传统手机主要用于移动中的通信不同，智能手机的主要作用是作为移动终端，可以实现看新闻、玩游戏、购物、导航、付账、刷卡等多重功能，而原本这些功能是由某一种设备单一提供，如电视机、电话、银行卡、导航仪、交通卡等；智能手机由此给人们的工作、生活带来高效和便捷。但是，这也意味着人类从此成为透明人，因为当手机寸步不离地守护着我们的时候，我们的每一言、每一行、每一个选择也都被记录下来。以德国为例，根据 2007 年德国通过的一部法律规定，手机上的数据可以被保存 6 个月。作为德国电信的一名普通用户，一个名叫斯佩茨的人很想知道哪些数据会被储存，储存的限度是什么以及自己可否取回这些数据，但电信公司拒绝了，于是，斯佩茨提起了司法诉讼，3 年后，德国电信把他过去 6 个月的通信记录还给了他，包括通话、短信、邮件、网络浏览记录，总计35 830行。斯佩茨发现，这些信息足以将自己过去 6 个月的行为清晰地描绘出来。“当他们掌握这些长达半年的数据后，可以清楚地观察到，一个人的行为方式，停留过的地方，晚上睡在什么地方，什么时候起床，晚上和谁打过电话，以及这些通话的具体时间。”① 需要说明的是，记录一切并非仅仅记录过去那么简单，还意味着根据这些记录可以预测未来。美国东北大学跟踪研究了 10 万名欧洲手机用户，分析了1 600万条通话记录和位置信息，他们得出的结论是：预测一个人在未来某时刻的地点位置，准确率可以达到 93.6%。为此，《网民狂欢》的作者安德鲁·基恩告诫说，彻底的透明，将使我们不成为人。他建议：只有人们保持一定程

① 中央电视台大型纪录片《互联网时代》主创团队：《互联网时代》，北京联合出版公司 2015 年版，第 218 页。

度的自我隐私，我们才不会丢掉人的核心——人性，我们才不会丢掉人类最重要的东西。而比监控还要可怕的是大数据预测的准确性越来越高，并在人们犯错之前进行惩处，这将降低人类的意志自由，同时也否定了人们会突然改变选择的可能性。他强调，当我们给一个人判定责任并给予惩罚时，必须牢记人类意志的神圣不可侵犯性。人类未来必须保留部分空间，允许我们按照自己的愿望进行塑造。否则，大数据将会扭曲人类最本质的东西，即理性思维和自由选择。

第二，大数据时代可以实现海量信息的存储和处理，意味着人类将无法忘记甚至无法原谅。较早揭示大数据时代影响的是牛津大学教授舍恩伯格。他在 2013 年出版的《大数据时代：生活、工作与思维的大变革》一书中，较完整地揭示了大数据时代带来的生活、工作与思维变革。在该书中，作者将当下的信息洪流与 1439 年前后古登堡发明印刷机时造成的信息爆炸进行了对比：1453—1503 年，50 年间大约有 800 万本书被印刷，比 1200 年之前君士坦丁堡建立以来整个欧洲所有的手抄本还要多。也就是说，欧洲花 50 年时间才使信息的存储量增长了一倍，“而如今大约每三年就能增长一倍”[①]。不仅数量增长惊人，数字化存储的发展也十分令人震惊：2000 年时，全球 3/4 的信息依然存储在报纸、胶片、唱片、磁带之类的媒介上，仅有 1/4 是数字化存储。但到了 2013 年，全球存储的数据预计为 1.2 泽字节[②]，其中 98% 为数据化存储。“人类存储信息量的增长速度比世界经济的增长速度快 4 倍，而计算机数据处理能力的增长速度则比世界经济的增长速度快 9 倍。”[③] 这也意味着“网络永远记住了我们，网络不会遗忘每一个岁月，我们在数字时代实现了永生，但没有人知道，哪些永远存在的数

---

① 维克托·迈尔-舍恩伯格、肯尼思·库克耶：《大数据时代：生活、工作与思维的大变革》，盛杨燕、周涛译，浙江人民出版社 2013 年版，第 14 页。

② 泽字节一般记作 ZB，是 EB 的1 024倍，等于 2^{70}。

③ 维克托·迈尔-舍恩伯格、肯尼思·库克耶：《大数据时代：生活、工作与思维的大变革》，盛杨燕、周涛译，浙江人民出版社 2013 年版，第 14 页。

据会在什么时候、以什么方式，给一个人带来什么”。[①] 中央电视台的大型纪录片《互联网时代》曾列举了美国教师米歇尔的故事：20 岁时他写了一本反省自己少不更事的书并上传至网络，包括年少时曾吸食大麻、偷盗喜欢的某件物品。12 年后，他的同事从网络中看到了他的故事，于是他失去了工作，并在此后数年间辗转美国各地的多次求职均被拒绝，因为他的过往一次又一次被检索出来，年少时的错事成了他无法摆脱的人生噩梦。这正是《大数据时代》作者舍恩伯格最为担心的，他特别强调“遗忘”的至关重要性：

> 遗忘，在我们的社会里发挥着极其重要的作用。我们的头脑非常聪明，我们忘掉最多的就是在当下与我们不再有关联的事情，随着我们原谅某些人，原谅他们的过失，我们同时开始遗忘他们的过失。如果我们不能够再遗忘，因为我们时常想起其他人对我们做的不好的事情，如果我们不能忘记，我们就更不能原谅。随着我们进入一个“无法遗忘”的年代，我们也许会进入一个“无法原谅”的社会，这非常令人担心。[②]

第三，在大数据时代，数据的相关关系更加重要。“相关关系的核心是量化两个数值之间的数理关系，相关关系强是指当一个数值增加时，另一个数值很有可能也会随之增加。……相反，相关关系弱意味着当一个数值增加时，另一个数值几乎不会发生变化。”[③] 在《大数据时代：生活、工作与思维的大变革》一书中，作者列举了一个强相关关系的例子：2009 年甲型 H1N1 流感暴发时，由于还没有研发出对抗

---

① 中央电视台大型纪录片《互联网时代》主创团队：《互联网时代》，北京联合出版公司 2015 年版，第 221 页。

② 转引自中央电视台大型纪录片《互联网时代》主创团队：《互联网时代》，北京联合出版公司 2015 年版，第 221 页。

③ 维克托·迈尔-舍恩伯格、肯尼思·库克耶：《大数据时代：生活、工作与思维的大变革》，盛杨燕、周涛译，浙江人民出版社 2013 年版，第 71 页。

这种新型流感病毒的疫苗，公共卫生专家能做的只是减慢流感的传播速度，但前提是必须知道流感的出现区域。如果按照传统方法，发布新流感病例统计信息会有两周的迟滞，这就使对疫情暴发的控制难以实现。幸运的是，在流感暴发的几周前，谷歌的工程师在《自然》杂志发表了一篇引人注目的论文，不仅指出流感将在全美范围传播，而且具体到了特定的地区和州。谷歌的法宝是每天收到的来自全球的超过 30 亿条的搜索指令，通过把 5000 万条美国人最频繁检索的词条和美国 2003—2008 年季节性流感传播时期的数据进行比较，通过分析人们的搜索记录来判断这些人是否患上流感。具体方法是建立一个系统，关注特定词条的使用频率与流感在时间和空间上传播之间的联系。通过检索 4.5 亿个不同的数学模型，并将预测结果与 2007 年、2008 年美国疾控中心记录的实际流感病例进行对比后，谷歌公司发现，它们的软件发现了 45 条检索词条的组合，将它们用于一个特定的数学模型后，它们的预测与官方数据的相关性高达 97%。① 流感传播方向显然与 45 条检索词条的组合之间有强相关关系，而通过找到关联物，相关关系可以帮助捕捉现在并预测未来②，而且“大数据的相关关系分析法更准确、更快，而且不易受偏见的影响”③。

二、网络安全治理的指导思想

在 2017 年国家网络安全宣传周开幕式上，中共中央政治局常委、

① 维克托·迈尔-舍恩伯格、肯尼思·库克耶：《大数据时代：生活、工作与思维的大变革》，盛杨燕、周涛译，浙江人民出版社 2013 年版，第 3 页。

② 需要说明的是，越来越多的商家正利用这一点挖掘商业价值。例如，亚马逊建立个性化推荐系统，约 1/3 的销售额来源于此。沃尔玛超市会把蛋挞放在靠近飓风用品的位置、婴儿纸尿裤与啤酒放在一起等。参见维克托·迈尔-舍恩伯格、肯尼思·库克耶：《大数据时代：生活、工作与思维的大变革》，盛杨燕、周涛译，浙江人民出版社 2013 年版，第 70—72 页。

③ 维克托·迈尔-舍恩伯格、肯尼思·库克耶：《大数据时代：生活、工作与思维的大变革》，盛杨燕、周涛译，浙江人民出版社 2013 年版，第 75 页。

中央书记处书记、中央网络安全和信息化领导小组副组长刘云山发表讲话，首次提出习近平网络强国战略思想。刘云山指出，“党的十八大以来，习近平总书记准确把握时代潮流，立足我国互联网发展与治理实践，围绕什么是网络强国、怎样建设网络强国提出一系列新思想新观点新要求，指导我国网络安全和信息化工作取得重大成就”。刘云山强调：“要坚持以习近平总书记网络强国战略思想指导网络安全实践，坚定不移走中国特色网络发展道路，增强维护国家网络安全的思想自觉和行动自觉。”[①] 具体到网络安全治理方面，党的十八大以来，以习近平同志为核心的党中央坚持从发展中国特色社会主义、实现中华民族伟大复兴中国梦的战略高度，系统部署和全面推进网络安全和信息化工作。“习近平总书记一系列深刻精辟的论断，一整套着眼长远的布局，为网信事业发展提供了根本遵循，为网络强国建设指明了前进方向。”[②] 其中重要讲话包括：

2014 年 2 月 27 日，在网络安全和信息化领导小组第一次会议的讲话中，习近平总书记指出，“网络安全和信息化是一体之两翼、驱动之双轮，必须统一谋划、统一部署、统一推进、统一实施”。

2015 年 12 月 16 日，第二届世界互联网大会在浙江省乌镇开幕，国家主席习近平出席开幕式并发表主旨演讲，提出了全球互联网发展治理的“四项原则”和“五点主张”。在讲话中，习近平主席特别强调：“互联网是人类的共同家园。让这个家园更美丽、更干净、更安全，是国际社会的共同责任。让我们携起手来，共同推动互联网空间互联互通、共享共治，为开创人类发展更加美好的未来助力！”[③]

2016 年 2 月 20 日，习近平总书记在党的新闻舆论工作座谈会上

---

① 倪弋：《刘云山在 2017 年国家网络安全宣传周开幕式上强调 深入贯彻习近平总书记网络强国战略思想为党的十九大胜利召开营造良好网络环境》，《人民日报》2017 年 9 月 17 日。

② 张洋：《向着网络强国扬帆远航——推进网络安全和信息化工作综述》，《人民日报》2017 年 11 月 27 日。

③ 习近平：《在第二届世界互联网大会开幕式上的讲话》，《人民日报》2015 年 12 月 17 日。

强调：坚持正确方向创新方法手段，提高新闻舆论传播力引导力。为召开这次座谈会，习近平总书记到人民日报、新华社、中央电视台等3家中央新闻单位进行了实地调研。走进人民日报新媒体中心，习近平总书记在大屏幕前听取微博、微信、客户端工作介绍，并在一台电脑前坐下，通过新媒体平台发送语音信息，向全国人民致以元宵节的问候和祝福。在新华社新闻信息发稿中心，习近平总书记点击手机屏幕，通过新华社客户端为全国新闻工作者点赞。① 习近平总书记一再强调要把网上舆论工作作为宣传思想工作的重中之重来抓，一再要求新闻舆论工作者真正成为运用现代传媒新手段新方法的行家里手。坚持政治家办报，就要管好用好互联网，这是新形势下巩固新闻舆论阵地的关键。②

2016年4月19日，习近平总书记主持网络安全和信息化工作座谈会并发表重要讲话，围绕网络安全和信息化的六个方面作出重要论述。习近平总书记“希望同志们积极投身网络强国建设，更好发挥网信领域企业家、专家学者、技术人员作用，支持他们为实现全面建成小康社会、实现中华民族伟大复兴的中国梦作出更大的贡献!”③

2016年11月9日，中共中央政治局就网络强国战略进行第三十六次集体学习，习近平总书记发表重要讲话，指出“我们要深刻认识互联网在国家管理和社会治理中的作用，强化互联网思维，利用互联网扁平化、交互式、快捷性优势，推进政府决策科学化、社会治理精准化、公共服务高效化”。

2017年2月17日，习近平总书记主持召开国家安全工作座谈会并发表重要讲话，强调“要筑牢网络安全防线，提高网络安全保障水

---

① 杜尚泽：《习近平在党的新闻舆论工作座谈会上强调 坚持正确方向创新方法手段 提高新闻舆论传播力引导力》，《人民日报》2016年2月20日。

② 杨振武：《把握好政治家办报的时代要求——深入学习贯彻习近平同志在党的新闻舆论工作座谈会上的重要讲话精神》，《人民日报》2016年3月21日。

③ 习近平：《在网络安全和信息化工作座谈会上的讲话》，《人民日报》2016年4月26日。

平，强化关键信息基础设施防护，加大核心技术研发力度和市场化引导，加强网络安全预警监测，确保大数据安全，实现全天候全方位感知和有效防护。要积极塑造外部安全环境，加强安全领域合作，引导国际社会共同维护国际安全。要加大对维护国家安全所需的物质、技术、装备、人才、法律、机制等保障方面的能力建设，更好适应国家安全工作需要”。习近平总书记关于网络安全的重要论述，在六大方面有着重要意义。

（一）没有网络安全就没有国家安全

在中央网络安全和信息化领导小组第一次会议上，习近平总书记指出，没有网络安全就没有国家安全，没有信息化就没有现代化。网络安全和信息化对一个国家很多领域都是牵一发而动全身的，要认清我们面临的形势和任务，充分认识做好工作的重要性和紧迫性，因势而谋，应势而动，顺势而为。做好网络安全和信息化工作，要处理好安全和发展的关系，做到协调一致、齐头并进，以安全保发展、以发展促安全，努力建久安之势、成长治之业。在网络安全和信息化工作座谈会上，习近平总书记指出，网络安全和信息化是相辅相成的。安全是发展的前提，发展是安全的保障，安全和发展要同步推进。面对复杂严峻的网络安全形势，我们要保持清醒头脑，各方面齐抓共管，切实维护网络安全。

第一，树立正确的网络安全观。理念决定行动。当今的网络安全，有五个主要特点：一是网络安全是整体的而不是割裂的。在信息时代，网络安全对国家安全牵一发而动全身，同许多方面的安全都有着密切关系。二是网络安全是动态的而不是静态的。信息技术变化越来越快，过去分散独立的网络变得高度关联、相互依赖，网络安全的威胁来源和攻击手段不断变化，那种依靠装几个安全设备和安全软件就想永保安全的想法已不合时宜，须要树立动态、综合的防护理念。三是网络安全是开放的而不是封闭的。只有立足开放环境，加强对外交流、合作、互动、博弈，吸收先进技术，网络安全水平才会不断提高。四是网络安全是相对的而不是绝对的。没有绝对安全，要立足基本国情保安全，避免不计成本追求绝对安全，那样不仅会背上沉重负担，甚至可能顾此失彼。五是网络安全是共同的而不是孤立的。网络安全为人民，网络安全靠人民，维护网络安全是全社会的共同责任，需要政府、企业、社会组织、广大网民共同参与，共筑网络安全防线。这五个特点，各有关方面要好好把握。

第二，加快构建关键信息基础设施安全保障体系。金融、能源、电力、通信、交通等领域的关键信息基础设施是经济社会运行的神经中枢，是网络安全的重中之重，也是可能遭到重点攻击的目标。“物理隔离”防线可被跨网入侵，电力调配指令可被恶意篡改，金融交易信息可被窃取，这些都是重大风险隐患。不出问题则已，一出就可能导致交通中断、电力瘫痪、金融紊乱等问题，具有很大的破坏性和杀伤力。我们必须深入研究，采取有效措施，切实做好国家关键信息基础设施安全防护。

第三，全天候全方位感知网络安全态势。没有意识到风险是最大的风险。网络安全具有很强的隐蔽性，一个技术漏洞可能隐藏几年都不被发现，结果是“谁进来了不知道、是敌是友不知道、干了什么不知道”，长期“潜伏”在里面，一旦有事就发作了。维护网络安全，首先要知道风险在哪里，是什么样的风险，什么时候发生危险，正所谓“聪者听于无声，明者见于未形”。感知网络安全态势是最基本最基础的工作。要全面加强网络安全检查，摸清家底，认清风险，找出漏洞，通报结果，督促整改。要建立统一高效的网络安全风险报告机制、情报共享机制、研判处置机制，准确把握网络安全风险发生的规律、动向、趋势。要建立政府和企业网络安全信息共享机制，把企业掌握的大量网络安全信息用起来，龙头企业要带头参加这个机制。要综合运用各方面掌握的数据资源，加强大数据挖掘分析，更好感知网络安全态势，做好风险防范。这项工作做好了，对国家、社会、企业、民众都是有好处的。

第四，增强网络安全防御能力和威慑能力。网络安全的本质在对抗，对抗的本质在攻防两端能力较量。要落实网络安全责任制，制定网络安全标准，明确保护对象、保护层级、保护措施。哪些方面要重兵把守、严防死守，哪些方面由地方政府保障、适度防范，哪些方面由市场力量防护，都要有本清清楚楚的账。人家用的是飞机大炮，我们这里还用大刀长矛，那是不行的，攻防力量要对等。要以技术对技术，以技术管技术，做到魔高一尺、道高一丈。

（二）坚持以人民为中心的网络治理理念

在中央网络安全和信息化领导小组第一次会议上，习近平总书记指出，当今世界，信息技术革命日新月异，对国际政治、经济、文化、社会、军事等领域的发展产生了深刻影响。随着信息化和经济全球化相互促进，互联网已经融入社会生活方方面面，深刻改变了人们的生产和生活方式。我国正处在这个大潮之中，受到的影响越来越深。我国互联网和信息化工作取得了显著发展成就，网络走入千家万户，网民数量世界第一，我国已成为网络大国。同时也要看到，我们在自主创新方面还相对落后，区域和城乡差异比较明显，特别是人均带宽与国际先进水平差距较大，国内互联网发展瓶颈仍然较为突出。在网络安全和信息化工作座谈会上，习近平总书记指出，党的十八届五中全会提出了创新、协调、绿色、开放、共享的新发展理念，这是在深刻总结国内外发展经验教训、深入分析国内外发展大势的基础上提出的，集中反映了我们党对我国经济社会发展规律的新认识。按照新发展理念推动我国经济社会发展，是当前和今后一个时期我国发展的总要求和大趋势。我国网信事业发展要适应这个大趋势。总体上说，网信事业代表着新的生产力、新的发展方向，应该也能够在践行新发展理念上先行一步。在中共中央政治局就网络强国战略进行第三十六次集体学习时，习近平总书记发表重要讲话，强调随着互联网特别是移动互联网发展，社会治理模式正在从单向管理转向双向互动，从线下转向线上线下融合，从单纯的政府监管向更加注重社会协同治理转变。我们要深刻认识互联网在国家管理和社会治理中的作用，强化互联网思维，利用互联网扁平化、交互式、快捷性优势，推进政府决策科学化、社会治理精准化和公共服务高效化。

第一，我国经济发展进入新常态，新常态要有新动力，互联网在这方面可以大有作为。我们实施“互联网+”行动计划，带动全社会兴起了创新创业热潮，信息经济在我国国内生产总值中的占比不断攀升。当今世界，信息化发展很快，不进则退，慢进亦退。我们要加强信息基础设施建设，强化信息资源深度整合，打通经济社会发展的信息“大动脉”。党的十八届五中全会、“十三五”规划纲要都对实施网络强国战略、“互联网+”行动计划、大数据战略等作了部署，要求切实贯彻落实好，着力推动互联网和实体经济深度融合发展，以信息流带动技术流、资金流、人才流、物资流，促进资源配置优化，促进全要素生产率提升，为推动创新发展、转变经济发展方式、调整经济结构发挥积极作用。

第二，网信事业要发展，必须贯彻以人民为中心的发展思想。这是党的十八届五中全会提出的一个重要观点。要适应人民期待和需求，加快信息化服务普及，降低应用成本，为老百姓提供用得上、用得起、用得好的信息服务，让亿万人民在共享互联网发展成果上有更多获得感。相比城市，农村互联网基础设施建设是我们的短板。要加大投入力度，加快农村互联网建设步伐，扩大光纤网、宽带网在农村的有效覆盖。做好信息化和工业化深度融合这篇大文章，发展智能制造，带动更多人创新创业；瞄准农业现代化主攻方向，提高农业生产智能化、经营网络化水平，帮助广大农民增加收入；发挥互联网优势，实施“互联网+教育”“互联网+医疗”“互联网+文化”等，促进基本公共服务均等化；发挥互联网在助推脱贫攻坚中的作用，推进精准扶贫、精准脱贫，让更多困难群众用上互联网，让农产品通过互联网走出乡村，让山沟里的孩子也能接受优质教育；加快推进电子政务，鼓励各级政府部门打破信息壁垒、提升服务效率，让百姓少跑腿、信息多跑路，解决办事难、办事慢、办事繁的问题；等等。这些方面有很多事情可做，一些互联网企业已经做了尝试，取得了较好的经济效益和社会效益。

第三，信息是国家治理的重要依据，要发挥其在这个进程中的重要作用。要以信息化推进国家治理体系和治理能力现代化，统筹发展电子政务，构建一体化在线服务平台，分级分类推进新型智慧城市建设，打通信息壁垒，构建全国信息资源共享体系，用信息化手段更好感知社会态势，畅通沟通渠道，辅助科学决策。在中共中央政治局就网络强国战略进行第三十六次集体学习时，习近平总书记再次强调，我们要深刻认识互联网在国家管理和社会治理中的作用，以推行电子政务、建设新型智慧城市等为抓手，以数据集中和共享为途径，建设全国一体化的国家大数据中心，推进技术融合、业务融合、数据融合，实现跨层级、跨地域、跨系统、跨部门、跨业务的协同管理和服务。要用信息化手段更好感知社会态势，畅通沟通渠道，辅助决策施政。要不断提高对互联网规律的把握能力、对网络舆论的引导能力、对信息化发展的驾驭能力、对网络安全的保障能力，把网络强国建设不断推向前进。

（三）加大依法管理网络力度

1. 推动互联网企业规范发展

在网络安全和信息化工作座谈会上，习近平总书记指出，我国互联网企业由小到大、由弱变强，在稳增长、促就业、惠民生等方面发挥了重要作用。让企业持续健康发展，既是企业家奋斗的目标，也是国家发展的需要。企业命运与国家发展息息相关。脱离了国家支持、脱离了群众支持，脱离了为国家服务、为人民服务，企业难以做强做大。在我国，7亿多人上互联网，肯定需要管理，而且这个管理是很复杂、很繁重的。企业要承担企业的责任，党和政府要承担党和政府的责任，哪一边都不能放弃自己的责任。网上信息管理，网站应负主体责任，政府行政管理部门要加强监管。主管部门、企业要建立密切协作协调的关系，避免过去经常出现的“一放就乱、一管就死”现象，走出一条齐抓共管、良性互动的新路。

第一，坚持鼓励支持和规范发展并行。企业直接面向市场，处在创新第一线，处在掌握民众需要第一线，市场感觉敏锐，创新需求敏感，创新愿望强烈。应该鼓励和支持企业成为研发主体、创新主体、产业主体，鼓励和支持企业布局前沿技术，推动核心技术自主创新，创造和把握更多机会，参与国际竞争，拓展海外发展空间。要规范市场秩序，鼓励进行良性竞争。这既有利于激发企业创新活力，提升竞争能力，扩大市场空间，又有利于平衡各方利益，维护国家利益，更好服务百姓。要加大知识产权保护力度，提高侵权代价和违法成本，震慑违法侵权行为。党的十八届四中全会提出健全以公平为核心原则的产权保护制度，加强对各种所有制经济组织和自然人财产权的保护，清理有违公平的法律法规条款。这些要求要尽快落实到位。

第二，坚持政策引导和依法管理并举。政府要为企业发展营造良好环境，加快推进审批制度、融资制度、专利制度等改革，减少重复检测认证，施行优质优价政府采购制度，减轻企业负担，破除体制机制障碍。党的十八届三中全会以后，党中央成立了全面深化改革领导小组，已经推出的很多改革方案都同这些方面有联系。改革要继续推进，也就是要敢于啃硬骨头，敢于涉险滩、闯难关。同时，要加快网络立法进程，完善依法监管措施，化解网络风险。如 e 租宝、中晋系案件，打着“网络金融”旗号非法集资，给有关群众带来严重财产损失，社会影响十分恶劣。现在，网络诈骗案件越来越多，作案手段花样翻新，技术含量越来越高。这也提醒我们，在发展新技术新业务时，必须警惕风险蔓延。要依法加强对大数据的管理。一些涉及国家利益、国家安全的数据，很多掌握在互联网企业手里，企业要保证这些数据安全。企业要重视数据安全。如果企业在数据保护和安全上出了问题，自己的信誉也会受到不利影响。

第三，坚持经济效益和社会效益并重。一个企业既有经济责任、法律责任，也有社会责任、道德责任。企业做得越大，社会责任、道德责任就越大，公众对企业这方面的要求也就越高。我国互联网企业在发展过程中，承担了很多社会责任，这一点要给予充分肯定，希望继续发扬光大。只有富有爱心的财富才是真正有意义的财富，只有积极承担社会责任的企业才是最有竞争力和生命力的企业。办网站的不能一味追求点击率，开网店的要防范假冒伪劣产品，做社交平台的不能成为谣言扩散器，做搜索的不能仅以给钱的多少作为排位的标准。希望广大互联网企业坚持经济效益和社会效益统一，在自身发展的同时，饮水思源，回报社会，造福人民。

2. 建设风清气正的网络空间

第一，网上网下形成同心圆。在中央网络安全和信息化领导小组第一次会议讲话中，习近平总书记指出，做好网上舆论工作是一项长期任务，要创新改进网上宣传，运用网络传播规律，弘扬主旋律，激发正能量，大力培育和践行社会主义核心价值观，把握好网上舆论引导的时、度、效，使网络空间清朗起来。在网络安全和信息化工作座谈会上，习近平总书记强调，实现“两个一百年”奋斗目标，需要全社会方方面面同心干，需要全国各族人民心往一处想、劲往一处使。如果一个社会没有共同理想，没有共同目标，没有共同价值观，整天乱哄哄的，那就什么事也办不成。我国有 14 亿多人，如果弄成那样一个局面，就不符合人民利益，也不符合国家利益。凝聚共识工作不容易做，大家要共同努力。为了实现我们的目标，网上网下要形成同心圆。什么是同心圆？就是在党的领导下，动员全国各族人民，调动各方面积极性，共同为实现中华民族伟大复兴的中国梦而奋斗。

第二，对网民要多一些包容和耐心，让互联网成为与群众交流沟通的新平台。在网络安全和信息化工作座谈会上，习近平总书记强调，形成良好网上舆论氛围，不是说只能有一个声音、一个调子，而是说不能搬弄是非、颠倒黑白、造谣生事、违法犯罪，不能超越了宪法法律界限。总书记指出，网民大多数是普通群众，来自四面八方，各自经历不同，观点和想法肯定是五花八门的，不能要求他们对所有问题都看得那么准、说得那么对。要多一些包容和耐心，对建设性意见要及时吸纳，对困难要及时帮助，对不了解情况的要及时宣介，对模糊认识要及时廓清，对怨气怨言要及时化解，对错误看法要及时引导和纠正，让互联网成为我们同群众交流沟通的新平台，成为了解群众、贴近群众、为群众排忧解难的新途径，成为发扬人民民主、接受人民监督的新渠道。习近平总书记特别强调，要把权力关进制度的笼子里，一个重要手段就是发挥舆论监督包括互联网监督作用。这一条，各级党政机关和领导干部特别要注意，首先要做好。对网上那些出于善意的批评，对互联网监督，不论是对党和政府工作提的还是对领导干部个人提的，不论是和风细雨式的还是忠言逆耳式的，我们不仅要欢迎，而且要认真研究和吸取。

第三，依法加强网络空间治理，使网络空间清朗起来。在网络安全和信息化工作座谈会上，习近平总书记指出，网络空间是亿万民众共同的精神家园。网络空间天朗气清、生态良好，符合人民利益。网络空间乌烟瘴气、生态恶化，不符合人民利益。谁都不愿生活在一个充斥着虚假、诈骗、攻击、谩骂、恐怖、色情、暴力的空间。互联网不是法外之地。利用网络鼓吹推翻国家政权，煽动宗教极端主义，宣扬民族分裂思想，教唆暴力恐怖活动等，这样的行为要坚决制止和打击，决不能任其大行其道。利用网络进行欺诈活动、散布色情材料、进行人身攻击、兜售非法物品等，这样的言行也要坚决管控，决不能任其大行其道。没有哪个国家会允许这样的行为泛滥开来。我们要本着对社会负责、对人民负责的态度，依法加强网络空间治理，加强网络内容建设，做强网上正面宣传，培育积极健康、向上向善的网络文化，用社会主义核心价值观和人类优秀文明成果滋养人心、滋养社会，做到正能量充沛、主旋律高昂，为广大网民特别是青少年营造一个风清气正的网络空间。

（四）加快推进网络信息技术自主创新

在网络安全和信息化工作座谈会上，习近平总书记指出，互联网核心技术是我们最大的“命门”，核心技术受制于人是我们最大的隐患。一个互联网企业即便规模再大、市值再高，如果核心元器件严重依赖外国，供应链的“命门”掌握在别人手里，那就好比在别人的墙基上砌房子，再大再漂亮也可能经不起风雨，甚至会不堪一击。我们要掌握我国互联网发展主动权，保障互联网安全、国家安全，就必须突破核心技术这个难题，争取在某些领域、某些方面实现“弯道超车”。在座谈会上，习近平总书记还特别讲到如何从三个方面把握核心技术：一是基础技术、通用技术；二是非对称技术、“撒手锏”技术；三是前沿技术、颠覆性技术。在这些领域，我们同国外处在同一条起跑线上，如果能够超前部署、集中攻关，很有可能实现从跟跑并跑到并跑领跑的转变。在中共中央政治局第三十六次集体学习时，习近平总书记再次强调，网络信息技术是全球研发投入最集中、创新最活跃、应用最广泛、辐射带动作用最大的技术创新领域，是全球技术创新的竞争高地。我们要顺应这一趋势，大力发展核心技术，加强关键信息基础设施安全保障，完善网络治理体系。要紧紧牵住核心技术自主创新这个“牛鼻子”，抓紧突破网络发展的前沿技术和具有国际竞争力的关键核心技术，加快推进国产自主可控替代计划，构建安全可控的信息技术体系。

第一，树立雄心壮志，努力尽快在核心技术上取得新的重大突破。习近平总书记指出，我国信息技术产业体系相对完善、基础较好，在一些领域已经接近或达到世界先进水平，市场空间很大，有条件有能力在核心技术上取得更大进步，关键是要厘清思路、脚踏实地去干。习近平总书记强调，我国网信领域广大企业家、专家学者、科技人员要树立这个雄心壮志，要争这口气，努力尽快在核心技术上取得新的重大突破。核心技术要取得突破，就要有决心、恒心、重心。有决心，就是要树立顽强拼搏、刻苦攻关的志气，坚定不移实施创新驱动发展战略，把更多人力物力财力投向核心技术研发，集合精锐力量，作出战略性安排。有恒心，就是要制定信息领域核心技术设备发展战略纲要，制定路线图、时间表、任务书，明确近期、中期、远期目标，遵循技术规律，分梯次、分门类、分阶段推进，咬定青山不放松。有重心，就是要立足我国国情，面向世界科技前沿，面向国家重大需求，面向国民经济主战场，紧紧围绕攀登战略制高点，强化重要领域和关键环节任务部署，把方向搞清楚，把重点搞清楚。否则，花了很多钱、投入了很多资源，最后南辕北辙，是难以取得成效的。

第二，正确处理开放和自主的关系。习近平总书记指出，现在，在技术发展上有两种观点值得注意。一种观点认为，要关起门来，另起炉灶，彻底摆脱对外国技术的依赖，靠自主创新谋发展，否则总跟在别人后面跑，永远追不上。另一种观点认为，要开放创新，站在巨人肩膀上发展自己的技术，不然也追不上。这两种观点都有一定道理，但也都绝对了一些，没有辩证看待问题。一方面，核心技术是国之重器，最关键最核心的技术要立足自主创新、自立自强。市场换不来核心技术，有钱也买不来核心技术，必须靠自己研发、自己发展。另一方面，我们强调自主创新，不是关起门来搞研发，一定要坚持开放创新，只有跟高手过招才知道差距，不能夜郎自大。习近平总书记强调，我们不拒绝任何新技术，新技术是人类文明发展的成果，只要有利于提高我国社会生产力水平、有利于改善人民生活，我们都不拒绝。问题是要搞清楚哪些是可以引进但必须安全可控的，哪些是可以引进消化吸收再创新的，哪些是可以同别人合作开发的，哪些是必须依靠自己的力量自主创新的。核心技术的根源问题是基础研究问题，基础研究搞不好，应用技术就会成为无源之水、无本之木。

第三，在科研投入上集中力量办大事，积极推动核心技术成果转化。习近平总书记指出，近年来，我们在核心技术研发上投的钱不少，但效果还不是很明显，主要问题是好钢没有用在刀刃上。要围绕国家亟须突破的核心技术，把拳头攥紧，坚持不懈做下去。技术要发展，必须要使用。在全球信息领域，创新链、产业链、价值链整合能力越来越成为决定成败的关键。核心技术研发的最终结果，不应只是技术报告、科研论文、实验室样品，而应是市场产品、技术实力、产业实力。核心技术脱离了它的产业链、价值链、生态系统，上下游不衔接，就可能白忙活一场。科研和经济不能搞成“两张皮”，要着力推进核心技术成果转化和产业化。经过一定范围论证，该用的就要用。我们自己推出的新技术新产品，在应用中出现一些问题是自然的。可以在用的过程中继续改进，不断提高质量。如果大家都不用，就是报一个课题完成报告，然后束之高阁，那永远发展不起来。

第四，推动强强联合、协同攻关。要打好核心技术研发攻坚战，不仅要把冲锋号吹起来，而且要把集合号吹起来，也就是要把最强的力量积聚起来共同干，组成攻关的突击队、特种兵。我们同国际先进水平在核心技术上差距悬殊，一个很突出的原因是，我们的骨干企业没有像微软、英特尔、谷歌、苹果那样形成协同效应。美国有个所谓的“文泰来”联盟，微软的视窗操作系统只配对英特尔的芯片。在核心技术研发上，强强联合比单打独斗效果要好，要在这方面拿出些办法来，彻底摆脱部门利益和门户之见的束缚。抱着宁为鸡头、不为凤尾的想法，抱着自己拥有一亩三分地的想法，形不成合力，是难以成事的。比如，可以组建“互联网+”联盟、高端芯片联盟等，加强战略、技术、标准、市场等沟通协作，协同创新攻关。可以探索搞揭榜挂帅，把需要的关键核心技术项目张出榜来，英雄不论出处，谁有本事谁就揭榜。在这方面，既要发挥国有企业作用，也要发挥民营企业作用，也可以两方面联手来干。还可以探索更加紧密的资本型协作机制，成立核心技术研发投资公司，发挥龙头企业优势，带动中小企业发展，既解决上游企业技术推广应用问题，也解决下游企业“缺芯少魂”问题。

（五）建设一流网络安全人才队伍

在网络安全和信息化工作座谈会上，习近平总书记指出，建设网络强国，要把人才资源汇聚起来，建设一支政治强、业务精、作风好的强大队伍。网络空间的竞争，归根结底是人才竞争。建设网络强国，没有一支优秀的人才队伍，没有人才创造力迸发、活力涌流，是难以成功的。“千军易得，一将难求。”要培养造就世界水平的科学家、网络科技领军人才、卓越工程师、高水平创新团队。要重视人才，引进人才力度要进一步加大，人才体制机制改革步子要进一步迈开。网信领域可以先行先试，抓紧调研，制定吸引人才、培养人才、留住人才的办法。在网络安全和信息化工作座谈会上，习近平总书记再次强调，人才是第一资源。古往今来，人才都是富国之本、兴邦大计。要把我们的事业发展好，就要聚天下英才而用之。要干一番大事业，就要有这种眼界、这种魄力、这种气度。

第一，网络空间的竞争，归根结底是人才竞争。“得人者兴，失人者崩。”网络空间的竞争，归根结底是人才竞争。建设网络强国，没有一支优秀的人才队伍，没有人才创造力迸发、活力涌流，是难以成功的。念好了人才经，才能事半功倍。现在，人才特别是高端人才依然稀缺。我们的脑子要转过弯来，既要重视资本，更要重视人才，引进人才力度要进一步加大，人才体制机制改革步子要进一步迈开。网信领域可以先行先试，抓紧调研，制定吸引人才、培养人才、留住人才的办法。

第二，互联网主要是年轻人的事业，要不拘一格降人才。要解放思想，慧眼识才，爱才惜才。培养网信人才，要下大功夫、下大本钱，请优秀的老师，编优秀的教材，招优秀的学生，建一流的网络空间安全学院。互联网领域的人才，不少是怪才、奇才，他们往往不走一般套路，有很多奇思妙想。对待特殊人才要有特殊政策，不要求全责备，不要论资排辈，不要都用一把尺子衡量。

第三，要采取特殊政策，建立适应网信特点的人事制度、薪酬制度，把优秀人才凝聚到技术部门、研究部门、管理部门中来。要建立适应网信特点的人才评价机制，以实际能力为衡量标准，不唯学历，不唯论文，不唯资历，突出专业性、创新性、实用性。要建立灵活的人才激励机制，让作出贡献的人才有成就感、获得感。要探索网信领域科研成果、知识产权归属、利益分配机制，在人才入股、技术入股以及税收方面制定专门政策。在人才流动上要打破体制界限，让人才能够在政府、企业、智库间实现有序顺畅流动。国外那种“旋转门”制度的优点，我们也可以借鉴。

第四，尊重知识、尊重人才，下大气力引进高端人才。我国是科技人才资源最多的国家之一，但也是人才流失比较严重的国家，其中不乏顶尖人才。在人才选拔上要有全球视野，下大气力引进高端人才。随着我国综合国力不断增强，有很多国家的人才也希望来我国发展。我们要顺势而为，改革人才引进各项配套制度，构建具有全球竞争力的人才制度体系。不管是哪个国家、哪个地区的，只要是优秀人才，都可以为我所用。这项工作，有些企业、科研院所已经做了。这方面要加大力度，不断提高我们在全球配置人才资源的能力。互联网是技术密集型产业，也是技术更新最快的领域之一。我国网信事业发展，必须充分调动企业家、专家学者、科技人员的积极性、主动性、创造性。习近平总书记早年在正定县工作时，为了向全国一流专家学者借智，专门聘请华罗庚等专家学者给正定县当顾问，有的专家学者亲自到正定指导工作。企业家、专家学者、科技人员要有国家担当、社会责任，为促进国家网信事业发展多贡献自己的智慧和力量。各级党委和政府要从心底里尊重知识、尊重人才，为人才发挥聪明才智创造良好条件，营造宽松环境，提供广阔平台。

（六）共同构建全球网络空间命运共同体

随着世界多极化、经济全球化、文化多样化、社会信息化深入发展，互联网对人类文明进步将发挥更大的促进作用。同时，互联网领域发展不平衡、规则不健全、秩序不合理等问题日益凸显。不同国家和地区信息鸿沟不断拉大，现有网络空间治理规则难以反映大多数国家意愿和利益；世界范围内侵害个人隐私、侵犯知识产权、网络犯罪等时有发生，网络监听、网络攻击、网络恐怖主义活动等成为全球公害。面对这些问题和挑战，国际社会应该在相互尊重、相互信任的基础上，加强对话合作，推动互联网全球治理体系变革，共同构建和平、安全、开放、合作的网络空间，建立多边、民主、透明的全球互联网治理体系。习近平总书记强调，网络空间是人类共同的活动空间，网络空间前途命运应由世界各国共同掌握。各国应该加强沟通、扩大共识、深化合作，共同构建网络空间命运共同体。为此，习近平总书记提出推进全球互联网治理体系变革的四项原则和五点主张。

1. 推进全球互联网治理体系变革的四项原则

第一，尊重网络主权。《联合国宪章》确立的主权平等原则是当代国际关系的基本准则，覆盖国与国交往的各个领域，其原则和精神也应该适用于网络空间。我们应该尊重各国自主选择网络发展道路、网络管理模式、互联网公共政策和平等参与国际网络空间治理的权利，不搞网络霸权，不干涉他国内政，不从事、纵容或支持危害他国国家安全的网络活动。

第二，维护和平安全。一个安全稳定繁荣的网络空间，对各国乃至世界都具有重大意义。在现实空间，战火硝烟仍未散去，恐怖主义阴霾难除，违法犯罪时有发生。网络空间，不应成为各国角力的战场，更不能成为违法犯罪的温床。各国应该共同努力，防范和反对利用网络空间进行的恐怖、淫秽、贩毒、洗钱、赌博等犯罪活动。不论是对商业窃密者，还是对攻击政府网络的黑客，都应该根据相关法律和国际公约予以坚决打击。维护网络安全不应有双重标准，不能一个国家安全而其他国家不安全，一部分国家安全而另一部分国家不安全，更不能以牺牲别国安全谋求自身所谓绝对安全。

第三，促进开放合作。“天下兼相爱则治，交相恶则乱。”完善全球互联网治理体系，维护网络空间秩序，必须坚持同舟共济、互信互利的理念，摈弃零和博弈、赢者通吃的旧观念。各国应该推进互联网领域开放合作，丰富开放内涵，提高开放水平，搭建更多沟通合作平台，创造更多利益契合点、合作增长点、共赢新亮点，推动彼此在网络空间优势互补、共同发展，让更多国家和人民搭乘信息时代的快车、共享互联网发展成果。

第四，构建良好秩序。网络空间同现实社会一样，既要提倡自由，也要保持秩序。自由是秩序的目的，秩序是自由的保障。我们既要尊重网民交流思想、表达意愿的权利，也要依法构建良好网络秩序，这有利于保障广大网民合法权益。网络空间不是“法外之地”。网络空间是虚拟的，但运用网络空间的主体是现实的，大家都应该遵守法律，明确各方权利义务。要坚持依法治网、依法办网、依法上网，让互联网在法治轨道上健康运行。同时，要加强网络伦理、网络文明建设，发挥道德教化引导作用，用人类文明优秀成果滋养网络空间、修复网络生态。

2. 推进全球互联网治理体系变革的五点主张

第一，加快全球网络基础设施建设，促进互联互通。网络的本质在于互联，信息的价值在于互通。只有加强信息基础设施建设，铺就信息畅通之路，不断缩小不同国家、地区、人群间的信息鸿沟，才能让信息资源充分涌流。中国正在实施“宽带中国”战略，宽带网络将基本覆盖所有行政村，打通网络基础设施“最后一公里”，让更多人用上互联网。中国愿同各方一道，加大资金投入，加强技术支持，共同推动全球网络基础设施建设，让更多发展中国家和人民共享互联网带来的发展机遇。

第二，打造网上文化交流共享平台，促进交流互鉴。文化因交流而多彩，文明因互鉴而丰富。互联网是传播人类优秀文化、弘扬正能量的重要载体。中国愿通过互联网架设国际交流桥梁，推动世界优秀文化交流互鉴，推动各国人民情感交流、心灵沟通。我们愿同各国一道，发挥互联网传播平台优势，让各国人民了解中华优秀文化，让中国人民了解各国优秀文化，共同推动网络文化繁荣发展，丰富人们的精神世界，促进人类文明进步。

第三，推动网络经济创新发展，促进共同繁荣。当前，世界经济复苏艰难曲折，中国经济也面临着一定下行压力。解决这些问题，关键在于坚持创新驱动发展，开拓发展新境界。中国正在实施“互联网+”行动计划，推进“数字中国”建设，发展分享经济，支持基于互联网的各类创新，提高发展质量和效益。中国互联网蓬勃发展，为各国企业和创业者提供了广阔市场空间。中国开放的大门永远不会关上，利用外资的政策不会变，对外商投资企业合法权益的保障不会变，为各国企业在华投资兴业提供更好服务的方向不会变。只要遵守中国法律，我们热情欢迎各国企业和创业者在华投资兴业。我们愿意同各国加强合作，通过发展跨境电子商务、建设信息经济示范区等，促进世界范围内投资和贸易发展，推动全球数字经济发展。

第四，保障网络安全，促进有序发展。安全和发展是一体之两翼、驱动之双轮。安全是发展的保障，发展是安全的目的。网络安全是全球性挑战，没有哪个国家能够置身事外、独善其身，维护网络安全是国际社会的共同责任。各国应该携手努力，共同遏制信息技术滥用，反对网络监听和网络攻击，反对网络空间军备竞赛。中国愿同各国一道，加强对话交流，有效管控分歧，推动制定各方普遍接受的网络空间国际规则，制定网络空间国际反恐公约，健全打击网络犯罪司法协助机制，共同维护网络空间和平安全。

第五，构建互联网治理体系，促进公平正义。国际网络空间治理，应该坚持多边参与、多方参与，由大家商量着办，发挥政府、国际组织、互联网企业、技术社群、民间机构、公民个人等各个主体的作用，不搞单边主义，不搞一方主导或由几方凑在一起说了算。各国应该加强沟通交流，完善网络空间对话协商机制，研究制定全球互联网治理规则，使全球互联网治理体系更加公正合理，更加平衡地反映大多数国家意愿和利益。举办世界互联网大会，就是希望搭建全球互联网共享共治的一个平台，共同推动互联网健康发展。

三、网络安全治理的新定位

党的十八大以来，以习近平同志为核心的党中央高度重视网络安全治理问题，把网络安全和信息化上升到重大战略问题的高度，制定了《国家网络空间安全战略》，并通过发布中央决定、国家规划、推进立法等方式，加大了网络安全治理的力度，进一步理顺了网络安全管理体制，具体包括四个方面。

（一）把网络安全上升到国家重大战略问题的高度

2014年2月27日，中央网络安全和信息化领导小组成立并召开第一次会议，习近平总书记发表重要讲话。他强调，网络安全和信息化是事关国家安全和国家发展、事关广大人民群众工作生活的重大战略问题，要从国际国内大势出发，总体布局，统筹各方，创新发展，努力把我国建设成为网络强国。此后，网络安全治理的顶层设计相继发布：2016年7月27日，中共中央办公厅、国务院办公厅印发《国家信息化发展战略纲要》；12月27日，经中央网络安全和信息化领导小组批准，国家互联网信息办公室发布《国家网络空间安全战略》；同日，国务院印发《"十三五"国家信息化规划》；2017年3月1日，经中央网络安全和信息化领导小组批准，外交部和国家互联网信息办公室共同发布了《网络空间国际合作战略》。

上述战略、规划是我国网络安全治理的顶层设计，为我国网络安全治理指明了方向。首先，《国家网络空间安全战略》突出强调了确保网络空间安全的重大意义，指出："网络空间安全（以下称网络安全）事关人类共同利益，事关世界和平与发展，事关各国国家安全。维护我国网络安全是协调推进全面建成小康社会、全面深化改革、全面依法治国、全面从严治党战略布局的重要举措，是实现'两个一百年'奋斗目标、实现中华民族伟大复兴中国梦的重要保障。"该战略阐明了中国关于网络空间发展和安全的重大立场和主张，明确了战略方针和主要任务，切实维护国家在网络空间的主权、安全、发展利益，是贯彻落实习近平总书记网络强国战略思想，指导国家网络安全工作的纲领性文件。其次，《"十三五"国家信息化规划》是指导"十三五"期间各地区、各部门信息化工作的行动指南，是"十三五"国家规划体系的重要组成部分。再次，《网络空间国际合作战略》是指导中国参与网络空间国际交流与合作的战略性文件。该战略以和平发展、合作共赢为主题，以构建网络空间命运共同体为目标，为解决全球网络空间治理难题提出中国方案。最后，《国家信息化发展战略纲要》是规范和指导未来 10 年国家信息化发展的纲领性文件，是根据新形势对《2006—2020 年国家信息化发展战略》的调整和发展，是国家战略体系的重要组成部分，是信息化领域规划、政策制定的重要依据。纲要明确提出："以信息化驱动现代化，建设网络强国，是落实'四个全面'战略布局的重要举措，是实现'两个一百年'奋斗目标和中华民族伟大复兴中国梦的必然选择。"

（二）明确网络安全治理方针，完善网络安全管理体制

网络和信息安全牵涉到国家安全和社会稳定，是新时代面临的新的综合性挑战。在《关于〈中共中央关于全面深化改革若干重大问题的决定〉的说明》中，习近平总书记指出，从实践看，面对互联网技术和应用飞速发展，现行管理体制存在明显弊端，主要是多头管理、职能交叉、权责不一、效率不高。同时，随着互联网媒体属性越来越强，网上媒体管理和产业管理远远跟不上形势发展变化。特别是面对传播快、影响大、覆盖广、社会动员能力强的微客、微信等社交网络和即时通信工具用户的快速增长，如何加强网络法制建设和舆论引导，确保网络信息传播秩序和国家安全、社会稳定，已经成为摆在我们面前的现实突出问题。党的十八届三中全会《中共中央关于全面深化改革若干重大问题的决定》提出坚持积极利用、科学发展、依法管理、确保安全的方针，加大依法管理网络力度，完善互联网管理领导体制，目的是整合相关机构职能，形成从技术到内容、从日常安全到打击犯罪的互联网管理合力，确保网络正确运用和安全。

2014 年 8 月 26 日，《国务院关于授权国家互联网信息办公室负责互联网信息内容管理工作的通知》发布，国务院授权重新组建的国家互联网信息办公室负责全国互联网信息内容管理工作，并负责监督管

理执法。至此，中国特色的网络安全管理体制正式确立。

（三）强化网络安全保障，严厉打击网络犯罪

党的十八届三中全会通过的《中共中央关于全面深化改革若干重大问题的决定》明确提出，要健全基础管理、内容管理、行业管理以及网络违法犯罪防范和打击等工作联动机制。党的十八届四中全会通过的《中共中央关于全面推进依法治国若干重大问题的决定》则进一步明确，要加强互联网领域立法，完善网络信息服务、网络安全保护、网络社会管理等方面的法律法规，依法规范网络行为。深入推进社会治安综合治理，健全落实领导责任制。依法强化危害食品药品安全、影响安全生产、损害生态环境、破坏网络安全等重点问题治理。在《中华人民共和国国民经济和社会发展第十三个五年规划纲要》（以下简称“十三五”规划纲要）中，设立专章“强化信息安全保障”，明确提出统筹网络安全和信息化发展，完善国家网络安全保障体系，强化重要信息系统和数据资源保护，提高网络治理能力，保障国家信息安全。《“十三五”国家信息化规划》提出，坚持依法治网、依法办网、依法上网，加强网络违法犯罪监控和查处能力建设。依法严格惩治网络违法犯罪行为，建设健康、绿色、安全、文明的网络空间。要顺应广大人民群众呼声，重点加大对网络电信诈骗等违法行为打击力度，开展打击网络谣言、网络敲诈、网络诈骗、网络色情等专项行动。加强网络空间精细化管理，清理违法和不良信息，防范并严厉打击利用网络空间进行恐怖、淫秽、贩毒、洗钱、诈骗、赌博等违法犯罪活动，依法惩治网络违法犯罪行为，让人民群众安全放心使用网络。《国家信息化发展战略纲要》提出，坚决防范和打击通过网络分裂国家、煽动叛乱、颠覆政权、破坏统一、窃密泄密等行为，维护网络主权和国家安全。在2017年政府工作报告中，李克强总理也特别强调：“完善国家网络安全保障体系。创新社会治安综合治理机制，以信息化为支撑

推进社会治安防控体系建设，依法惩治违法犯罪行为，严厉打击暴力恐怖活动，增强人民群众的安全感。”①

党的十八大以来，为了打击网络犯罪，公安机关成立了专项行动领导小组，多次开展集中整治行动，取得了显著成绩。如在 2013 年 6 月，全国公安机关开展了为期半年的集中打击整治网络违法犯罪专项行动，通过循线追查犯罪源头，集中打掉一批为网络违法犯罪活动“输血供电”的网络服务商、代理商、销售商、广告商、黑客程序制作者、维护者以及提供“洗钱”服务的利益链条；同时依法查处违法犯罪活动突出的网络服务平台，整治安全管理责任不落实、屡出问题的接入服务商与信息服务商。2015 年 7 月，公安部再次组织全国公安机关开展了为期半年的打击整治网络违法犯罪“净网行动”。此次行动“以严厉打击网络攻击破坏、入侵控制网站、网银木马盗窃、网络诈骗等违法犯罪为重点，坚决打击危害网络安全的黑客攻击破坏活动，坚决打击侵害人民群众利益的网络盗窃诈骗违法犯罪活动，有效整治和规范互联网络秩序”②。2016 年，全国公安机关针对网络诈骗、黑客攻击和侵害公民个人信息等高发频发犯罪活动，共侦破黑客攻击案件 828 起，抓获犯罪嫌疑人1 288人；侦破侵害公民个人信息案件1 886 起，抓获犯罪嫌疑人4 261人，查获各类公民个人信息 307 亿余条，抓获银行、教育、工商、电信、快递、证券、电商网站等行业“内鬼” 391 人、黑客 98 人。针对网上“治安乱点”，各地网警部门共整治重点网站 38 家，查处问题网站6 760家，打掉网络诈骗、网络盗窃等涉网违法犯罪团伙 744 个，抓获犯罪嫌疑人6 755人，清理涉枪涉爆等各

---

① 《两会授权发布：李克强说，切实保障改善民生，加强社会建设》，新华网，2016 年 3 月5 日。

② 公安部：《集中开展“净网行动”重拳打击整治网络违法犯罪》，公安部网站，2015 年 8 月 19 日。

类违法信息4 000多万条。[①]

特别值得一提的是，在侦破网络犯罪过程中，社会力量正发挥着越来越重要的作用，既包括企业的协作也包括热心网友的帮助。例如，2017 年 7 月，北京海淀警方侦破一起跨境“黑客”破坏计算机系统案，北京一家科技公司开发的一款恶意软件，捆绑正常软件传染境外互联网，一年内感染全球超 2.5 亿台电脑，并利用植入广告，牟利近8 000万元人民币，最终，9 人因涉嫌破坏计算机系统罪被批捕。此案得以成功侦破缘于一名热心“海淀网友”的举报。该网友浏览网页时，发现国外某知名安全实验室报道了一起代号为“FireBall”（火球）的病毒，大意是中国一家网络公司在国外推广的免费软件中，镶嵌了恶意代码，用来劫持用户流量，并以此达到流量变现的目的。结合自己的专业知识，该网友对“火球”病毒传播途径进行了分析，同时协助民警，对该网络公司推广的免费软件进行样本固定和功能性分析，确定在这些推广的免费软件内，存在相同的恶意代码，最后警方模拟中毒过程锁定证据。[②]

四、网络安全治理的新框架

在党和国家网络安全治理大政方针的指引下，网络安全治理的相关战略与政策框架全面确立。

（一）国家网络安全战略

2016 年 12 月 27 日，国家互联网信息办公室发布《国家网络空间安全战略》（以下简称《战略》）。《战略》经中央网络安全和信息化领

① 刘奕湛：《构建安全清朗的网络环境——我国网络社会治理能力持续提升》，新华网，2017 年 2 月 13 日。

② 《科技公司开发病毒境外传播超 2.5 亿台电脑被感染》，新华网，2017 年 7 月 25 日。

导小组批准，贯彻落实习近平总书记网络强国战略思想，阐明了中国关于网络空间发展和安全的重大立场和主张，明确了战略方针和主要任务，切实维护国家在网络空间的主权、安全、发展利益，是指导国家网络安全工作的纲领性文件。该《战略》包括四个部分：机遇和挑战、目标、原则及任务。总的来说，网络空间机遇和挑战并存，机遇大于挑战。重大机遇包括信息传播的新渠道、生产生活的新空间、经济发展的新引擎、文化繁荣的新载体、社会治理的新平台、交流合作的新纽带及国家主权的新疆域。严峻挑战包括网络渗透危害政治安全、网络攻击威胁经济安全、网络有害信息侵蚀文化安全、网络恐怖和违法犯罪破坏社会安全、网络空间的国际竞争方兴未艾。

《战略》确立了我国网络空间发展的五大战略目标，分别是和平、安全、开放、合作、有序；明确了网络空间发展的四项战略原则，包括“尊重维护网络空间主权、和平利用网络空间、依法治理网络空间、统筹网络安全与发展”原则；提出了我国网络空间发展的九大战略任务，分别是坚定捍卫网络空间主权、坚决维护国家安全、保护关键信息基础设施、加强网络文化建设、打击网络恐怖和违法犯罪、完善网络治理体系、夯实网络安全基础、提升网络空间防护能力、强化网络空间国际合作。

2017 年 10 月 18 日，中国共产党第十九次全国代表大会在人民大会堂开幕。习近平总书记代表第十八届中央委员会向大会作了题为《决胜全面建成小康社会 夺取新时代中国特色社会主义伟大胜利》的报告，报告作出了“中国特色社会主义进入新时代”的重大判断，具有划时代的里程碑意义。报告提出坚持总体国家安全观，为我国今后网络安全治理指明了方向。2017 年 12 月 8 日下午，中共中央政治局就实施国家大数据战略进行第二次集体学习。放眼未来，党的十九大以后，我国坚持总体国家安全观，走中国特色的国家安全道路；坚持网络空间治理的十六字方针，加快实施国家大数据战略，携手共建网络空间命运共同体。

（二）坚持“十六字方针”，科学实施网络空间治理

党的十八届三中全会提出“积极利用、科学发展、依法管理、确保安全”的网络空间安全方针，这是党的十九大后我国网络空间安全治理的指南。

第一，积极利用是指积极拥抱互联网，利用“互联网+”的优势实现弯道超车。在网络安全和信息化工作座谈会上，习近平总书记指出：“对互联网来说，我国虽然是后来者，接入国际互联网只有20多年，但我们正确处理安全和发展、开放和自主、管理和服务的关系，推动互联网发展取得令人瞩目的成就。现在，互联网越来越成为人们学习、工作、生活的新空间，越来越成为获取公共服务的新平台。”习近平总书记强调：“网信事业代表着新的生产力、新的发展方向，应该也能够在践行新发展理念上先行一步。”“我国经济发展进入新常态，新常态要有新动力，互联网在这方面可以大有作为。”①

第二，科学发展是指统筹规划，促进信息经济发展。目前，我国已基本明确网络安全治理的新理念，为构建中国特色网络安全治理新格局奠定了坚实基础。《国家信息化发展战略纲要》指出：“从国内环境看，我国已经进入新型工业化、信息化、城镇化、农业现代化同步发展的关键时期，信息革命为我国加速完成工业化任务、跨越‘中等收入陷阱’、构筑国际竞争新优势提供了历史性机遇，也警示我们面临不进则退、慢进亦退、错失良机的巨大风险。”在网络安全和信息化工作座谈会上，习近平总书记指出，我们实施“互联网+”行动计划，带动全社会兴起了创新创业热潮，信息经济在我国国内生产总值中的占比不断攀升。当今世界，信息化发展很快，不进则退，慢进亦退。

① 习近平：《在网络安全和信息化工作座谈会上的讲话》，《人民日报》2016年4月26日。

我们要加强信息基础设施建设，强化信息资源深度整合，打通经济社会发展的信息“大动脉”。党的十八届五中全会、“十三五”规划纲要都对实施网络强国战略、“互联网+”行动计划、大数据战略等作了部署，要切实贯彻落实好，着力推动互联网和实体经济深度融合发展，以信息流带动技术流、资金流、人才流、物资流，促进资源配置优化，促进全要素生产率提升，为推动创新发展、转变经济发展方式、调整经济结构发挥积极作用。

第三，依法管理是指完善网络安全立法，构建积极健康的网络舆论氛围。党的十八以来，我国的网络安全立法取得巨大成就，网络安全法、国家安全法、反恐法等一批法律颁布实施，很多战略规划中也明确提出要求。如《“十三五”国家信息化规划》提出，构建网络空间良好氛围，牢牢把握正确导向，创新舆论引导新格局，完善网络生态综合治理机制，加强网络内容建设，增强网络文化产品和服务供给能力，构建向上向善的网上舆论生态。《“十三五”国家信息化规划》强调，加强网上正面宣传，用社会主义核心价值观、中华优秀传统文化和人类优秀文明成果滋养人心、滋养社会，做到正能量充沛、主旋律高昂，为广大网民特别是青少年营造一个风清气正的网络空间。推进依法办网，加强对所有从事新闻信息服务、具有媒体属性和舆论动员功能的网络传播平台的管理。展望未来，随着网络安全法律法规的进一步完备，执法强度进一步加大，建设清朗网络空间的目标一定能实现。

第四，确保安全是指加大网络犯罪的打击力度，强化安全保障。《“十三五”国家信息化规划》提出，坚持依法治网、依法办网、依法上网，加强网络违法犯罪监控和查处能力建设。依法严格惩治网络违法犯罪行为，建设健康、绿色、安全、文明的网络空间。党的十八大以来，公安机关保持对黑客攻击破坏和网络侵犯公民个人信息犯罪严打高压态势，取得了显著成效。“但同时也必须清醒地看到，受各方面因素影响，当前黑客攻击破坏和网络侵犯公民个人信息犯罪仍然突出，一些打击整治工作面临的难题亟待解决。”[①] 因此，要全面落实“十三五”规划纲要中的“强化信息安全保障”，统筹网络安全和信息化发展，完善国家网络安全保障体系，强化重要信息系统和数据资源保护，提高网络治理能力，保障国家信息安全。在 2017 年政府工作报告中，李克强总理也特别强调：完善国家网络安全保障体系。创新社会治安综合治理机制，以信息化为支撑推进社会治安防控体系建设，依法惩治违法犯罪行为，严厉打击暴力恐怖活动，增强人民群众的安全感。2017 年 3 月 10 日，公安部召开电视电话会议，就进一步推进打击整治黑客攻击破坏和网络侵犯公民个人信息犯罪专项行动进行了部署。未来，打击网络犯罪将成为公安部门的常态化任务。

（三）加快实施国家大数据战略，努力建设网络强国

建设网络强国是未来 5 年的重要任务，而实施大数据战略就是其中最重要的内容，党的十九大后中央政治局的第二次集体学习就聚焦“实施国家大数据战略”。习近平总书记在主持学习时强调，大数据发展日新月异，我们应该审时度势、精心谋划、超前布局、力争主动，深入了解大数据发展现状和趋势及其对经济社会发展的影响，分析我国大数据发展取得的成绩和存在的问题，推动实施国家大数据战略，加快完善数字基础设施，推进数据资源整合和开放共享，保障数据安全，加快建设数字中国，更好服务我国经济社会发展和人民生活改善。[②]

第一，领导干部要善于获取数据、分析数据、运用数据，这是领导干部做好工作的基本功。习近平总书记指出，各级领导干部要加强

---

① 《公安部召开打击整治黑客攻击破坏和网络侵犯公民个人信息犯罪专项行动部署会》，公安部网站，2017 年 3 月 12 日。

② 习近平：《审时度势 精心谋划 超前布局 力争主动实施国家大数据战略 加快建设数字中国》，《人民日报》2017 年 12 月 10 日。

学习，懂得大数据，用好大数据，增强利用数据推进各项工作的本领，不断提高对大数据发展规律的把握能力，使大数据在各项工作中发挥更大作用。例如，要运用大数据促进保障和改善民生。大数据在保障和改善民生方面大有作为。要坚持以人民为中心的发展思想，推进“互联网+教育”“互联网+医疗”“互联网+文化”等，让百姓少跑腿、数据多跑路，不断提升公共服务均等化、普惠化、便捷化水平。要坚持问题导向，抓住民生领域的突出矛盾和问题，强化民生服务，弥补民生短板，推进教育、就业、社保、医药卫生、住房、交通等领域大数据普及应用，深度开发各类便民应用。要加强精准扶贫、生态环境领域的大数据运用，为打赢脱贫攻坚战助力，为加快改善生态环境助力。

第二，要推动大数据技术产业创新发展、构建以数据为关键要素的数字经济。习近平总书记强调，要瞄准世界科技前沿，集中优势资源突破大数据核心技术，加快构建自主可控的大数据产业链、价值链和生态系统。要加快构建高速、移动、安全、泛在的新一代信息基础设施，统筹规划政务数据资源和社会数据资源，完善基础信息资源和重要领域信息资源建设，形成万物互联、人机交互、天地一体的网络空间。习近平总书记指出，建设现代化经济体系离不开大数据发展和应用。我们要坚持以供给侧结构性改革为主线，加快发展数字经济，推动实体经济和数字经济融合发展，推动互联网、大数据、人工智能同实体经济深度融合，继续做好信息化和工业化深度融合这篇大文章，推动制造业加速向数字化、网络化、智能化发展。要深入实施工业互联网创新发展战略，系统推进工业互联网基础设施和数据资源管理体系建设，发挥数据的基础资源作用和创新引擎作用，加快形成以创新为主要引领和支撑的数字经济。

第三，运用大数据提升国家治理现代化水平。习近平总书记强调，要建立健全大数据辅助科学决策和社会治理的机制，推进政府管理和社会治理模式创新，实现政府决策科学化、社会治理精准化、公共服务高效化。要以推行电子政务、建设智慧城市等为抓手，以数据集中和共享为途径，推动技术融合、业务融合、数据融合，打通信息壁垒，形成覆盖全国、统筹利用、统一接入的数据共享大平台，构建全国信息资源共享体系，实现跨层级、跨地域、跨系统、跨部门、跨业务的协同管理和服务。要充分利用大数据平台，综合分析风险因素，提高对风险因素的感知、预测、防范能力。要加强政企合作、多方参与，加快公共服务领域数据集中和共享，推进同企业积累的社会数据进行平台对接，形成社会治理强大合力。要加强互联网内容建设，建立网络综合治理体系，营造清朗的网络空间。

第四，要切实保障国家数据安全。习近平总书记强调，要加强关键信息基础设施安全保护，强化国家关键数据资源保护能力，增强数据安全预警和溯源能力。要加强政策、监管、法律的统筹协调，加快法规制度建设。要制定数据资源确权、开放、流通、交易相关制度，完善数据产权保护制度。要加大对技术专利、数字版权、数字内容产品及个人隐私等的保护力度，维护广大人民群众利益、社会稳定、国家安全。要加强国际数据治理政策储备和治理规则研究，提出中国方案。在“十三五”规划纲要中也明确提出建立大数据安全管理制度，实行数据资源分类分级管理，保障安全高效可信应用。实施大数据安全保障工程，加强数据资源在采集、存储、应用和开放等环节的安全保护，加强各类公共数据资源在公开共享等环节的安全评估与保护，建立互联网企业数据资源资产化和利用授信机制。加强个人数据保护，严厉打击非法泄露和出卖个人数据的行为。国务院印发的《促进大数据发展行动纲要》中，也把“强化安全保障，提高管理水平，促进健康发展”作为主要任务之一，提出健全大数据安全保障体系：加强大数据环境下的网络安全问题研究和基于大数据的网络安全技术研究，落实信息安全等级保护、风险评估等网络安全制度，建立健全大数据安全保障体系，建立大数据安全评估体系。切实加强关键信息基础设施安全防护，做好大数据平台及服务商的可靠性及安全性评测、应用安全评测、监测预警和风险评估。明确数据采集、传输、存储、使用、开放等各环节保障网络安全的范围边界、责任主体和具体要求，切实加强对涉及国家利益、公共安全、商业秘密、个人隐私、军工科研生产等信息的保护。妥善处理发展创新与保障安全的关系，审慎监管，保护创新，探索完善安全保密管理规范措施，切实保障数据安全。

（四）携手共建网络空间命运共同体

2017 年 12 月 3 日，第四届世界互联网大会在乌镇开幕，习近平主席在贺信中强调："全球互联网治理体系变革进入关键时期，构建网络空间命运共同体日益成为国际社会的广泛共识。我们倡导'四项原则'、'五点主张'，就是希望与国际社会一道，尊重网络主权，发扬伙伴精神，大家的事由大家商量着办，做到发展共同推进、安全共同维护、治理共同参与、成果共同分享。"[①]

未来，我国将继续倡导推进全球互联网治理体系变革的四项原则，包括尊重网络主权、维护和平安全、促进开放合作、构建良好秩序。继续落实推进全球互联网治理体系变革的五点主张：一是加快全球网络基础设施建设，促进互联互通；二是打造网上文化交流共享平台，促进交流互鉴；三是推动网络经济创新发展，促进共同繁荣；四是保障网络安全，促进有序发展；五是构建互联网治理体系，促进公平正义。同时，继续落实《网络空间国际合作战略》。该战略首次向全世界系统、明确地宣示和阐述对于网络空间发展和安全的立场和主张，旨在指导中国今后一个时期参与网络空间国际交流与合作，推动国际社会携手努力，加强对话合作，共同构建和平、安全、开放、合作、有

① 《习近平致第四届世界互联网大会的贺信》，《人民日报》2017 年 12 月 4 日。

序的网络空间，建立多边、民主、透明的全球互联网治理体系。[①] 在新的历史起点上，发布《网络空间国际合作战略》，意义十分重大，战略“以和平发展、合作共赢为主题，以构建网络空间命运共同体为目标，就推动网络空间国际交流合作首次全面系统提出中国主张，为破解全球网络空间治理难题贡献中国方案”，是指导中国参与网络空间国际交流与合作的战略性文件。[②] 在结束语中特别强调：“中国始终是网络空间的建设者、维护者和贡献者。中国网信事业的发展不仅将造福中国人民，也将是对全球互联网安全和发展的贡献。”[③]

① 王军：《〈国家网络空间安全战略〉的中国特色》，《中国信息安全》2017 年第 1 期。
② 《中国发布〈网络空间国际合作战略〉》，《人民日报》2017 年 3 月 2 日。
③ 《网络空间国际合作战略（全文）》，新华网，2017 年 3 月 1 日。

附录

国际公共安全风险治理的启示

1945 年到美国"9·11"事件那年（即 2000 年），各国现代公共安全风险治理体系得以确立；在此后的新发展时期，各国公共安全风险治理有了更为综合的特征。

一、1945—2000年的公共安全风险治理

第二次世界大战之后，随着全球经济社会持续发展，各类风险隐患不断增加，公共安全治理体系也不断完善。

（一）公共安全风险形势

20 世纪下半叶是战后经济高速恢复发展的半个世纪。由于人口迅速增长以及工业化、城镇化发展，突发事件的形势呈现出新的特点，总体趋势是挑战更加严峻。

1. 自然灾害多发频发

这半个世纪里，全球发生的重大自然灾害呈逐年上升趋势，多发频发态势非常明显。

位于布鲁塞尔的流行灾害研究中心针对热带风暴、水灾、地震、干旱、火山喷发、极限温度、滑坡现象七种自然灾害在 1965—1999 年 35 年间的发生情况进行了资料统计研究。其研究发现：这些灾害波及人口达 44 亿，约占世界总人口的 3/4。35 年中，由于抵御自然灾害的

能力不足，保护措施不利，人类的死亡人数和经济受损程度明显增加。平均受害人数由1965—1969年的3300万人增加到1994—1999年的2.08亿人，增长5倍多。其中，水灾带来的危害最大。[①]

2. 技术灾难空前严重

产业发展带来的技术风险空前加大，爆炸、危化品泄漏、火灾等安全生产事故频繁发生，核事故等新的灾害给人类带来了全新的挑战。

3. 公共卫生风险呈现新的特点

公共卫生风险方面，一方面，随着世界范围内人员流动的大幅度增加，传染病的传染范围和速度都强于以往；另一方面，经济发展带来的环境问题给人类健康带来新的威胁。全球每年死亡人口中大约有1/4是死于传染病，在非洲，这一比例在60%以上。其中，艾滋病更是最严峻的公共卫生挑战，已使2 000多万人丧生，并有4 600万艾滋病病人或病原携带者，成为全世界15～59岁成人死亡的主要原因。[②]

4. 恐怖主义威胁初显

随着种族、宗教矛盾的凸显，社会不稳定因素造成社会安全事件层出不穷，恐怖主义威胁开始出现。20世纪60年代末，在美苏对峙、国际形势持续动荡的历史背景下，产生了有计划有组织的现代恐怖主义。1968年前后，出现了暗杀、爆炸、绑架、劫机、炸机等恐怖活动。此后，类似的恐怖活动愈演愈烈。据统计，20世纪60年代末到70年代末，平均每年发生496起恐怖主义活动，80年代平均每年625起。冷战结束后，恐怖主义活动在数量上相对下降（平均每年300多起），但种族、宗教型恐怖主义增多，总体上呈现类别新型化、手段科技化、组织小型化、动机复杂化、成员学识化、范围扩大化、危害严重化等新特征。[③]

① 李力：《1965至1999年自然灾害发生的主要趋势》，《全球经济瞭望》2003年第1期。

② 龚向前：《传染病全球化与全球卫生治理》，《国际观察》2006年第3期。

③ 周厚琴：《20世纪国际关系中的恐怖主义》，《南方论刊》2009年第9期。

（二）风险防范措施

在这半个世纪中，基于突发事件应对的需要，随着经济和科技的发展，以西方发达国家为代表的国际应对突发事件能力有了大幅度提升。

1. 灾害减除科技发挥重要作用

二战后，随着科学技术的发展，各种安全标准在各国逐步受到重视，安全标准体系得到确立。各种减灾措施的科技含量不断提升。祈求天地诸神来减少灾害的现象在现代国家已经消失。

2. 专业应急队伍迅速成长

二战后，各国普遍建立了专业化的消防队伍、医疗应急队伍。这些队伍成为综合性的骨干救援力量。此外，一些国家有针对性地建立了矿山救援、海上救援等专业救援队伍。

3. 应急志愿者队伍开始兴起

在西方发达国家，从最初的教会组织的志愿者队伍，到政府推动组织的志愿者救援队伍，再到民间自发组织的应急救援志愿者队伍，志愿者队伍不断壮大，志愿精神得到发扬光大，志愿者队伍的整体应急处置能力持续提升。在西欧国家，志愿消防员甚至成为国家消防队伍的主要力量。在德国，联邦政府成立了技术救援署，在其旗下常年保持着一支有 8 万多人的专业化应急救援志愿者队伍。

（三）应急管理措施

这半个世纪的应急管理大体经历了两个阶段：一是 20 世纪70 年代末以前以自然灾害应对和民防为主的分散式管理，各国都缺乏强有力的统一综合协调机构，应急管理的运作制度化和程序性不强；二是此后 20 余年的整合应急管理时期，有关国家将原本分散在不同部门的应急管理机构整合起来，应急管理的制度化法制化得到加强。[①]

1. 从民防到民事保护的应急管理核心理念得到确立

国际上的现代应急管理基本理念发源于民防事业。《日内瓦公约》的《1977 年附加议定书》中规定：民防是履行下述人道主义任务的一些或全部，旨在保护平民对抗危险，帮助其从敌对行动或者灾难的即时影响中恢复，并提供必要的生存条件。这些任务包括预警、疏散、临时收容所的管理、灯火管制措施的管理、救援、医疗急救、消防、危险地区的检测和标识、消除放射性污染和类似保护性措施、紧急膳食等生活供给的提供、在混乱地区恢复秩序和开展紧急援助、必要的公共事业设施的紧急恢复、遗体的紧急处置、保有生活必需品、其他补充行动。

此后，民防的概念又转化为民事保护（civil protection），并逐步为各国所接受，成为应急管理的核心理念。

2. 应急管理法律体系得到确立

自 20 世纪 50 年代起，西方发达国家就开始了构建应急管理法律体系的历程。

1950 年，美国国会通过了《灾难救助法》，首次授权总统可以宣布灾难状态，授权联邦政府对受灾的州和地方政府提供直接援助。1970 年版《灾难救助法》规定，政府要对受灾者个人提供直接的帮助，建立了关于临时住房、法律服务、失业保险和其他个人救助计划。1974 年版《灾难救助法》将联邦政府的应急管理从应对和恢复的反应性政策，拓展到了减灾和应急准备的预防性政策。

在新西兰，1953 年通过了《地方政府紧急事态授权法案》，规定了遭受核打击时地方政府的权力和责任；1954 年，出台国家总体应急预案——《重大紧急事态中政府的行动》；1962 年，出台相当于全面应急管理法的新版民防法。

---

① 王宏伟：《FEMA 的演变与发展——透视二战后美国应急管理的四次大变革》，《中国应急管理》2007 年第 4 期。

3. 主管应急管理的综合性职能机构成立

在美国，1961 年白宫设立应急准备办公室，但并没有改变应急管理职能分散的局面。住房与城市发展部的联邦保险管理局和联邦灾难援助管理局的权力最大，军方的民防准备局、美国工程兵等 100 多个联邦部门在应急管理某些方面承担责任。它们往往各行其是，实施相互矛盾的政策。在此背景下，1979 年组成统一的联邦应急管理署（federal emergency management agency，FEMA），其署长直接对总统负责。

在其他一些国家，民防管理组织逐渐演变成为政府综合应急管理组织。1959 年，新西兰成立民防部。此后，澳大利亚成立了隶属司法部的应急管理署（EMA）。西欧一些国家在内政部内成立了民事保护局。

4. 面向社区的应急管理得到重视

美国 1968 年通过的《全国洪水保险法》提出了“基于社区的灾害减除”（community-based mitigation）的概念。此后，联邦应急管理署启动了一项名为抵御工程（project impact）的庞大计划，其目的是将全面的风险评估和风险避免手段纳入社区的日常决策程序，建立具有强大抗灾能力的社区。这一举措在全国推行之后，收到了显著的效果。2001 年西雅图市在发生里氏 6.8 级的地震后损失极小，其市长对这一工程给予高度评价。此后，西方许多国家都开展了类似的项目。

二、21世纪的公共安全风险治理

21 世纪的人类社会迎来了历史上从未有过的繁荣，也使人类面对着从未有过的安全风险隐患。

（一）公共安全风险形势

1. 高风险社会到来

社会学家贝克于 20 世纪 80 年代所提出的风险社会理论在 21 世纪

更加明显地得到验证。他在《风险社会》一书中指出："产生于晚期现代性的风险……是完全逃脱人类感知能力的放射性、空气、水和食物中的毒素和污染物，以及相伴随的短期和长期的对植物、动物和人的影响。"[①] 尽管借助现代治理机制和各种治理手段，人类应对风险的能力提高了，但同时又面临着治理带来的新类型风险，即制度化风险和技术性风险。

2. 突发事件的影响和带来的损失巨大

在风险社会中，一旦突发事件发生，其所带来的后果和影响较以往更为严重。以城市发展为例，全球城市化的发展造就了数百个百万以上人口的大型城市，几十个超千万的超级城市，涌现出越来越多的城市群。在城市中发生的突发事件，其连锁性与密集性、叠加性与多变性都显著增大。突发事件一旦发生，往往更为复杂难控。

3. 突发事件及其影响日益全球化

全球化时代的风险、突发事件及其影响也日益全球化了。"蝴蝶效应"在突发事件的发展演化和传播上表现明显。一旦危机事件发生，其关联性会使事件很快发展到多个国家，其传播性会使事件的社会心理和舆论影响传遍全世界。

2001年发生的"9·11"事件是21世纪的标志性社会安全事件。在这一事件中，恐怖分子的信息交流是跨国的、高效的；恐怖袭击的执行者使用了高技术"武器"（民航客机）；其造成的心理影响是世界性的。更为可怕的是，此后与中东恐怖组织密切关联的恐怖袭击事件在欧洲和世界各地层出不穷地发生了。

不仅仅是上述恐怖主义威胁呈现全球性蔓延，其他很多安全风险的影响也是全球性的。例如，2003年的SARS疫情，流传到五大洲的30多个国家和地区。

---

① 乌尔里希·贝克：《风险社会》，何博闻译，译林出版社2004年版，第15页。

（二）风险防范措施

21世纪的突发事件应对延续了20世纪下半叶的发展方向，在如下方面更是体现了突出的发展。

1. 注重科学应对

各门类安全科学技术得到蓬勃发展，信息技术发挥重要作用。为预防突发事件的发生，灾害学、安全生产科学、公共卫生学、社会安全学都发挥了较以往更为重要的作用。突发事件来临时，从天上的卫星遥感技术到空中、地面、水上的各种救援手段都越来越先进。

2. 工程减灾的作用日益凸显

随着经济的发展，各国和国际社会的工程减灾水平不断提升。例如，2004年发生印度洋大海啸之后，在中国等有关国家参与下，印度洋海啸预警系统得以建立。

3. 社会参与、社区参与发挥重要作用

公共安全社会共治的理念深入人心。在许多国家，各类应急社会团体、志愿者组织，尤其是社区居民都成为重要的应急力量。

4. 注重人才培养

应急管理的复杂性决定了应急管理人才向专业化发展的必由之路，应急管理学科是专业化人才培养的重要保障。国际社会日益重视人才培养。例如，美国在“9·11”事件后3年内，开展了100多个学术、学位项目，后续又跟进100个项目。这些新的项目在很大程度上推动了应急管理专业高等教育课程体系的发展。[①]

（三）应急管理措施

1. 综合应急管理的理念和方法得到确立

21世纪以来，为了更好地应对突发事件的复杂形势，综合应急管

① 庞宇：《美国高校应急管理教育培训现状及启示》，《中国应急管理》2012年第10期。

理在各国日益深入人心。综合应急管理，在应对主体上，强调从主要靠政府向全社会合作转变；在应对过程上，强调突发事件事前、事中、事后管理的全过程；在应对方法上，强调对各类突发事件都采取同样的应急管理方法体系。

2. 应急管理制度化体系日臻完善

许多国家都制定或修订了相关法律法规。俄罗斯于 2001 年颁布《联邦紧急状态法》，美国于 2002 年颁布新的《国土安全法》，英国于 2004 年颁布《民事紧急事态法》。在基本法律制度的推动下，相关的法律法规和预案体系也得到完善。

一些国家对其应急管理体系作出调整。2003 年美国成立美国国土安全部，该部是美国联邦政府的第 15 个部，由 22 个联邦部门、18 万名雇员合并而成。联邦应急管理署成为国土安全部的一个组成部分。2010 年，英国建立了国家安全委员会及其办事机构——国家安全秘书处，原内阁办公厅下属的民事紧急事务秘书处成为国家安全秘书处一个下属机构。

3. 更加注重预防和应急准备

科学的风险分析与评估，可以为应急管理工作提供前瞻性、基础性、战略性的支撑，有助于确立政府应急管理工作的重点和难点，确保有限的公共资源投入到更紧迫、更急需的地方和领域。英国民事紧急事务秘书处制定了《国家风险评估》工作规程。美国国土安全部于 2008 年成立风险管理与分析办公室，该办公室应用国家战略风险评估工具进行国家战略风险评估，还开发了自然、技术事故与反人类行为引发的重特大突发事件的专用风险分析工具。德国联邦政府在 2009 年专门成立了“联邦风险分析与公民保护”指导委员会，由联邦内政部部长牵头负责全国的战略性风险管理工作。①

4. 推行应急管理业务规范化、标准化

有关国家和国际组织都注重应急管理的规范化标准化体系建设。

① 游志斌：《政府应急管理发展的国际趋势》，《学习时报》2014 年 7 月 28 日。

美国出台了《全国突发事件应急管理系统》，德国制定了《现场操作指挥规章》，两者都规定了标准化的现场指挥体系框架。2002 年，国际标准化组织设立公共安全委员会（ISO/TC 223），下设公共安全管理框架、术语、应急管理、韧性与业务持续性等工作组，以推进国际应急管理的标准化工作。

5. 跨界合作、跨国合作日益普遍

由于突发事件的复杂性、跨地域性，国际社会更加强调合作、协调、联动和高效。[①] 各国都更加重视不同地方政府之间的跨区域合作、各区域内的官民合作，在国际上则是跨国合作和全球合作。联合国在这方面发挥了重要作用。

案例

美国“卡特里娜”飓风应对[②]

2005 年 8 月 25 至 29 日，“卡特里娜”飓风 3 次在美国东南部登陆。这是一次美国历史上罕见的飓风多次登陆的气象事件，打破了飓风只是“沉重一击”的惯例。此次飓风灾害共造成1 330人死亡，100 多万人转移疏散，经济损失超过1 000亿美元。灾害所造成的人道主义危机和经济损失都是美国灾害史上前所未有的。

尽管这次飓风的破坏烈度不亚于 2004 年东南亚海啸，但伤亡人数远低于后者，联合国有关机构因此对美国政府的救灾行动予以了肯定。但是，美国社会普遍认为政府完全可以做得更好，其应急响应工作暴露了联邦、州和地方政府在应急准备和响应中的一系列突出问题。

地方政府准备不足、自救不力。许多地方政府事先没有实施有效的预警和疏散，事后无法采取有效的应对行动。例如，尽管在 8 月 28 日中午，新奥尔良市政府发布了强制疏散命令，但是 50 万居民中

① 参见闪淳昌、薛澜：《应急管理的理论与实践》，高等教育出版社 2012 年版。
② 参见李雪峰：《从灾难中学习》，《学习时报》2015 年 2 月 27 日。

有 15 万人未能在飓风登陆之前离开。未撤离城市的绝大部分人是穷人、文盲、残疾人、老人、儿童等弱势群体。此后该市的人道主义救助和社会秩序维护等工作陷入一片混乱。

州政府的救助和州际协作互助也不尽如人意。例如，在受灾的前 3 天里，新奥尔良基本处于孤立无援的状态，州政府基本上没有给予及时有效的帮助。又如，路易斯安那州州长布兰科直到 8 月 31 日才匆忙和周边几个州达成州际互助合作，极大地拖延了合作救灾进程。

另一个严重的不足是联邦政府没有采取及时有效的响应措施。联邦政府直到灾情发生数天后，才投入救灾行动。专门负责应对突发灾难的联邦应急管理署署长迈克·布朗事后承认，直到 9 月 1 日，他才知道新奥尔良圆顶体育馆还有15 000人在缺水缺粮的状况中等待救援。9 月 2 日，小布什总统也在公开声明里承认美国政府在救灾工作中存在不足。

此外，军地协同也极差。灾区在灾后 48 小时才见到了驾驶 40 辆坦克装甲车前来救援的国民警卫队员，而他们没有对救灾有任何针对性准备。在新奥尔良被淹的最初 72 小时，只有2 800名国民警卫队队员到达新奥尔良。尽管距离新奥尔良这个灾难之城只有 3 小时路程，美国山地师第四旅的3 000名官兵却一直在袖手旁观。

“卡特里娜”飓风之后，美国联邦政府和社会各界认真反思其应急响应和应急准备的教训，并采取了一系列行动。

强化联邦政府突发事件应对体制。2006 年 10 月 4 日，美国总统布什签署《后“卡特里娜”应急管理改革法》。根据该法案，联邦应急管理主管部门——联邦应急管理署的职能和力量得到加强。一是在紧急状态下可以升格为内阁级部门，其行政负责人直接对总统负责。二是在原有雇员的基础上，增加至 900 人。三是赋予其更为全面的职能，主要包括：领导全国的灾害应急管理工作，应对各种灾害风险；与非联邦实体结成伙伴关系，以建立全国性的应急管理体系；提高联邦政府的整体应急响应能力；强化自身的综合性应急管理职责；加强其驻各大区的地区办公室建设，提高其协调能力。

完善全国应急响应机制。2006 年，依据“卡特里娜”飓风应对的经验教训，美国联邦政府重新修订了《国家应急响应预案》。2008 年，又出台了《全国应急响应框架》，对全国范围内的应急响应活动作出全面而系统的框架性安排，其中包括全国上下各主要角色的具体职能、开展联合行动时的工作结构、协调机制等。

完善全国应急准备工作机制。2007 年联邦政府颁布了《国家应急准备指南》。该指南从“政策与规范”“计划与资源分配”“培训演练与教训学习”“评估与报告”四个方面整合了几十个应急管理政策文件和规范。这些文件有力地支持了各级政府、各类组织和公民个人在应急准备方面的各项工作。

加强应急预案管理。2008 年美国联邦政府发布了《综合准备指南 101：编制应急预案》，作为各级政府和社会组织编制预案的指导性文件。为了促进和支持预案编制工作，还编制了国家预案场景、（应急管理）目标能力表、（应急管理）通用任务表等预案编制辅助工具。

动员社会力量参与灾后重建。例如，“卡特里娜”飓风后，大量公共机构和私人机构共同参与到灾后恢复重建工作中。成立于 2005 年 11 月的新奥尔良灾后恢复联盟，其成员就包括了来自专业灾害应对机构、各学区长期恢复委员会、志愿者组织、宗教组织等 60 多个机构的代表。该联盟与联邦应急管理署地区办公室、州政府及地方政府建立了定期沟通的工作机制，密切配合政府为灾民提供各种服务，积极救助需求各异的受灾民众。

【附记】“卡特里娜”飓风灾害事件是继“9·11”事件之后的又一个深刻影响美国应急管理进程的里程碑事件，相关情况有重要的启发意义。本文录入本书时略有修改。

后　记

党中央高度重视社会领域风险治理，视防范化解社会领域重大风险为国家安全治理的重要领域。本书以习近平总书记关于防范化解社会领域重大风险为指导，力图系统阐述这一领域的框架性指导原则与方针政策。

社会领域风险涉及自然灾害防治、安全生产、生态环境安全、食品安全、公共卫生安全、社会治安、网络安全等领域。防范化解社会领域重大风险研究是一项需要各领域专家通力合作完成的工作。由此，本书是集体工作的成果。书中有关内容的作者及分工：应急管理部国家减灾中心祝明研究员，负责自然灾害风险防范部分；生态环境部环境规划研究院曹国志研究员，负责生态环境风险防范部分；中央党校（国家行政学院）应急管理培训中心王永明教授，负责安全生产风险防范部分；原国家食药监总局专家张守文教授，负责食品安全风险防范部分；中国人民公安大学寇丽萍教授，负责社会治安风险防范部分；北京电子科技学院孙宝云教授，负责网络安全风险防范部分。全书由李雪峰负责统稿。

社会领域风险治理涉及面广、内容繁杂、政策性强，形势发展也很快。限于能力和学识，我们对有关内容的把握不一定到位。书中不当之处，诚请广大读者批评指正。

李雪峰

2020 年 9 月